U0827209

区域房价影响产业结构高级化的机理及对策研究

林永民　赵　爽　吴红霞　著

中国出版集团　现代出版社

图书在版编目（CIP）数据

区域房价影响产业结构高级化的机理及对策研究 / 林永民，赵爽，吴红霞著 . -- 北京：现代出版社，2020.8

ISBN 978-7-5143-8781-0

Ⅰ. ①区… Ⅱ . ①林…②赵…③吴… Ⅲ . ①房价影响－产业结构优化－研究－中国 Ⅳ . ① F269. 24

中国版本图书馆 CIP 数据核字（2020）第 136663 号

区域房价影响产业结构高级化的机理及对策研究

著　　者　林永民　赵爽　吴红霞
责任编辑　陈秀香
出版发行　现代出版社
地　　址　北京市安定门外安华里 504 号
邮政编码　100011
电　　话　010-64267325　64245264（传真）
网　　址　www.1980xd.com
电子邮箱　xiandai@vip.sina.com
印　　刷　廊坊市海涛印刷有限公司
开　　本　700mm × 1000mm　1/16
印　　张　16
版　　次　2020 年 8 月第 1 版　2020 年 8 月第 1 次印刷
书　　号　978-7-5143-8781-0
定　　价　48.00 元

版权所有，翻印必究；未经许可，不得转载

前　言

房屋的不可移动性使得房地产业具有鲜明的区域特征，房价持续高涨必定深刻影响着城市产业结构的调整。党的十九大报告中指出，我国经济发展正面临改革的深水区，需要通过优化产业结构，实现资源的最优配置，提高全要素生产率，促进我国经济健康可持续发展。2020 年十三届全国人大三次会议，李克强总理在政府报告中再次强调，坚持“房子是用来住的，不是炒的”定位，要求因城施策，促进房地产市场平稳健康发展。因此洞悉房价快速上涨影响我国产业结构高级化的路径及其机理，为建立房地产市场长效机制，促进房地产市场与产业结构高级化之间的良性循环提供理论基础和决策依据具有重要意义。

国内外学者关于房价与产业结构高级化之间的研究成果丰硕，但还存在不足，已有的文献多从单一成本视角进行研究，缺乏全面性。在调查研究过程中发现，房价对产业结构高级化的影响存在先促进后抑制的判断，高宜居性通过促进劳动力集聚和产业集聚，对产业结构高级化有一定促进作用。同时，房价变动对其他产业投资具有挤入、挤出效应，对消费也具有挤出效应。而中国“买房置地，有房才有家”的传统文化，使一些中国家庭背上沉重的贷款。虽有了住房，但是由于房屋的不可移动，固化了劳动力的分布，制约了劳动力在城市间的合理流动。劳动力要素的有效流动，是产业结构调整和优化的基础。高房价成为劳动力合理流动的障碍，进而制约我国产业结构的优化。

基于此，本书系统研究房价影响产业结构高级化的主要路径及其机理。第三章基于产业结构变迁理论构建产业结构向高级化演进的动力函数，认为投资结构变动、消费结构变动、劳动力流动是影响产业结构高级化的重要因素，而房价主要通过这三个变量对产业结构向高级化演进产生影响。研究进一步针对房价对这三个变量的影响机制展开：第一，基于产业关联理论与资源错配理论分析房价上涨对投资结构变动的影响，进而影响产业结构高级化的传导机制；第二，将“有房才有家”的中国传统住房消费文化植入行为消费经济学双曲线贴现模型，尝试从理论视角解释高房价与高交易量并存的内在机制，并基于持久收入 / 生命周期理论和预防性储蓄理论分析房价上涨影响居民消费的各种效应及影响产业结构高级化的传导机制；第三，将住房部门和城市宜居性植入新经济地理学的 CP 模型，经过理论推导发现，高房价降低劳动力效用水平是抑制劳动力与产业集聚的重要分散力，但高宜居性通过提高劳动力效用水平促进劳动力集聚，因而对高房价有抚平效应；第四，在分析房价影响产业结构高级化传导机制的基础上，基于新经济地理学 Krugman–Helpman 模型通过数值模拟分析，在一定的假设前提下，提出房价对产业结构高级化的影响存在先促进后抑制的判断，高宜居性通过促进劳动力集聚和产业集聚，对产业结构高级化有一定的促进作用。

第四章为房价变动对其他产业投资挤入、挤出效应的分析。第一，定性分析房价持续上涨推高房地产行业利润率，导致金融机构大量信贷流入房地产市场和大量工业企业涉足房地产领域。第二，基于 104 个地价监测城市面板数据的实证结果表明，房地产投资增加 1 个单位，从全样本回归结果看，导致其他产业固定资产投资被挤出 0.1347 个单位，在高房价收入比的城市，被挤出 5.6417 个单位，在低房价收入比的城市，被挤入 0.2213 个单位。因此，房价涨幅程度不同对其他产业投资挤入、挤出效应存在异质性。

第五章为房价变动对消费挤出效应的分析。第一，尝试基于行为经济学双曲线贴现模型的分析框架，对我国高房价与高交易量并存导致住房消费过度的现象进行解释。第二，基于系统 GMM 估计方法的实证结果表明，房价收入比每提高 1 个单位，城镇居民消费率就减少 0.0042 个单位，且由于经济发展水平高的城市房价收入比较高，挤出效应是经济发展水平低的城市的 1.68 倍。

第六章为房价、城市宜居性对劳动力流动的影响分析。在控制了房价、宜居性、工资的内生性后，实证检验结果表明，相对房价提高 1 个单位，使第三产业相对就业率降低 0.036 个单位，高房价是劳动力集聚的重要分散力；相对宜居性提高 1 个单位，促使第三产业相对就业率提高 0.014 个单位，高宜居性是吸引劳动力流入的重要集聚力，因而对高房价有抚平效应。以工业为主导和以服务业为主导的城市子样本实证检验发现，相对房价与相对宜居性对第三产业相对就业率占比的影响存在区域异质性。

第七章为房价影响产业结构高级化的总体效应分析。在第三章理论分析和

第四、五、六章实证检验的基础上，基于动态面板模型检验结果表明，房价上涨对产业结构高级化的影响存在先促进后抑制的“倒U形”曲线轨迹，临界点处相对房价取值为3.05，同时，验证了城市宜居性在其他条件不变的情况下，对产业结构高级化有显著的促进作用，相对宜居性增加1个单位，促进相对产值增加0.108个单位。房价变动对第二产业产出、第三产业产出的影响分别呈“正U形”“倒U形”曲线轨迹，宜居性的提高抑制第二产业产出、促进第三产业产出。

综合上述房价影响产业结构高级化的理论分析和实证研究结论，本书第八章提出了具体的政策建议：（1）构建房地产市场与金融之间的良性循环；（2）引导住房消费新理念，大力培育住房租赁市场；（3）加强城市宜居性建设，推动公共服务均等化；（4）构建房地产市场与产业结构高级化之间的良性循环。

第九章、第十章、第十一章、第十二章属于对策研究，其中，第九章基于住房的多重属性，探讨住房供给侧改革路径；第十章分析了新型城镇化背景新生代农民工住房解困路径；第十一章、第十二章分别基于全生命周期理论、超循环理论分析了公租房PPP+REITs融资模式。

contents

目 录

第一篇 问题提出

第二篇 理论分析

第三篇 实证检验

第四篇 对策研究

第一篇　问题提出

第 1 章 绪论

1.1 研究背景与研究问题

1998 年是我国住房市场由传统计划供给向市场供给的重要转折点，此后，中国的房地产市场得到迅速发展，同时房价也进入了快速上涨阶段。我国房地产投资快速增长，居民住房消费持续扩大，近 20 年间，中国房价呈现整体性持续上涨趋势。商品房平均售价由 2000 年的 2112 元 /m^2 上涨到 2016 年的 7476 元 /m^2，16 年间涨幅达到 253.97%，其中住宅商品房平均售价由 1948 元 /m^2 上涨到 7203 元 /m^2，涨幅达到 269.76%。中心城市房价上涨更加迅猛，北京、上海、广州、深圳一线城市房价在 2003 年到 2016 年间年均上涨 34.83%。除去一线中心城市，近年来一些沿海二线城市的房价增长也非常迅速。房价上涨增速远超城镇居民可支配收入增速，导致我国房价收入比远高于世界银行研究报告中发布的 4～6 的合理区间。

地与房不仅是生产活动的主要投入要素，而且是家庭消费和投资的重要实物资产。对于企业来说，土地和房产是除劳动力之外的主要成本，房价持续上涨必定深刻影响城市经济的发展。对于居民家庭来说，住房是最大的单项消费品之一，房价上涨必定影响居民的其他消费。房地产行业的快速发展，一方面促进了城市面貌的更新，改善了居民的住房条件；另一方面，快速上涨的房价不仅削弱了居民的住房支付能力，挤出了居民其他消费，而且高房价带来的高投资收益率对其产业资金产生“抽血效应”（刘秀光，2011；许宪春，2015），导致其他企业无力转型升级。我国各地持续高速增长的房价一直是政府和社会各界关注的焦点问题，因为房价不仅与人们的生活成本相关，而且对区域产业结构调整、经济发展有着深远的影响。

经济增长减速、产业结构深度调整是当前中国经济面临的严峻挑战。党的十八大、十九大报告中都明确强调了优化产业结构的重要性。我国经济增速放缓，处于“转方式、优结构、换动力”的攻坚期，房地产作为重要的资源性资产和生产要素，不仅是作用对象，而且是调控手段。实体经济作为国民经济的根基，是一个国家保持国际竞争力的关键所在。从世界范围看，“轻实体经济、重虚拟经济”引发的苦果已经让不少发达国家痛定思痛，“回归实体经济”是必然的选择。因此，如何正确理解、评判与应对中国快速城镇化过程中的高房价对我国社会和经济发展的影响是重要的理论问题，也是迫切需要解决的现实问题。

1.1.1　研究背景

1. 人口红利与低成本优势逐渐削弱，中国经济发展需要转换增长动力

改革开放 40 多年来，我国经济增长速度远高于同期世界平均增长速度，取得的成就令世界瞩目。我国经济的快速增长得益于我国低成本的比较优势。改革开放初期，我国与发达资本主义国家相比，存在较大的低成本比较优势。一方面是非技术和半技术劳动力供给丰富，且工资低廉；另一方面是土地资源和其他自然资源等初级要素价格普遍低于世界平均水平。依托我国低成本的比较优势，以劳动密集型的加工制造业迅速蓬勃发展起来。不仅我国本土制造业迅猛发展，而且我国成为发达资本主义国家产业转移的承接地，中国一跃成为世界制造业大国，中国制造的产品销往世界各地。

但是，随着我国经济的快速发展、人均 GDP 水平的不断提高，资本相对稀缺的约束已经放松，而我国劳动力成本和其他生产要素的价格逐渐上涨，我国低成本的比较优势逐渐削弱，中国经济发展面临转换增长动力的关键时期。我国经济发展已由高速增长进入中高速增长的新常态，经济改革进入深水区，稳增长、调结构是我国确立的核心经济发展战略。调结构首先必须优化产业结构，从劳动密集型产业向资本密集、知识和技术密集型产业过渡，进而转换经济增长动力。

2. 房价持续上涨对企业投资、居民消费、劳动力流动带来多重影响

（1）房价持续上涨与城镇家庭高住房自有率并存

1998 年我国住房分配制度改革以后，在国家利好政策的推动下，我国居民住房需求被极大地释放，房地产市场迅猛发展起来。同时，房价也由 1998—2003 年的温和上涨发展到 2004—2007 年的迅猛上涨。由于美国次贷危机的影响，2008—2009 年我国房价进入下滑期。之后，在我国政府适度宽松的货币政策和 4 万亿财政刺激政策的推动下，2010 年房价又进入快速上涨期。在我国集聚高端产业的北上广深等城市，近几年房价的飙升更是引发了社会各界的关切和担忧。2015 年北京、上海、深圳 3 个城市的房价收入比远远高于公认的合理标准范围 4～6，分别达到 23.75、16.04、13.59，无疑大大超出了普通刚需购房者的合理承受力。长期以来，我国政府多次实施房价调控政策，通过限购、限贷等手段从需求侧抑制房价的过快上涨，但是效果有限。在中国住房价格持续高涨的同时，中国城镇家庭住房自有率也是持续攀升，存在着双高现象。根据中国家庭金融调查（CHFS）的数据，中国城镇家庭住房自有率已从 2013 年 8 月底的 87.0% 上升到 2014 年 3 月底的 89.2%，上升了 2.2 个百分点。

（2）房地产行业过度吸纳银行信贷

1998 年我国房地产开发投资额仅有 3614.23 亿元，到 2016 年已达到 102 580.61 亿元，是 1998 年的 28.4 倍。在 1998—2016 年间，房地产投资额增速与全国固定资产投资额增速的比值除个别年份小于 1 之外，多数年份在 1～2.3 之间，从总体趋势上看，房地产开发投资额增速高于全国固定资产投资额增速。房地产属于资本密集型行业，从土地出让到开发都需要大量资金。我国房地产开发企业的资金来源除自筹外，主要依靠国内贷款和其他资金，而其他资金中的重要组成部分是个人按揭贷款，其资金来源依然是银行贷款。据央行发布的数据显示，金融机构房地产贷款新增额占全部新增贷款额的百分比从 2010 年的 25.41% 上升到 2016 年的 44.82%，6 年间高出了约 19 个百分点。房价的持续上涨，一方面给房地产行业带来了高额的投资收益率，另一方面凸显了房地产的投资品属性。因此，投资房地产不仅获得超额的利润，而且还因房价上涨分享资本利得。在资本逐利的动机下，大量金融资本涌入房地产行业，进一步推高房价，房价上涨又进一步吸纳新的金融资金进入，形成恶性循环。

（3）高房价成为劳动力合理流动的障碍

当前，我国正处于快速城镇化阶段，农村人口向城镇集聚。但是，城市的高房价成为这些在城市打工者不能成为真正市民的一个重要的障碍（周建华，2014；孔艳芳等，2015；朱健等，2017；文乐等，2017）。劳动力集聚是城市经济增长的一个关键因素，而高房价作为必要的生活成本，成为制约农民工市民化的阻力。在“买房置地，有房才有家”的中国传统文化背景下，很多中国居民家庭背上沉重的按揭贷款。虽有了住房，但是由于房屋的不可移动，因此固化了劳动力的分布，制约了劳动力在城市间的合理流动。劳动力要素的有效流动，是产业结构调整和优化的基础。高房价成为劳动力合理流动的障碍，进而制约我国产业结构的优化。

3. 我国产业结构面临深度调整

改革开放以来，我国经济长期保持高速增长，中国制造业取得了巨大的成就。但是，我国制造业与其他发达国家相比，仍然处于价值链的低端，在信息、技术、管理和服务等软要素上仍然很欠缺。整体看来，我国产业结构比例失调的问题虽有所改善，但问题依然存在。农业基础还很薄弱，工业虽然大但是不强，高能耗、高污染、低技术、低附加值的工业所占比重依然很高，服务业发展相对滞后，特别是生产性服务业对第三产业增加值的贡献不足。

随着产业的兴衰变化，国民经济各产业之间、产业内部各种比例之间的不断动态调整，促使产业结构向高级化演进，是国民经济可持续发展的重要条件。产业结构的优化调整一直以来都是我国经济工作的重心。房屋的不可移动性使得房地产业具有鲜明的区域特征，而房价持续上涨对劳动力生活成本、消费结构，以及企业的投资结构、区位选择的影响，必将给我国的产业结构调整带来深刻的影响。

（1）全球第五次产业转移浪潮下的中国产业转移

我国东部地区在改革开放的背景下领先一步发展起来，但其发展主要是依托优越的地理位置和丰富而廉价的劳动力，发展加工制造业。但是随着国际经济环境的变化，一方面是外需疲软，另一方面是随着我国经济水平的快速发展，劳动力低成本优势逐渐削弱。2007 年以来，我国沿海发达地区不断出现产业向更具有成本优势的地区和国家转移，如珠三角地区的“民工荒”、富士康工厂搬离深圳转移至内陆城市，阿迪达斯、LV 的代工厂等纷纷转移到生产要素成本更加低廉的东南亚等地。同时，由于欧美等国家的再工业化政策，处于产业高端链条的产业向欧美回流。因此，全球第五次转移浪潮与前四次转移浪潮存在着显著的不同，从过去的产业由发达国家向欠发达国家的单向转移演变成低端产业向更具有低成本优势的新兴经济体转移，同时高端产业向欧美回流。而我国在第五次转移浪潮中处于“双输出国”，一方面是低端产业向成本更低的地区和国家转移，另一方面是高端产业向欧美回流。对比发达国家，我国的产业发展还存在较大差距，与一些新兴经济体相比，我国的低成本优势面临挑战。因此，中国的产业结构面临深度调整，必须改变过去依靠廉价劳动力和自然资源的粗放式发展模式，要提高全要素生产率，向产业链条的高端迈进，实现产业结构向高级化演进。

（2）大量工业企业大举进入房地产业

随着房价的不断上涨，许多制造业企业纷纷频转房地产。在 2005—2007 年，佛山很多在制造业领域知名并拥有著名品牌的厂商，陆续进军房地产，如广东宏宇陶瓷有限公司、美的集团、佛山顺德皇朝家私有限公司等企业。此外，部分原主营业务属于高新技术领域的企业也转型房地产，如安徽省科苑集团就是非常典型的案例。成立之初主营业务为生物工程、医药等，2009 年转型重组为以房地产为主、制药为辅的房地产公司。原以生产家用电器著称的康佳集团，2010 年斥资 3.42 亿元进军房地产。荣昭和王文春（2014）分析了我国 35 个大中城市上市企业 2001—2008 年数据，发现 50% 以上的上市企业拥有房地产业务。

国内外的学者通过实证研究发现，行业利润率及行业产值增长率对企业进入该行业起着正向的促进作用。正是房价持续上涨给房地产行业带来的高利润率，导致大量工业企业进军房地产行业，有些企业甚至放弃原来的主营业务（刘秀光，2011）。从发达国家的工业发展史，以及目前欧美等国家的再工业政策一再加码可以证明，制造业的发展和强大是一个国家经济发展的基础。工业化和现代化的实现，都离不开制造业的强力支撑。高房价带来的高利润，不仅吸引了社会上大量的闲散资金流向房地产，而且由于其他行业的企业转型房地产，将本来应投向其他产业的资金转投房地产行业。大量资金被“虹吸”到房地产业，这种“抽血效应”将导致其他产业无力改造升级。因此，房价上涨不仅成为关系到人们能否买得起住房的民生问题，同时也成为影响产业结构调整的关键问题（范剑勇等，2011；刘秀光，2011；高波等，2012；许宪春，2015）。

（3）房地产行业的过度繁荣掩盖了钢铁、水泥等行业的产能过剩

由于房地产行业的广覆盖和强大的关联拉动作用，2003 年房地产行业被国务院确定为我国经济发展的支柱产业。但是，随着房价的持续上涨，房地产的过度繁荣成为钢铁、水泥等不少产能过剩产业的保护伞。2005 年国务院将钢铁业作为治理产能过剩的重点行业，但是，根据中国社会科学院 2010 年《产业蓝皮书：中国企业竞争力报告》发布的数据显示，2009 年我国粗钢产量是日本、俄罗斯、美国和印度之和的 2.2 倍，达到 56 800 万吨。由于房价持续高涨，房地产过度繁荣，大量房地产开发项目带来对钢铁和水泥的大量需求，导致钢铁和水泥行业不但加大产出，而且还纷纷设立分厂。因此，房价上涨带来的房地产市场繁荣在一定程度上加剧了钢铁和水泥等行业的产能过剩，阻碍了对这些产能过剩行业的结构调整和优化。

一个国家或地区人均 GDP 达到 3000 美元以后，产业结构重点将逐渐以第二产业为主转移到以第三产业为主（唐志红，2015）。从产出增加值来看，第三产业产出增加值将超过第二产业产出增加值，从就业率来看，中、高端服务业将吸纳更多的劳动力。我国人均国民总收入（GNI）在 2010 年已达到 4270 美元，我国目前已进入产业结构调整升级的关键时期（唐志红，2015；林毅夫，2015）。

1.1.2　研究问题

房价持续上涨是否对我国产业结构向高级化演进产生显著影响，本书从这一角度出发，试探究房价上涨是阻碍了还是促进了我国产业结构高级化的演进，其程度如何，房价变动是通过什么路径影响产业结构高级化进程的。

1. 基于产业关联理论和资源错配理论，房价持续上涨对其他产业的影响是关联带动占主导地位，对其他产业投资存在挤入效应，还是资源错配占主导地位，对其他产业投资产生挤出效应？在房价上涨幅度不同的城市，是否存在区域异质性？房价上涨带来的投资结构的变动是促进了，还是抑制了我国产业结构高级化？

2. 为什么高房价与高住房交易量并存？在“买房置地，有房才有家”的中

国传统住房文化背景下，房价上涨是给居民家庭带来了财富效应，促进居民消费规模的增加和消费结构的升级，还是对居民消费产生了挤出效应？挤出效应在经济发展水平不同的城市是否存在异质性？房价上涨对居民消费变动的影响是促进了，还是抑制了我国产业结构向高级化阶段演进？如何引导我国住房消费文化，适度降低住房自有率？

3. 基于生活成本角度，房价变动是否对劳动力的流入产生抑制作用，是否通过成本的倒逼机制促进低端产业的转移，是否促进产业通过创新升级向高端价值链攀升，还是过度抑制劳动力的流入，导致产业集聚相对不足？从成本路径视角看，房价上涨是促进了，还是抑制了产业结构高级化？

4. 房价上涨通过投资路径、消费路径、成本路径影响我国产业结构高级化的总体效应的方向和程度如何？对第三产业和第二产业的影响效应是否存在异质性？如何建立房地产市场与产业结构向高级化演进之间的良性循环？

对于以上问题的回答，需要建立房价与产业结构高级化的一个逻辑分析框架，系统梳理房价影响产业结构高级化的路径和机理，为我国建立房地产长效机制，建立房地产市场与产业结构向高级化演进之间的良性循环提供理论基础和决策依据。

1.2 研究意义

尽管房价与产业结构变动之间关系的研究很多，但是近年来我国大中城市房价持续上涨，从政策启示的视角，系统梳理房价影响产业结构高级化的路径及机理，具有新的理论与现实意义。

本研究从投资路径、消费路径、成本路径三个视角，理论阐释和实证检验了房价对产业结构高级化的影响机制，其主要目的是促进房地产市场与产业结构高级化演进之间的良性循环，为建立房地产市场长效机制提供理论依据。理论意义与现实意义如下。

1. 理论意义

（1）从研究范式上来看，基于房地产经济理论，产业结构变迁理论、行为消费经济理论、投资理论、新经济地理学 CP 模型，建立了产业结构高级化的动力函数，从投资路径、消费路径、成本路径系统梳理房价影响产业结构高级化的机理，本书的研究为构建房地产市场、产业结构向高级化演进之间的良性循环提供了理论基础。

（2）放松理性经济人假设，尝试从行为经济学角度对“买房置地，有房才有家”的中国传统文化影响中国住房消费的现象进行解释，丰富了房价影响居民消费的相关理论研究。

（3）基于新经济地理学 CP 模型的扩展，从理论上论证了城市宜居性对高房价的抚平效应，丰富了房价影响劳动力流动的相关研究。

（4）从研究结论上来看，房价影响产业结构的非线性关系及宜居性促进产业结构高级化的研究结果，较以前的相关研究有一定的进展，为后续的研究提供了新的思路和新的视角。

2. 现实意义

（1）本书为理解产业结构转型升级背景下影响我国产业结构高级化的因素提供了一个新的重要视角，为理解房地产市场过度繁荣所产生的负面效应提供了新的证据，为构建房地产市场与产业结构高级化之间的良性互动提供了新的思路。房价对产业结构高级化存在先促进后抑制的研究结论的政策含义在于房地产不宜作为经济增长点加以重点扶持，从供需两侧“使住房回归居住属性”，保持房价的理性平稳，是我国当前实现产业结构调整和长期经济可持续增长的一个重要前提条件。

（2）从资金投向的角度，房价持续上涨导致资源错配，对其他产业投资产生挤出效应进而抑制产业结构高级化的研究结论，有助于决策部门制定差异化信贷政策，为引导信贷资金在产业间合理配置提供了理论支持和决策依据。从住房供给结构调整的角度，本书尝试从行为经济学角度对高房价与高住房交易量的解释，为培育住房消费新理念，大力发展住房租赁市场提供了理论基础和决策依据。从促进劳动力合理流动的角度，本书的研究结论高宜居性对高房价有抚平效应，对加强城市宜居性建设，促进劳动力合理流动，进而促进产业结构向高级化演进提供了理论基础和决策支持。

1.3 关键概念

1.3.1 房价

房地产集商品属性与投资品属性于一身，因此，研究房价应从商品属性和投资品属性两个角度来考察。充分理解房价是由房地产商品属性和投资品属性共同决定，为我们科学认识房价变动规律提供理论基础，同时也为制定房价政策提供决策依据。

1. 基于商品属性视角的房价

基于商品属性视角来看，价格是用货币表现的交换价值。根据商品市场一般均衡理论，商品存在一个均衡价格。当实际价格向上偏离均衡价格，追求利润最大化的厂商会增加供给，价格会逐渐回落到均衡点；当实际价格向下偏离均衡价格时，消费者的需求增加，会推高价格，价格会逐渐回升到均衡点。因此，在市场机制作用下，商品存在唯一的均衡价格。基于商品属性的视角，房地产的价格本质上就是房地产的交换价值。房地产价格的形成需要三个条件共同作用，分别是房地产能够具有效用，具有相对稀缺性，存在有效需求，三个条件缺一不可。现实中的房价构成极其复杂，不同地区、不同时期、不同类型的住宅，其价格构成可能不同。从房地产估价中的成本法角度来看，房地产价格主要由七大项构成，即土地取得成本、开发成本、管理费用、投资利息、销售费用、销售税额和开发利润等。

2. 基于投资品属性视角的房价

由于房地产不仅具有普通商品的属性，同时具有投资品属性，因此在研究房价时不能只从商品的供给与需求出发，还要兼顾住房具有的投资品属性。房地产由于具有使用功能，又具有投资品属性，因而不属于纯投资品，而属于复合投资品。在投资品市场，也存在着与商品相似的阶段，即“逢低买入、逢高减仓”，但也存在着与商品相反的阶段，即“买涨不买跌”“追涨杀跌”（孙继伟，2009）。当投资品价格上涨时，购买意愿增强，而卖方惜售意愿增强，出现供给减少；当投资品价格下跌时，买方购买意愿减弱，卖方出售意愿增强，价格进一步下跌，这两种变化与商品市场的价格上涨供给增加是不同的。因此，投资品不存在唯一的均衡价格点，可能存在多个暂时均衡价格。房地产因具有投资品属性而产生房地产泡沫，可能诱发金融危机（吕江林，2010；况伟大，2010）。

3. 房价指标

由于我国官方统计数据中，只有70个大中城市的房价水平值，但是从研究范围来说，样本数量过少可能导致有偏估计。因此，本书的实证采用104个地价监测城市的面板数据[①]。因为104个城市中不是所有的城市都有国家统计局公布的房价水平值指标，所以本书在实证检验时采用两种表征房价的指标，即房价收入比和城市相对房价。

（1）房价收入比

在我国房价增长率高于城市居民收入增长率的情况下，房价收入比与房价水平值相比，更能体现房价上涨是否超出居民的可承受能力，同时也能检验城市房价是否存在泡沫和泡沫化程度（吕江林，2010；况伟大，2010）。由于住房兼有商品属性和投资品属性，房价收入比越高，那么房地产市场中存在投资、投机性需求的占比越高，也意味着房地产市场中蕴藏的金融风险较高。

从一般意义上来说，房价收入比是指住房价格与城市居民家庭可支配的年收入之比。由于我国官方统计数据中，只有70个大中城市的房价水平值，从现有文献的研究来看，由于研究对象选择的范围不同，研究数据的时期不同，房价收入比的计算存在着差异。根据《城市统计年鉴》中的数据，可以获得城市年度商品住宅销售额和商品住宅销售面积，据此数据可以计算得到商品住宅平均销售价格，因此本书界定房价收入比的计算如下：

商品住宅每平方米的平均销售价格 = 商品住宅销售额 / 商品住宅销售面积

房价收入比 =（商品住宅每平方米的平均销售价格 × 商品住宅每套平均面积）/（城镇居民人均可支配收入 × 城镇平均每户家庭人口数）

根据前期文献的研究，将商品住宅每套平均面积统一取值为90平方米，城镇平均每户家庭人口数取值为3（吕江林，2010；朱仁友等，2012）。因此，房价收入比的具体计算公式可简化为：

---

① 在105个地价监测城市中，由于拉萨数据缺失严重，在实证时将其剔除。

房价收入比 = 商品住宅每平方米的平均销售价格 ×90/（城镇居民人均可支配收入 ×3）

本书第四章采用房价收入比进行子样本划分，第五章的实证检验主要考察房价上涨对居民消费率的影响，因此采用房价收入比来表征房价，而不是采用房价水平值来表征房价，更能体现房价泡沫化程度对消费的挤出。

（2）城市相对房价

在考察劳动力流动和企业转移时，城市间房价的相对高低更能体现房价对劳动力生活成本和企业生产成本影响的表达。借鉴前期文献的做法（高波，2012；邬思怡，2017），界定城市相对房价的计算公式如下：

城市 i 的相对房价 = 城市 i 的住宅商品房平均销售价格 /（样本其余城市的住宅商品房平均销售价格的均值）

本书第六章分析房价对劳动力流动的影响、第七章考察房价影响产业结构高级化的总体效应时采用相对房价指标。

1.3.2 产业结构高级化

一个国家或地区的经济发展是由处于不同成长阶段的产业组成的，各产业之间的地位和技术经济数量关系构成了一个国家或地区的产业结构。产业结构不仅是一个静态概念，而且更是一个由低级向高级不断演进的过程，这被称为产业结构高级化（宋泓明，2001；吴敬琏，2008；顾海峰，2010；周霞，2013；潘宇瑶，2016）。产业结构高级化，也称产业结构高度化，是建立在产业结构合理、协调的基础上，三次产业之间以及各产业内部由低级到高级、由刚性到柔性的动态发展过程（许国军，2012）。产业结构高级化的内涵随着经济发展水平的提高而不断丰富。产业结构高级化是建立在合理基础上的高级化。产业结构是一个相对概念，这是产业结构在需求拉动、供给驱动、科技推动等因素的作用下，与一定的经济发展阶段相适应，片面追求产业结构服务化将违背产业结构演变规律。

产业结构优化的实质就是促进各种生产要素在不同产业之间的合理流动，以满足社会对不同产品和服务的需求。最早注意到产业结构演进规律的是英国经济学家威廉·配第，他通过比较农民和海员的收入，总结出商业的收入高于工业，而工业高于农业，因此第一次揭示了产业结构演变和经济发展的基本方向。另一位对产业结构演变及其动因进行深入研究的是英国经济学家亚当·斯密，他从资本要素投向的角度提出，随着经济发展、社会需求的变更，使资本投入以农业→工业→贸易业的顺序更替。之后，马克思深入分析了生产资料生产部门与消费资料生产部门按比例协调发展规律，列宁进一步研究得出生产资料生产优先增长的结论。英国经济学家克拉克在配第和费歇尔研究的基础上，于1940年在《经济进步的条件》一书中指出，劳动力会沿着农业→工业→服务业依次转移。之后，库兹涅茨从劳动力和国民收入在产业间分布两个角度来研究产业结构的演变规律，在1971年出版的《各国的经济增长》一书总结了三大产业劳动力占比、产出值占比的变动规律以及二者之间的关系，随着经济的发展，第一产业劳动力占比与产出占比均下降；第二产业劳动力占比保持不变或略有上升，而产出占比增加；第三产业劳动力占比上升，而产出占比保持不变或略有上升。此外，产业结构的变化不仅反映在产业之间，还表现在产业内部的变化。德国经济学家霍夫曼的研究发现，随着经济的发展，消费资料工业的净产值与资本资料工业的净产值的比例存在下降趋势。

目前判断产业结构高级化的方法主要有两种，即标准结构判别法与相对比较判别法。衡量一个国家或一个地区产业结构高级化的两种基本思路：一种思路是从时间维度上把一个国家或地区在不同时点的数据进行纵向比较，另一种思路是从空间维度上选取参照国进行横向对比。具体的计算方法有以下几种，包括标准结构法、相似系数法、高技术比重法、软化度判别法、高加工度法。产业结构高级化实际上是产业结构升级的一种衡量，早期文献多采用非农产值的比重，其理论基础是克拉克定律。经济非农产值比重的增加是产业结构演进过程中一个重要的规律。但是，随着计算机和互联网等信息技术的飞速发展，20世纪70年代之后，主要发达国家出现了“经济服务化”的趋势，即第三产业产出增加值在三大产业中占主导地位（李春井等，2006；吴敬琏，2008；顾海峰，2010）。而传统的非农经济占比不能反映出产业结构中第三产业增加值占比与第二产业产出增加值占比的这种变化规律。在信息技术革命的推动下，经济服务化是产业结构升级的一种重要特征，第三产业增加值增长快于第二产业（吴敬琏，2008；干春晖，2011）。通过对文献的梳理，产业结构高级化的度量多采用第三产业增加值与第二产业增加值占比来表征（高波等，2012；刘志伟，2013；邬思怡，2017），因此本书在第七章实证检验时也采用这一指标。第三产业增加值与第二产业增加值的比值越大，说明产业结构向着服务化的方向推进，产业结构正在向高级化演进。

产业结构高级化的另一个衡量指标是产业结构软化度系数。由于实际产业结构的软化程度衡量标准较难把握，在衡量经济区域产业结构软化程度时常选取该区域第三产业增加值占比与第三产业就业人数占比的算术平均值（赵玉林，2014）。本书在第六章实证检验房价影响第三产业就业率时，采用城市产业结构软化度系数将全样本划分为以工业为主导和以服务业为主导的子样本，目的是考察在产业结构特征不同的子样本中房价、宜居性影响第三产业就业率的异质性。

1.3.3 城市宜居性

城市是大规模人类居住和生产活动的集聚地。城市应适宜人居住的概念是在 1996 年联合国第二次人居大会上首次提出，之后，获得广泛共识，各国陆续将城市宜居性建设纳入城市规划中。根据 2007 年发布的中国《宜居城市科学评价标准》，评价城市的宜居性主要从六个维度展开：一是社会文明度，表现为传统文化和现代文明的高度融合程度，反映精神文化发展状态的程度；二是经济富裕度，表现为人民生活水平的不断提高和改善；三是环境优美度，为居民提供健康生活环境的程度；四是资源承载度，表现为对生态资源的合理开发利用程度；五是生活便宜度，交通、公共服务等便捷程度；六是公共安全度，城市应提供良好的法制和安全保障。随着经济的快速发展，人们生活水平的不断提高，对城市的宜居性也会提出更高的要求。因此，城市宜居性的内涵是一个不断完善的过程。城市不仅需要有适宜的气候、良好的生态环境，还需要提供诸如医疗、教育、便利的交通设施，同时更重要的是要提供就业和个人发展的机会（郑思齐等，2008；Glaeser et al.，2009；踪家峰等，2015）。

国内外众多学者的研究从多个角度提出了城市宜居性指标体系应包含的内容。Glaeser et al.（2009）从四个维度构建了城市宜居性指标：第一个维度主要考虑城市为满足居民对差异化产品的需求而提供的商品和服务的多样性；第二个维度关注的是城市好的气候条件；第三个维度重点关注的是一个城市能够提供的诸如教育、医疗等公共服务水平；第四个维度考察城市的交通基础设施，以及由此带来的交通便利性。此外，因大量人员集聚在城市而产生的知识外溢是城市提供的一个重要的正外部性，是吸引更多劳动力流入的一个重要因素。

郑思齐等（2011）构建城市宜居性特征变量指标中，既包括有形的自然条件和城市环境，也包括无形的社会环境。以城市年平均温度表征自然条件，以空气质量、绿化面积、道路密度和人口密度综合指标表征城市环境，以医疗服务可得性和人力资本水平表征无形的社会因素。踪家峰等（2015）构建的城市宜居性指标包括自然宜居性与人文宜居性。其中自然宜居性主要采用城市的平均温度来表示，人文宜居性包含正的宜居性和负的宜居性。正的宜居性主要表现在医疗、教育、文化、人口集聚程度、交通便利性、环境绿化，负的宜居性主要关注的是工业企业的废水排放量和有害气体 SO_2 的排放量。

综合国内学者的研究成果，本书将城市的宜居性界定包含正的宜居性和负的宜居性。正的宜居性指标包括表征生态环境的人均绿化面积、表征交通便利性的人均道路密度、表征人口集聚程度的人口密度、表征文化资源的每百人拥有图书册数、表征医疗条件的每万人拥有医生数、表征教育条件的每万人在校大学生数。负的宜居性包括城市工业企业单位 GDP 排放 SO_2 量和单位 GDP 废水排放量。

1.4 研究目标、内容、技术路线与方法

1. 研究目标

本书以房地产经济学理论、消费理论、投资理论、新经济地理学理论、产业结构理论为指导，以房价与产业结构高级化之间的关系为研究对象，系统分析房价影响产业结构高级化的路径及其机理，并根据研究结论提出构建房地产与产业结构高级化演进之间良性循环等建议。

具体任务：

（1）研究房价上涨对其他产业投资的挤入、挤出效应机理。

（2）研究房价上涨对居民消费的影响机理。

（3）区域房价差异影响劳动力流动的机理。

（4）研究房价通过三条主要路径影响产业结构高级化的机理。

2. 研究内容

本书选取 104 个地价动态监测城市的面板数据为实证检验数据。以房价过快

上涨为研究的出发点，深入探讨房价对投资结构、居民消费、劳动力流动的影响机理，继而进一步分析房价通过以上路径影响产业结构高级化的机理。

论文研究的内容体系及框架图如图 1–1 所示。

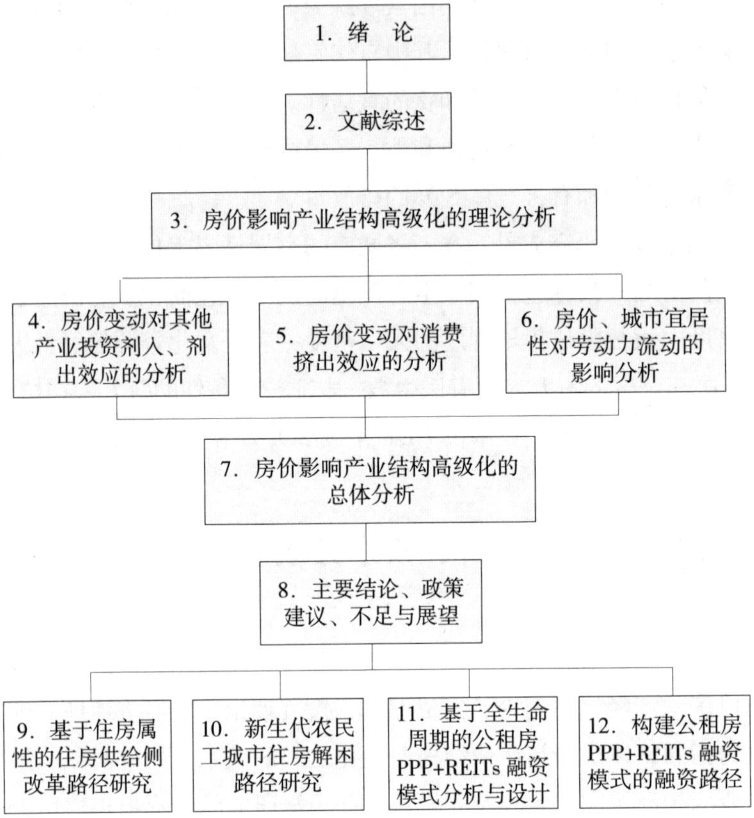

图 1–1　论文研究的内容体系及结构框架图

具体内容包括：

（1）基于产业关联理论和资源错配理论，分析房价持续上涨对其他产业投资的挤入、挤出效应，并在理论分析的基础上进行实证检验。

（2）基于行为经济学，尝试对我国住房消费的双高现象进行经济学解释，进一步基于消费理论，分析房价上涨带来的正财富效应对消费的促进作用，分析房价持续上涨带来的替代效应、预算约束效应、财富再分配效应、预防性储蓄效应对居民消费的挤出效应，并在理论分析的基础上进行实证检验。

（3）基于新经济地理学 CP 模型并对其扩展，分析房价对劳动力流动的影响，并探究城市宜居性对高房价的抚平效应，并在理论分析的基础上进行实证检验。

（4）基于新经济地理学 Krugman–Helpman 模型，通过数值模拟的方式研究房价影响产业结构高级化的机理，并实证检验房价通过投资路径、消费路径、成本路径影响产业结构高级化的总体效应。

（5）综合理论分析与实证检验的结果，提出主要结论、政策建议以及研究的不足与展望。

3. 技术路线图

根据我国经济发展过程中房价持续上涨和产业结构面临深度调整并存的现象，提出本书的主要研究问题，即房价持续上涨是否影响我国产业结构向高级化演进，其影响路径和机理是什么？之后，通过梳理国内相关研究文献，整理现有的研究成果和不足。

基本思路是从房价水平过快上涨入手，构建“房价—产业结构高级化”的一个逻辑分析框架。从房价对其他产业投资产生关联带动效应和资源错配效应、对居民消费产生正财富效应和挤出效应、提高劳动力生活成本的成本效应路径系统分析房价影响产业结构高级化的路径与机理。

第一，分析投资路径。基于产业关联理论、资源错配理论分析房价对其他产业投资的挤入、挤出效应。房价变动一方面通过关联带动效应对相关产业的发展起到积极的拉动作用，对其他产业的投资存在挤入效应，另一方面房价持续上涨导致房地产行业吸纳过多资金对其他产业投资存在挤出效应。

第二，分析消费路径。基于行为经济学双曲线贴现模型，放松理性经济人假设，基于行为人心理和行为特征，尝试分析“买房置地，有房才有家”的中国传统文化使我国居民家庭面对房价持续上涨产生认知偏差，自控力不足，导致住房消费过度，对居民其他消费的替代效应增加。之后，基于持久收入 / 生命周期理论和预防性储蓄理论，分析了房价上涨给居民消费带来的财富效应和挤出效应。

第三，分析成本路径。基于新经济地理学 CP 模型的扩展模型，研究区域房价差距的提高是抑制劳动力流入的重要分散力，而高宜居性通过提高劳动力效应水平部分抵消高房价带来的分散力，因而对高房价有抚平效应。之后，进一步分析基于成本路径的倒逼机制促进产业结构向高级化演进，而房价持续上涨导致劳动力和产业相对集聚不足进而抑制产业结构向高级化演进的机理。

第四，综合三条路径上的影响，分析房价影响产业结构高级化的传导机制。并通过 Krugman–Helpman 模型进行数值模拟，在住房供给受限的条件下，分析劳动力流动推高集聚地房价，在工资不能迅速调整的情况下导致住房支出占比提高，住房支出占比的提高导致广义工业品消费数量下降，广义工业品部门投资减少进而影响产业结构向高级化演进。基于传导路径和数值模拟结果的分析，提出房价对产业结构高级化的影响存在非线性关系，而高宜居性通过提高劳动力效应水平，促进劳动力和产业的集聚，对产业结构高级化有促进作用。

三条路径的实证分析分为三个部分。第一部分，检验投资路径。通过 104 个地价监测城市的面板数据，基于房地产投资挤入、挤出效应模型验证房价上涨带来房地产投资增加，进而对其他产业固定资产投资产生挤入、挤出效应。第二部分，检验消费路径。首先对我国住房市场高房价与高交易量并存的现象进行基于行为经济学的解释，之后基于 104 个地价监测城市的面板数据检验房价上涨对居民消费的挤出效应。第三部分，检验成本路径。首先构建城市宜居性指标，之后基于 104 个地价监测城市的面板数据检验区域房价差异是抑制劳动力集聚的重要分散力，而高宜居性通过提高劳动力效用水平吸引劳动力的流入，对高房价有抚平效应。

结合理论与路径分析的结果，实证检验房价影响产业结构高级化的总体效应，及宜居性对产业结构向高级化演进的促进作用。同时，检验房价对第二产业产出、第三产业产出的影响效应，宜居性对第二产业产出、第三产业产出的作用方向。

最后，在理论分析和实证检验的基础上提炼本书的主要结论，并提出构建房地产市场与金融之间的良性循环，培育住房消费新理念、大力发展住房租赁市场，加强城市宜居性建设、促进劳动力合理流动，构建房地产市场与产业结构高级化之间良性循环等相关对策与建议。之后，提出目前研究存在框架的内在统一性需要加强，由于数据的可获得性指标选取还要细化的不足和下一步研究的方向。

本书技术路线如图 1–2 所示。

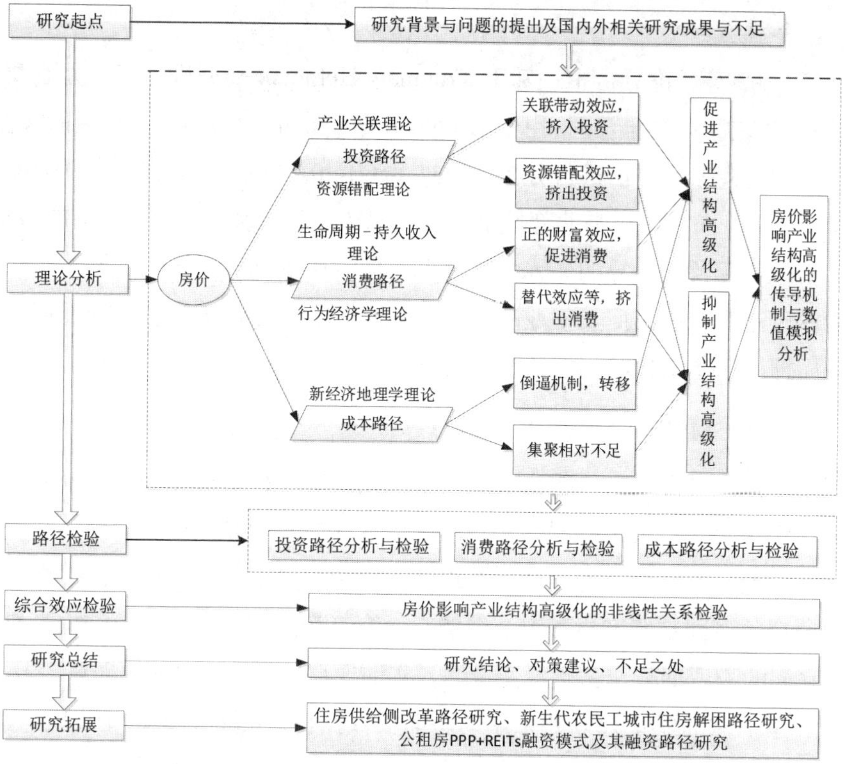

图 1–2 技术路线图

4. 研究方法

（1）文献分析法

根据本书的研究问题，通过文献分析法，梳理前期文献在房价影响产业结构高级化的领域内所使用的理论、方法、数据和相关结论，以及存在的不足。

（2）理论与实证检验相结合

在分析房价影响投资变动、消费变动、劳动力流动和产业结构高级化之间的关系时需要进行理论建模与推导。基于行为经济学的双曲线贴现模型，对我国住房市场高房价与高交易量并存的现象进行规范的经济学分析和技术表达。基于新经济地理学 CP 模型的扩展，推导高房价是劳动力流入的重要分散力，而高宜居性通过提高劳动力效用水平，部分抵消高房价带来的分散力，因而对高房价有抚平效应。之后，通过计量检验验证相关假说。

（3）数值模拟分析

在第 3.5.2 节理论分析中，基于 Krugman–Helpman 模型进行劳动力流动、房价、实际工资之间关系推演时，由于 Krugman–Helpman 模型不存在显性的线性解，因此采用数值模拟的方法进行分析。通过 stata14.0 软件进行编程，求解劳动力流动产生变化后，南部城市与北部城市房价、广义工业品价格指数、完全价格指数、劳动力实际工资及其差异的非线性解，进而探讨住房支出占比过高导致广义工业品消费占比过低，挤出广义工业品的消费，同时广义工业部门获得的投资占比下降，进而抑制产业结构向高级化演进的机理。

（4）系统 GMM 估计方法

根据房地产投资挤入、挤出效应模型，固定资产投资率作为被解释变量，而其滞后期作为解释变量；根据消费理论，消费存在着棘轮效应，即前期消费方式影响现在消费；劳动力流动，产业结构高级化演进过程中也都存在内生惯性，因此在研究房价对固定资产投资率、消费率、第三产业就业率、产业结构高级化影响时，它们的滞后期将作为解释变量纳入实证模型，因此本书的第四章、第五章，第六章、第七章的实证都需要采用动态面板数据模型。同时，由于投资、消费、房价、产业结构高级化之间存在内生性问题需要解决，因此本书在第四章、第五章、第六章、第七章的实证采用系统 GMM 估计方法进行估计，采用内生解释变量的滞后期作为工具变量，解决内生性问题。

1.5 可能的创新点

本书以房价持续上涨为研究背景，系统分析了房价变动对投资结构变动，对居民消费结构变动、劳动力流动的影响机理，进而考察了房价对产业结构高级化的影响轨迹。为建立房地产市场与产业结构高级化之间的良性循环提供了可行的政策建议。本书的创新点主要集中在以下几个方面。

1. 对房价影响产业结构高级化的路径进行系统理论分析

相关文献研究房价影响产业结构高级化多从成本视角出发，主要针对房价对劳动力流动和产业转移的影响，进而影响产业结构高级化。本书系统研究房价对投资结构变动、对居民消费结构变动、对劳动力流动的影响机理。在此基础上，应用 Krugman–Helpman 模型通过数值模拟的方法分析了房价影响产业结构高级化的机理。相关研究丰富了房价影响产业结构高级化的理论，为实证检验和政策建议提供了理论基础。

2. 尝试对“买房置地，有房才有家”的中国传统文化对住房消费作用机制的经济学分析和技术表达

基于行为经济学的双曲线贴现模型对“买房置地，有房才有家”的中国传统文化影响我国居民住房消费的作用机制进行技术表达，研究了行为主体由于认知偏差产生自控力不足 $\beta<1$ 的情景，实现了对“买房置地，有房才有家”的中国传统文化影响住房消费的规范分析。在政策干预方面，本书的分析为纠正住房消费行为偏差，引导住房消费新理念、大力培育租赁性住房市场提供了微观基础及思路。

3. 基于新经济地理学 CP 模型的扩展，发现了高宜居性对高房价有抚平效应

将住房部门、城市经济学中影响劳动力效用的城市宜居性植入到新经济地理学的 CP 模型中，通过理论推导，论证了区域房价差异是劳动力集聚的重要分散力，同时发现城市的宜居性对高房价有抚平效应。在政策建议方面，本结论为加强城市宜居性建设，促进劳动力合理流动，助推产业结构向高级化演进提供了理论基础。

4. 实证检验了房价变动对产业结构高级化存在先促进后抑制的影响，及高宜居性对产业结构高级化有促进作用

实证检验了房价变动与产业结构高级化之间存在非线性关系，先促进后抑制，呈“倒 U 形”曲线轨迹。在临界点之前，促进产业结构高级化；反之，则抑制产业结构高级化。同时，发现高宜居性通过提高劳动力效用水平，促进劳动力和产业集聚对产业结构高级化有促进作用。本研究结论在政策干预方面，为短期调控与长效机制并重，弱化房地产投资品属性，通过土地供给制度与人口流动方向联动改革促进产业集聚，构建房地产市场与产业结构高级化之间的良性循环提供了理论依据。

第 2 章　文献综述

房价作为影响城市经济的重要因素，一直受到国内外学者的广泛关注。国外的研究起步较早，而我国自 1998 年住房制度改革后，房地产市场才得以快速发展，因此我国对房价的研究起步较晚。但是，2003 年后，我国房价快速上涨给居民生活和经济发展带来的影响越来越受到众多学者的关注，关于房价的研究逐渐丰富起来。基于本书的研究方向，主要梳理和评述引起房价波动的因素，房价、工资与城市宜居性三者之间的关系，以及房价波动对投资结构、消费结构、劳动力流动与产业结构升级的影响。因此，本章的研究综述主要从以下五个方面展开：

（1）房价的主要影响因素；

（2）房价、工资与城市宜居性之间的内生性关系；

（3）房价影响投资结构变动，进而影响产业结构变动的机制；

（4）房价影响居民消费变动，进而影响产业结构变动的机制；

（5）房价影响劳动力流动，进而影响产业结构变动的机制。

2.1　影响城市房价波动的因素

房地产兼有消费品和投资品属性，对居民的消费和投资起着重要的影响。房地产因其不可移动性、不可分割性和耐久性同其他商品和投资品存在显著差异。房价变动对家庭住房消费和投资，以及金融市场的稳定和国家宏观经济的发展都有着重要的影响。因此，需要系统梳理影响城市房价波动的因素。

房价问题既是经济问题也是社会问题，国内外学者关于房价影响因素的研究成果非常丰硕。本书将影响因素分为宏观因素和微观因素。宏观因素主要包括收入水平、社会的产出水平、成本、信贷、利率、地价、制度因素等。微观因素主要包括区位、交通、公共服务水平等。

1. 宏观因素

（1）经济增长与收入水平

居民收入的提高能促进房价上涨是学者们的共识。Goodman（1988）研究了住房价格、永久收入、住房使用权和住房需求之间的关系，认为居民的持久性收入对房价有显著影响。基于异质收入家庭和异质住房的视角，将收入分配与住房纳入一个分析框架，基于美国六个大都市的数据发现，收入不平等导致平均房价降低。Lan and Zhang（2011）基于空间计量经济模型，利用 1998—2009 年北京周边八个城市的面板数据得到可支配收入显著地影响房价的结论。之后的学者从经济增长的角度，得出社会产出水平对房价有显著的促进作用的结论（Anundsen et al.，2012；Ibrahim et al.，2014）。

国内学者从城镇居民可支配收入的角度研究收入对房价上涨的影响，多数学者支持经济基本面良好是房价上涨的主要原因（温海珍等，2010；苏亚莉等，2011；骆永民等，2011）。况伟大（2010）基于住房存量调整模型，利用中国35个大中城市1996—2007年数据的实证结果表明，从总体上来看，经济基本面如可支配收入、人均GDP等对房价波动的影响大于预期和投机的影响，但不排除个别城市受预期和投机的影响很大。区分长期、短期影响效应，多数学者认为经济基本面如经济增长、可支配收入的增加，从长期视角来看，是房价上涨的根本动力，而在短期，由于受到其他因素的冲击可能不显著。段忠东等（2007）基于数理模型与四象限模型的理论推导并实证检验发现，产出、房价和通货膨胀形成互动机制。黄忠华等（2008）通过计量检验得出房价与宏观经济增长在长期存在稳定关系，历史GDP和房价是影响房价的主要原因，房价和GDP之间存在双向因果关系，但是在短期存在失衡。杨元梅等（2011）基于珠三角一小时城市圈的实证检验得出GDP与房价之间存在双向因果关系，GDP对房价波动的贡献最大。薛建谱等（2013）认为长期内人均收入、成本、股价对房价有显著影响，但短期内收入、股价影响显著，成本影响较弱。然而，与上述观点相反，孟庆斌等（2014）的实证检验却发现，经济增长率的提高通过抑制投资与投机行为从而使房价增速变缓。

与经济增长、收入水平提高是房价上涨根本动力的观点不同，国内学者基于我国房地产市场数据的实证发现经济基本面对房价波动的解释力不足。沈悦和刘洪玉（2004）利用我国1995—2004年间14个城市的数据发现，城市历史和当前的经济基本面信息可以部分解释房价的变化，但是1998年之后，特别是在2001—2002年间，各城市住宅价格已无法用经济基本面和房价的历史信息来解释。屠佳华（2005）基于上海房地产市场2000—2004的月度数据的实证检验得到人均GDP、人均消费支出对房价的影响不显著。安辉等（2013）采用2002年第一季度至2011年第三季度的经济数据实证发现，我国经济基本面已经很难解释当前房地产价格的走势，而土地政策、保障房政策成为影响我国房价的重要因素，但存在一定的时滞性。

（2）建造成本

基于成本视角，由于商品房建造成本是房价的一个重要的组成部分，因此有学者认为建造成本的波动对房价有显著影响，但有些学者则持相反观点，认为由于商品房建造成本与高房价相比占比太小，对房价不会产生显著影响。我国学者关于商品房成本是不是推高房价的主要原因形成两种观点：一种观点认为有显著影响，另一种观点认为影响甚微或者不显著。张立建（2008）通过构建房价模型，利用广州市的数据发现，除了住房供给短缺和严重的贫富分化，商品房建造成本也是推高房价的一个重要因素。苏亚莉等（2011）基于2003—2008年的省际面板数据的实证检验发现商品房成本对房价的影响显著为正。李仲飞等（2015）构建包含房地产部门和消费者的局部均衡模型，并基于2002—2013年的省际面板数据得出结论：在金融危机前，成本推动我国房价上涨，在金融危机后发生了区域分化，在房价增长较快的地区表现为需求拉动房价上涨，在房价增长较慢的地区表现为成本推动房价上涨。薛建谱等（2013）的研究发现，建房成本在长期与短期对房价的影响不一致，长期有显著影响，短期则不然。然而，也有学者的研究表明商品房建造成本并非影响房价的重要因素（况伟大，2010）。

（3）地价

关于地价与房价之间的关系，前期文献主要形成三种观点，即互为因果论、地价影响房价、地价不影响房价。第一种观点认为地价与房价之间互为因果关系，即高地价推高房价，同时房价的持续上涨是拉动地价上涨的主要原因。严金海（2006）在四象限模型理论分析的基础上，采用格兰杰因果关系检验及误差修正模型的实证检验结果发现，从长期看，二者互为格兰杰因，但从短期来看，房价是地价的格兰杰因，反之则不成立。之后，基于全国层面季度数据的检验也得出类似的结论，地价与房价互为格兰杰因，呈正相关关系（余华义，2009）。温海珍等（2010）构建了联立方程模型，利用我国2000—2005年21个城市的面板数据，采用两阶段回归方法估计的结果表明，地价与房价之间存在内生性，且房价居于主导地位。

第二种观点认为地价上涨显著影响房价水平上涨。土地价格上涨是推动房价暴涨的一个主要原因（Grimes et al.，2010）。梁云芳和高铁梅（2006）的实证检验发现地价每提高1个百分点，将引起房价上升0.8个百分点。由于地价是房价的组成部分且占比较高，地价的变动必然引起房价的变动（宋勃和高波，2007）。从长期与短期的视角来看，由于房屋建设存在一定的周期，因此地价在短期内向房价的传导较慢，但是从长期来看，地价作为房价的重要组成部分，高地价是推高房价的一个重要因素（孟庆斌等，2014）。

第三种观点认为地价对房价没有显著影响。郑娟尔和吴次芳（2006）的研究发现，房价上涨主要缘于供给和需求等因素，基于23个城市面板数据的实证结果不支持地价对房价有显著影响。

（4）货币政策

国外多数学者都支持货币政策显著影响房价这一结论，但也有学者认为货币政策对房价的影响作用有限。基于结构向量均衡修正模型的估计结果表明，较高的房价导致信贷扩张，宽松的信贷政策反过来又增加了房价上涨压力。进一步的研究表明，货币政策与房价之间的关系存在非对称性，即货币供应量增加时，房价迅速上涨，但货币供应量减少时，房价的反应非刚性，即不会迅速下滑，并以英国的数据验证了这一结论（Tsai，2013）。研究表明，利率是货币政策影响房价的渠道（Mccarthy et al.，2003），利率影响房价的传导机制如下：从购房者角度出发，利率上调，引起购房者资金成本提高，降低了购房需求，从而抑制房价（Jorgenson D W，1965；Poterba J M，1984；Zhao B，2015）。Hirata et al.（2012）研究了18个发达经济体40年房价波动的性质，发现全球利率冲击往往对全球房价产生重大负面影响。Kim et al.（2011）研究了韩国1986—2003年期间，利率和家庭贷款之间的关系，发现住房价格泡沫随着居民贷款的增加而增加，随着利率的下降而下降，但是利率的下降对房价泡沫的抑制作用效果不明显，因此不能支持利率成为政府遏制泡沫的有效政策工具。与上述研究结论不同，还有部分学者认为货币政策对房价的影响有限。Mendicino et al.（2014）通过建立两个国家的动态随机一般均衡模型进行理论分析，并检验了美国货币政策对房价的影响，与前期文献的结论不同，美国的货币政策对房价波动的解释力不显著。

国内学者的研究多数主张宽松的货币政策是房价上涨的主要原因，其机理为：宽松的货币政策从需求侧，放松了购房者的跨期预算约束，从供给侧来看，使房地产开发商可以获得大量信贷从而加大房地产开发投资。张涛利用我国 2002—2005 年的数据检验信贷与房价之间的关系，实证发现银行信贷对房价有显著的正向影响。类似的结论还有，信贷规模的扩张是导致房价上涨的主要原因（余华义等，2009；王云清等，2013）。之后的学者进一步通过实证检验支持了这一结论。基于中国、日本、美国三国货币供应量与房价数据的实证检验结果表明，巨额货币存量显著推动房价上涨，在资产泡沫时期，最重要的推动因素是货币供应量，而不是基本经济面（李健等，2011）。由于房地产行业从土地购置，到后期房屋建设开发所需资金数额巨大，而房地产开发杠杆率高，对银行信贷依赖性大，所以信贷规模的变化对房价的影响显著（屠梅曾等，2007）。武康平等（2010）通过理论分析和基于 SVAR 模型的实证检验，发现房价短期上涨的最主要原因是宽松的货币政策。然而，也有学者持不同观点，认为随着货币政策的宽松，银行给房地产开发商的贷款增加，促使供给力度增加，有助于房价保持稳定而不是推高房价（高铁梅等，2006）。

贷款利率的变化能够显著地影响房价的波动是多数学者经过实证检验的共识（梁云芳和高铁梅，2006；况伟大，2010），然而，还有部分学者的观点与此不同，认为贷款利率对房价影响不明显（屠佳华等，2005），房价与利率之间没有显著的因果关系（黄忠华等，2008）。余华义等（2009）认为实际利率从供给与需求两侧对房价产生影响，并基于全国 1999—2007 年的季度数据检验发现实际利率与房价显著负相关。孟庆斌等（2014）将购房者、房地产开发商与中央银行纳入一个分析框架进行理论建模，并通过向量自回归模型的实证检验发现，利率对房价的影响存在短期和长期不同的效应，在短期内与房价正相关，加剧房价上涨，在长期与房价负相关，对房价上涨起到抑制作用；同时发现，通货膨胀预期在短期内促使企业加快投资，通过增大供给降低房价，而在长期内由于大量资金流入房地产行业，将推高房价。类似的研究还有，住房按揭贷款利率的提高通过增加购房者的成本，对抑制房价上涨有显著的影响（张涛等，2006）。银行贷款利率的波动从供给侧看，增加了房地产开发商的开发成本，从需求侧看，增加了购房者的买房成本，因而，贷款利率的变化从供需两侧对房价的波动产生影响（宋勃和高波，2007）。从国际经济联动的角度，袁东等（2015）通过构建理论模型提出实际汇率是影响房价的重要影响因素，利用 45 个国家的面板数据发现实际有效汇率上升导致房价上涨，实际有效汇率上涨能解释我国 2005—2014 年房价上涨 13% ~ 15%。

（5）土地政策

各个国家（地区）存在着不同的土地政策，且在不同的社会制度下各有特点。国内外学者在研究房价影响因素时都关注到土地政策因素的重要作用。英美等西方国家，由于存在土地用途管制，提高了房产成本，导致住房价格上涨（Cheshire et al.，2002）。香港公开拍卖土地的政策，一方面给政府创造巨额收益，另一方面是房价上涨的重要原因（Peng et al.，1994）。在研究越南胡志明市土地制度与房价之间的关系时发现，由于土地使用权从使用权证书所有人手里获得的，并根据政府制定的不符合市场规律的土地价格框架，导致土地供应不足，进而造成房地产市场价格扭曲（Thu et al.，2011）。

国内众多学者的研究认为，1994 年我国实行的分税制改革导致地方政府事权与财权不统一，进而导致地方政府过度依赖土地财政，通过“招拍挂”制度推高地价、房价（平新乔等，2004；刘民权等，2009；余华义和陈东，2009；安辉等，2013），但也有学者认为土地“招拍挂”制度不是推高地价、房价的主要因素。宫汝凯等（2012）将分税制改革、土地财政和房价纳入一个分析框架，运用 2000—2008 年的省际面板数据在控制了其他变量影响的前提下，发现分税制改革是导致房价快速上涨的主要制度性因素，并进一步分析得出土地财政是联系分税制改革和高房价的中间变量。邵新建等（2012）通过理论建模和实证检验得出结论，地方政府对城市土地市场的垄断是形成房价泡沫的主要原因，其传导机制如下：地方政府以土地收益最大化为决策目标，通过控制土地供应量来推高地价，通过预期成本效应推高当期房价。但是，也有学者对此观点并不认可。况伟大等

（2012）通过实证检验发现，房价因需求大于供给而上涨，房价是地价上涨的原因，实证检验结果不支持土地出让方式是地价、房价上涨的主要原因，因而不能因地价上涨而否定“招拍挂”制度。

（6）人口因素

国内外学者普遍支持人口规模和人口结构影响住房消费需求量，进而从需求侧影响住房价格，但是不同的国家在不同的发展阶段，表现出来的特点并不完全一致。

人口规模与住房需求之间是正相关关系，人口规模发生变化的一个周期性影响因素就是“婴儿潮”。Mankiw et al.（1989）最早研究“婴儿潮”引起人口规模增加进而对住房价格产生影响，并根据研究结果准确地预测出 20 年后因人口规模的减少导致美国房价下跌。后来的学者通过进一步的实证也得出了类似的结论（Holland，1991）。我国学者根据我国人口数据对“婴儿潮”带来的住房价格影响进行了实证研究。骆永民等（2011）基于省际面板数据的实证检验得出，随着大量农业人口涌入城市，中国城市化进程对房价的影响存在双峰分布特征的空间相关性。除了人口规模，人口结构的变动也是影响房价波动的重要因素。基于 22 个发达国家 1970—2009 的面板数据，实证发现人口抚养比每提高 1 个百分点会引起真实房价下跌 0.66 个百分点。我国学者从人口结构变动影响房价的角度进行了一系列实证检验（杜本峰等，2011；李超等，2015），但由于我国的文化传统与国外不同，与国外的研究结论存在一定的差异。徐建炜等（2012）以人口结构变化为研究切入点，通过对比经济合作组织国家的数据发现：我国少年抚养比抑制房价上涨，而老年人抚养比的提高会促进房价上涨；但是，随着我国老龄化程度的加重，老年人抚养比的提高会由最初的促进逐渐转变为抑制房价提高，即起到先促进后抑制的作用。

2. 微观因素

国内外众多学者，不仅从宏观角度解释房价波动的原因，而且也非常重视从微观视角研究由于住房在城市中所处的位置不同而引起的房价差异。由于房地产的不可移动性，家庭选择一处住房的同时就选择了住房所在的地理位置，因此 Muth 认为房产是城市经济学的一个重要的元素（Muth，1965）。前期文献的研究从交通的便利性、社区的公共服务水平、距离商业中心的距离、邻里人文环境等因素展开实证研究。社区周边的公立学校的学生人数、学生人均培养费用、师生比等变量能显著地解释房价，尽管变量的系数都较小（Brasington，2000）。到商业中心的距离、社区及周边的人口密度、种族问题及房产本身的特点都对房价有解释力（Archer et al.，1996）。不仅轨道交通因给周边的居民出行带来方便，推高了地铁周边住房的价格（Koutsopoulos，1977；Bajic，1983；Henneberry，1998），而且住房位置距离公共汽车站点的距离可以步行这一交通便利性也可推升房价（Munoz-Raskin，2010）。我国学者利用中国的数据，也得到了类似的结论（梁青槐等，2007；冯长春等，2010；聂冲等，2010；孙岩，2017）。

2.2　房价、城市宜居性与工资的内生性关系

为什么不同的城市的房价水平存在较大的差异？国内外学者从各个角度展开了深入的研究。最初的研究主要针对的是公共服务水平，后续的研究内容进一步扩展，不仅包含医疗、教育、交通等公共服务水平，还包含气候、环境、就业率、个人发展机会等。

1. 蒂布特模型

Tiebout（1956）较早关注人口流动与当地公共品供给关系，并提出了著名的蒂布特模型。其核心思想是，具有消费者和投票者双重身份的理性经济人，会根据个人偏好，在追求效用最大化的目标下，在获得公共服务带来的收益和税负及居住成本支出之间进行权衡。之后，Oates（1969）通过实证检验证明，在税负不变的情况下，房价与公共服务水平显著正相关。国内的学者基于中国的数据也得到了类似的结论，通过实证发现地方公共支出对房价有促进作用，但存在着显著的区域差异（杜雪君等，2009）。

2. 空间无套利理论

根据城市经济学的空间无套利理论，劳动力在进行区域选择时，劳动力的工资收入减去住房成本的差被城市的宜居性所补偿，即空间对劳动力是无差异的。在城市内部的空间模型中，如果某个区位有特别的好处，那么一定存在着特别的坏处两相抵消，例如市中心的高房价被短距离的通勤所抵消。在跨城市的空间模型中，高收入为高房价或者较低的便利性所抵消。Roback（1982）基于空间无套

利理论，构建了特征性定价理论，得出城市宜居性的价值体现在城市住房价格中，也就是说城市的住房价格不仅包含了自身属性如建筑结构、装修等，还包含了城市的宜居性。Glaser et al.（2009）在 Rosen&Roback 的基础上通过把房地产开发商、劳动力、城市宜居性纳入一个统一模型中，从理论上论证了住房价格、劳动力实际工资、城市宜居性三者之间存在内生性，城市的宜居性补偿了城市住房价格和劳动力实际工资之间的差异。后来的学者多基于 Rosen-Roback 模型，展开一系列的实证研究，发现气候、医疗条件、犯罪率、教育资源、就业前景等都是城市宜居性的具体内容（Gyourko and Tracy，1991；Gabriel and Rosenthal，2004）。Rapport（2004）发现居民在进行迁移选择时偏好好的气候环境，通过实证检验发现好的气候显著增加城市人口密度，也就是说，城市因其所处的地理位置带来的好气候有利于促进人口的集聚。Berger et al.（2008）利用城市住房价格和工资方程，检验转型经济中俄罗斯住房市场、劳动力市场、城市宜居性三者之间的关系发现，劳动力实际工资与住房价格的差异可以被体现城市正宜居性的医疗条件、好气候，以及体现城市负宜居性的城市犯罪率、种族矛盾带来的不稳定所解释。通过建立体现消费者不同偏好的住房价格特征模型，实证发现，大城市存在诸如多样性的商品与服务、好的教育和医疗条件、更多的就业机会等正宜居性，同时也存在着如空气污染、交通堵塞等负宜居性；一方面，正宜居性可以部分抵消负宜居性，另一方面，城市负宜居性可以通过城市的现代化管理加以解决，因此大城市的宜居性对人口流入有很强的吸引力（Glaeser et al.，2009）。后续的研究也得到了类似的结论，居民在进行城市选择时，大城市更多的就业岗位和更匹配的婚姻市场等对劳动力的流入存在显著的正向影响，而负的宜居性如通勤成本、污染等对劳动力流入的负向抑制作用有限。部分学者基于劳动力异质性的研究发现，劳动技能水平不同的劳动者对宜居性的偏好程度不同，相比低技能水平的劳动力来说，高技能水平的劳动力更偏好大城市因集聚而带来的知识外溢性、更好的个人发展空间（Combes et al.，2008）。

国内学者利用中国的数据，实证检验工资、房价、城市宜居性之间的关系也得出了类似的结论，好的宜居性对人口流入有较强的吸引力。踪家峰（2015）在城市体系的一般均衡 Rosen-Roback 模型逻辑推演基础上，基于 35 个大中城市的面板数据的实证检验结果发现，高的名义工资补偿了高房价，高的城市宜居性补偿了低的城市房价调整工资，高的城市宜居性是促使人们奔向北上广深等大城市的主要原因，从而利用中国的数据支持了房价、工资、城市宜居性三者之间的内生关系。张波等（2006）提出城市价值包含城市的经济价值、文化价值、生态价值三个层面的内容，并通过实证发现沈阳市商品住宅价格空间分布特征与沈阳市行政规划空间的各区价值的高低吻合。任宏等（2007）构建了经济实力和生活质量的12个二级指标，从时间视角的研究发现，房价中城市价值的附加值占比越来越大。陆云龙等（2009）认为住房的价值不仅凝聚了抽象的人类劳动，更重要的一部分是来源于城市价值的转移。郑思齐（2008）采用中国35个城市的数据研究表明，中国城市居民的确对城市生活质量有显著的支付意愿，宜居性特征越好的城市，房价水平越高。之后，利用中国84个城市的上万个微观家庭样本研究发现，住房成本的均衡水平与城市的正宜居性正相关，与城市的负宜居性特征负相关；对于技能水平不同的劳动群体，高技能劳动力愿意为居住在拥有更高人力资本，更多绿化面积、道路容量和更少拥堵的城市支付更高的住房成本（郑思齐等，2011）。

综合国内外研究，学者们普遍支持房价、工资和城市宜居性之间存在内生性关系。

2.3　房价波动与投资结构、产业结构的变动

资金在不同产业间的分配比例形成投资结构，因获得资金支持力度不同，不同产业的发展速度产生了较大分异。获得较大规模资金支持的产业不断扩张生产，增长速度加快，而获得资金规模较少或失去投资的产业将缩小生产规模，增长速度放缓甚至衰落。不同产业的发展变化带来了产业结构的调整。因此，投资结构的变动必定引起产业结构的变动，投资结构变动是推动产业结构变动的主要动因（宋泓明，2001；宋凌云等，2013；于泽等，2014）。房价上涨，一方面带来企业房地产名义价格的上升，另一方面给房地产行业带来高的投资收益率，使得投资方向发生转移，进而影响产业结构变动。

房价的不断上涨，给企业的投融资带来巨大的影响，国内外学者从不同的角度展开了理论与实证的研究，通过梳理相关文献，目前房价对企业投融资的影响主要形成四种效应，分别是融资约束缓解效应、托宾Q效应、关联带动效应、

资源错配效应，下面分别进行阐述。

1. 融资约束缓解效应

国内外众多学者的研究表明，房价上涨放松了企业的融资约束，带来融资约束缓解效应，促使企业加大投资。房地产作为一种重要的固定资产，是企业向银行贷款的最重要的抵押物。房价上涨提升了企业拥有的房地产价值，增加了企业的净资产。对于银行来说，向拥有房地产的企业发放贷款后的违约风险和违约损失下降，从而提高了企业从银行贷款进行投资的能力。国外众多学者通过实证检验证明了这一结论，即房价上涨带动企业房地产名义价格上升，带来企业资产规模扩大，房地产作为一种重要融资抵押品使得通过抵押担保渠道带来企业投资的增加（Nelson et al.，1999；Almeida et al.，2007；Chenet al.，2008；Chaney et al.，2012）。Gan（2007）通过日本房地产泡沫破灭前后的制造业企业的数据做对比研究发现，房地产泡沫破灭前，由于房地产增值因此促进了企业投资规模的增加；但是基于日本房地产泡沫后的数据发现，当房地产泡沫破灭时，拥有较多房地产抵押贷款的企业很难再从银行获得贷款。Chaney et al.（2012）的研究表明，在存在融资约束的情况下，企业通过抵押现有房产为新项目融资，房价上涨带来抵押房产的增值，企业可获得的信贷规模增加，促进了企业投资规模的增加；同时发现，房价的波动对企业投资规模影响的剧烈程度与融资约束程度正相关。

国内学者基于我国数据的研究发现，房价上涨在促进企业投资程度上受到融资约束大小的影响，并不能总是起到促进作用（罗时空等，2013）。房价上涨同时给企业带来成本效应和流动性外溢效应，且两种效应对企业投资的作用方向相反，因此当企业面临的融资约束效应程度不同时，房价对企业投资的促进作用存在异质性。融资约束小，可能起到抑制作用，反之，则起到较大的促进作用。

2. 托宾 Q 效应

托宾（Tobin,1969）Q 理论通过研究企业的市场价值与其重置成本的比值（也称“托宾 Q 比率”）来研究企业的投资行为。如果企业的市场价值与其重置成本的比值大于 1，说明企业可通过在股票市场上发行较少的股票，获得较大的收益，因而刺激企业加大投资，扩大生产规模。同理，房价持续上涨带来房地产开发企业的市场价值远高于其重置成本，即托宾 Q 比率变大。当 Q 值大于 1 并且持续上升时，使房地产企业的投资收益增加。基于托宾Q理论，房地产开发企业将进一步通过土地市场的竞争购买建设用地，加大房屋开发力度，从而促进全社会投资的增加，产生托宾Q效应（许家军，2012）。

3. 关联带动效应

房地产行业产业链条长，对相关产业的覆盖性广，因而具有关联性强、拉动作用大的特点。我国40个行业中有39个行业与房地产行业存在程度不同的联系，而经济合作与发展组织（OECD）国家的35个行业中除政府服务外，其余34个行业与房地产行业存在关联关系（刘水杏，2004）。众多学者的研究表明，房地产行业通过前向关联产业如商业、家具、纺织行业等，后向关联产业如金融业、建筑业、钢铁、水泥、玻璃等，产生关联带动效应，推动产业结构的调整，促进经济的快速发展（王国军等，2004；况伟大，2006；闫永涛等，2007；魏润卿，2008；李玉杰等，2011）。刘水杏（2004）通过中外房地产行业的对比研究发现，我国与美国、日本、英国、澳大利亚的房地产业对国民经济各产业的总带动效应分别为1.416、1.333、1.563、1.83、1.03，我国房地产的带动效应低于日本、英国，但高于美国和澳大利亚，而且在城市层面的研究发现，我国一线城市如北京、广州的带动效应已超过发达国家水平。况伟大（2010）通过1997、2002、2007年的数据得出房地产行业在后向关联效应中对金融业的拉动作用最大，在前向关联效应中对行政管理、商业服务和批发零售业的推动作用最大。

很多学者通过经济数据的计算，得出房地产业的关联效应很大，应当作为新的经济增长点（王国军等，2004；况伟大，2010）。况伟大（2010）的研究表明，房地产业与建筑业对相关产业存在前向关联和后向关联的作用，不同点在于房地产的前向关联推动作用大，而建筑业的后向关联拉动效应大，并提出应大力发展建筑业和房地产业，促进国民经济的发展。许宪春等（2015）从房地产生产、开发投资、消费三个角度的定量测算表明，2013年房地产生产活动对GDP增长的贡献率高达29.3%，2011年房地产开发投资和消费的贡献率达到10.3%。其他学者的类似研究也发现房地产行业因对其他产业的带动作用有力推动了我国经济增长（沈悦和刘洪玉，2004）。

但是也有不少学者认为，因为房地产兼有消费品和投资品属性，房地产过度繁荣会制约国民经济的发展。不能把房地产业当作支柱产业来发展，因为，房地产是经济增长的结果，是一种被动产业（王小广，2006）。房地产业的过度发展会引发房地产泡沫，蕴藏金融风险，最终导致经济不可持续发展（汪利娜，2003；周京奎，2006；刘民权等，2009）。因此不能只把房地产发展看作经济政策的一部分，同时也应当把房地产的发展作为国家社会政策（郑永年，2013）。

4. 资源错配效应

房地产集商品属性和投资品属性于一身，因此研究房地产泡沫需要从房地产的商品属性和投资品属性两个方面考虑。马克思早就指出，资本与一般生产要素的本质区别就在于趋利性，资本的趋利性决定了资本的天然本能就是追求利润最大化。

房地产泡沫给房地产业带来高投资回报率，因此带来投资转移效应，从而抑制实体经济的产出（Alex，1994）。金融是支持还是抑制实体经济的发展在很大程度上由信贷资源的投向决定（Cecchetti et al.，2013；Beck et al.，2014；Arcand et al.，2015）。非生产性领域吸纳大量的信贷资金，由于没有实际产出，只能推高投资品价格，累积泡沫，并不能带来实际产出的增加（Pratap et al.，2012；Farme et al.，2012）。而生产性领域在获得信贷资金支持后，通过扩大生产规模，增加实际产出，从而促进实体经济的发展（许桂华等，2017）。Miao & Wang（2012）在内生经济增长模型的基础上，通过构建包含房地产部门和其他生产部门的两部门模型，从理论上推导出在资金供给受限的条件下，房价上涨为房地产部门带来高投资收益率使其他部门投资转向，进而导致其他企业一方面缺乏创新投入动力，另一方面也无力创新投入；之后，基于我国64个主要城市2005—2007年的市级数据，从实证的角度发现房价上涨与其他非房地产企业的创新投入存在显著的负相关关系，从一个侧面证明了房价上涨对其他产业生产的抑制作用。

国内学者关于高房价带来的高收益率使房地产行业集聚大量的资金，进而影响产业结构高级化和经济可持续增长的研究主要从两个方面展开：第一，房价高涨带来的房地产行业的高收益吸纳了大量资金，对其他产业的投资产生挤出效应；第二，房价上涨使房地产行业存在超额利润，导致工业企业创新投入不足，阻碍了资源在产业间的合理流动，不能达到资源分配的帕累托最优，从而不利于产业结构高级化。

（1）对其他产业投资的挤入、挤出效应

针对房价持续上涨是否对其他产业投资存在挤入、挤出效应，国内学者从理论分析和实证检验两个方面展开了研究，主要结论为房价持续上涨使房地产行业吸纳了大量资金，房地产投资大幅上扬。在资金供给有限的条件下，房地产投资的增加对其他非房地产行业的投资产生挤出效应，不利于产业结构的协调发展。但总体看来，国内关于这方面的研究还比较少（金通等，2003；王小广，2006）。从理论基础上来看，主要基于投资理论、经济增长理论进行分析。基于投资理论，从资本天然逐利的角度进行分析，由于房价持续上涨给房地产行业带来了高投资收益率，货币资金在高收益的诱惑下被驱赶到房地产行业，其他产业因“失血”过多而使产业结构失衡进而阻碍产业结构的调整（刘秀光，2011；刘松松，2012）。武康平和胡谍（2010）通过 SVAR 模型发现房价过快上涨对非房地产投资产生了明显的挤出效应。王重润（2012）通过构建房地产投资挤出效应模型，运用 1999—2009 年 261 个地级市面板数据进行了实证检验，结果发现，房地产投资对其他产业投资的挤出效应在东部发达城市明显，而在中西部地区不明显；考虑到挤出效应后，房地产投资对经济增长的促进作用大幅度降低。祝梓翔等（2016）在动态随机一般均衡（DSGE）框架下，基于贝叶斯的实证检验结果表明，房价持续上涨拉动了房地产投资的大规模增加，二者对非房地产投资和居民消费的影响出现负向效应；进一步建立包含无房家庭的模型与实证发现，过高的住房自有率会强化这种效应，从而得出降低住房自有率可以减轻挤出效应的结论。

（2）房价上涨抑制工业企业创新投入

部分学者从房价上涨与工业企业创新投入之间的关系展开研究，实证检验结果表明，工业企业的创新投入由于房价持续上涨被显著抑制。其背后的机理为：房价上涨带来融资约束信用缓解效应，使企业可以通过抵押房地产获得更多的信贷资金；但是，由于其他产业的利润率明显低于房地产行业，因此企业非但没有通过增加投资扩大生产规模，而是将有限的资金投入到高利润率的房地产领域，一方面导致房价被进一步推高，另一方面导致主营业务创新投入不足。研发投入是一个长效机制，大幅降低工业企业研发投入，引起资源错配，会降低企业创新能力（王文春等，2014；陈斌开等，2015；余静文等，2017）。王文春和荣昭（2014）利用 1999—2007 年我国 35 个大中城市规模以上工业企业数据，以企业的新产品产出来衡量企业的创新能力，没有新产品产出的企业作为赋值为零的样本纳入分析，实证研究结果发现：基于全样本的回归结果表明，房价上涨对工业企业创新投入有显著的抑制作用；基于大型企业、小企业和外资企业的分样本回归结果表明，房价上涨对大企业的创新研发投入有较大的影响，而对小企业和外资企业影响不明显；基于分时段的回归结果表明，2004 年之后房价上涨对私企创新研发投入抑制效应明显增强。之后的学者进一步丰富了房价上涨对工业企业研发投入的抑制效应，无论是从短期还是长期来看都不利于工业企业进行创新（邓博文，2014）。陈斌开等（2015）利用中国微观工业企业数据库的实证研究得出，不断上涨的住房价格导致资源错配，从而降低全要素生产率。余静文等（2017）采取研发投入作为企业创新投入的代理变量，同时将样本局限在有稳定研发行为的企业，发现房价每提高 10%，行业全要素生产率下降 1.04%。

综上所述，房价上涨带来的信用融资缓解效应、托宾 Q 效应、关联带动效应、资源错配效应共同影响产业结构变迁的方向。在房价涨幅程度不同时，综合影响效应的程度和方向表现不同。

2.4 房价波动与居民消费、产业结构的变动

社会消费需求的改变是产业结构升级的最重要的诱导因素（宋泓明，2001；宋凌云等，2013；于泽等，2014；赵玉林，2014）。当需求发生变动，必然要求产业结构进行相应的调整，因此，社会消费需求总量与结构的变化是产业结构升级的重要市场导向。住房对于居民来说，既是生活的必需品，也是一项重要的家庭资产，房价波动对居民消费的影响是共识，但是前期文献通过理论与大量的实证检验，针对房价上涨对居民消费的影响方向和程度，学者们的研究结论并不一致。

2.4.1 房价波动与居民消费

国内外学者的研究主要基于持久收入 / 生命周期理论、行为消费理论，展开房价变动对居民消费影响的理论分析与实证检验，目前形成的主要结论有四种：一是促进消费论，即房价上涨带来财富效应促进消费；二是挤出消费论，房价上

涨带来的“房奴效应”、财富再分配效应、预防性储蓄动机等抑制消费；三是不确定性，即房价上涨带来多种效应，加总后的方向不定；四是异质性论，即房价上涨存在区域异质性、阶段异质性与消费结构的异质性等。

1. 促进消费论

基于财富效应假说，房价促进消费的机理为：由于房价上涨，给居民家庭带来了财富效应，因而促进消费的增长（Iacoviello，2005）。基于美国 20 世纪 70—80 年代的数据实证表明，房价上涨对消费有显著的促进作用（Muellbauer et al.，1997）。住房资产与金融资产价格上涨带来的财富效应大小的比较研究发现，房地产的财富效应大于金融资产的财富效应。Benjamin et al.（2004）基于行为经济学的研究视角，放松理性经济人假设，从人的心理出发，研究金融资产和住房资产带来的不同心理反应，发现房地产财富的边际消费倾向是金融资产的 4 倍。之后的实证检验也得到了类似的结论，房地产对于消费有强烈的财富效应，而股票市场的财富效应微弱（Case et al.，2005）。从影响房地产财富效应实现的角度，发现金融制度的完善是房价变化能否通过财富效应和担保功能对居民消费产生积极影响的关键因素。如果消费者不能从金融市场低成本地获得住房权益增值抵押贷款，住房财富效应对消费的促进很难实现，20 世纪 80 年代欧美等国金融改革带来的金融市场的完善是居民实现住房财富的一个重要条件（Aoki et al.，2004）。部分学者的研究还表明，有房家庭增加消费对其他家庭消费有一定的带动作用（Poterba，2000）。

我国自 1998 年全面实行住房市场化改革以来，大量文献通过实证研究也发现房价上涨给我国城镇居民家庭带来财富效应，从而刺激了消费的增长。采用国家层面的时序数据，基于格兰杰因果关系的实证检验发现，无论是短期还是长期，房价都是居民消费波动的格兰杰因（宋勃，2007；王子龙等，2008）。崔光灿（2009）基于省际面板数据实证研究，基于 GMM 的估计方法发现房地产价格无论是短期还是长期，通过财富效应对社会总消费产生显著的促进作用。杜莉等（2013）通过上海市的入户调查的微观数据发现，房价上升对有房及无房者都产生了促进消费的作用。

2. 挤出消费论

有学者认为房价上涨并不能总是带来财富效应。房价上涨对是否拥有房产的人带来的财富效应存在异质性，对无房者带来的可能是“房奴效应”。Engelhardt（1996）基于美国 PSID 数据库中 1984—1989 年时间段，年龄在 65 周岁之下且拥有房产的家庭为样本，发现房价上涨对有房的中等收入家庭的消费有一定的促进作用。区分有房者与无房者的研究发现，房价上涨对年老的有房人群产生正财富效应，即通过放宽借贷限制，刺激消费；而对青年租房者产生负财富效应，即由于借贷限制，抑制消费（Campbell et al.，2007；Li et al.，2007）。中国居民家庭高储蓄、低消费的一个重要原因是高房价（Chamon et al.，2010）。

我国部分学者的研究也从理论分析和实证的角度得出房价对居民消费存在挤出效应，分别从三个视角展开。第一，基于财富的视角。由于房价的持续上涨，我国住房财富效应被削弱，甚至对其他消费产生挤出效应（黄静等，2009；段忠东等，2011）。颜色等（2013）建立了一个基于生命周期的动态模型，由于家庭为了购房和偿还贷款压缩日常消费会产生“房奴效应”，并通过城市人口结构数据实证发现，由于房价上涨不具有可持续性，国民消费受到了明显的抑制。邓健和张玉新（2011）在生命周期—永久收入的消费分析框架下论证了我国房价上涨对居民消费的挤出。第二，基于财富再分配效应的视角。房价上涨使财富向富裕阶层进一步集聚，贫困阶层未能从房价上涨中获得财富效应，因此，房价上涨进一步加大贫富分化，从宏观层面来看，房价上涨降低了全社会的消费倾向，从而抑制了消费需求（谭政勋，2010）。谢洁玉等（2012）研究了房价上涨对不同收入阶层的影响效应表明，对有未婚男性家庭和住房价值较低家庭的抑制效应更强，从平均水平上看，房价上涨显著地抑制了居民消费。第三，基于预防性储蓄假说的视角。部分学者基于预防性储蓄假说的研究表明，我国高房价是高储蓄率的一个重要原因，居民家庭为了将来有能力购房，不得不提前为“买房而储蓄”，而加大储蓄必然导致对当期消费的挤出（高春亮等，2007；陈斌开等，2013）。

3. 不确定性论

还有学者提出，房价上涨同时带来多种效应，正的财富效应、担保效应对消费有正向促进效应，但是负的收入效应、房奴效应对消费存在负向抑制效应，因此总效应方向具有不确定性。严金海和丰雷（2012）根据经济发展水平将 35 个大中城市划分为一类和二类城市两个子样本，发现一类城市中财富效应明显大于二类城市；从全样本回归结果看，财富效应微弱，分时段回归结果表明，随着近年房价持续上涨，财富效应持续下降。余华义等（2017）在 LC-PIH 理论框架下，实证研究结果发现，低消费城市挤出效应明显，而高消费城市发展型和享受型消费的正向财富效应明显，因此由于正负财富效应抵消的结果，35 个大中城市总体上并没有表现出房价上涨存在明显的财富效应。

4. 异质性论

（1）区域异质性

住房财富效应是否显著在不同国家或地区存在较大差异。Peltonen et al.（2012）通过收集 14 个新兴经济体的数据发现，在拉丁美洲新兴市场中住房财富效应微弱，而在亚洲则表现显著的财富效应。Barrell et al.（2015）的研究发现，住房财富效应在意大利不显著，而在英国则存在显著的住房财富效应，而且随着时间的延续，其财富效应越发凸显。我国学者对于财富效应的区域异质性研究一般基于东中西划分，但结论并不统一。有研究表明，由于东部地区经济发展水平高，房价上涨幅度过大，因而在东部地区房价上涨对消费存在挤出效应（李成虎，2010；陈峰等，2013）。但是，部分学者得出与此完全相反的结论，认为经济发展水平高的地区住房财富效应更大（严金海和丰雷，2012）。

（2）阶段异质性

部分学者认为房价上涨对消费存在阶段异质性（严金海和丰雷，2012）。陈健等（2012）基于标准的 LC-PIH 模型基于我国省际面板数据的利用 Hansen 门槛模型实证研究发现，总体上我国房价上涨会抑制消费，但是其效果会随信贷约束的放松程度而发生非线性的变化。段忠东（2014）运用 35 个大中城市面板门限模型刻画房价影响消费的非线性调整特征，当房价处于高增长或收入处于低增长时，房价对消费的影响不明显甚至产生挤出效应，反之则处于促进作用。傅东平（2017）利用中国 2000—2015 年省级面板数据，实证发现房价上涨在房价收入比 6.607 两侧均抑制了消费增长，但跨越门限后挤出效应显著增强。

（3）因消费品种类不同存在异质性

基于消费品类别的视角研究发现，房价上涨对不同类别产品与服务的消费影响存在异质性。将我国统计年鉴上的八大类消费支出划分为两种消费类型，分别对房价进行回归，结果表明，房价上涨主要促进享受型而对生存型消费表现出了持续的抑制性（姚明明等，2014；李剑等，2015）。余华义等（2017）在 LC–PIH 理论框架下研究中国房价变动对居民总消费、生存型、发展型、享受型消费的作用机制和区位异质性，在样本划分时采用城市恩格尔系数作为样本划分指标，子样本回归结果表明，房价上涨对低消费城市挤出效应明显，而高消费城市发展型和享受型消费的正向财富效应明显。

2.4.2 消费结构与产业结构的关系

消费结构影响产业结构是国内外学者普遍支持的观点。在产业结构演变过程中，消费结构是一个重要的因素。里昂惕夫（Leontief, 1951）基于投入产出表定量分析了消费结构对产业结构的影响程度，为后来学者们的研究提供了定量分析的方法。钱纳里对多个国家工业化进程的研究发现，消费需求和消费结构的变动促进产业结构的调整（Chenery et al.，1986）。国内越来越多的学者通过理论分析和实证检验的方式解释消费结构对经济增长和产业结构变迁的作用，得到比较一致的结论，即消费需求结构的变动是产业结构演进的根本动因（傅家荣，1997；尹世杰等，2000；董藩，2003；于泽等，2015）。我国早期文献主要从理论上分析消费结构变动对产业结构变迁起着引领作用，其理由有三：第一，居民消费需求是一个社会最终消费的最重要的组成部分；第二，居民的消费需求是产业结构调整的最直接原因；第三，其他如技术变革、国际贸易等其他影响产业演进的因素都与消费结构有着割不断的关系（刘世锦，1998；侯志阳等，2001）。进一步的研究发现，产业结构与消费结构之间存在互动机理，即互相促进，互相制约（刘方棫，2006；田学斌等，2010）。后来的学者不仅在理论上进行深入的分析，更从实证检验角度进一步论证了消费结构对产业结构变迁起着重要作用。宋瑞礼（2010）基于消费结构升级路线图与 D–N 转化矩阵建立消费结构升级与产业结构变迁模型，基于我国不变价投入产出表分别对消费、投资和净出口的结构演变路径进行了实证，得出消费结构的优化升级是推动产业结构变迁的根本力量。高远东等（2015）在对推动产业结构高级化的内在动力的分析基础上，建立了空间计量模型，基于1992—2012年我国省际面板数据的实证检验得出，消费结构变动带来的需求结构的变动是产业结构向高级化演进的决定性因素。

关于房价波动与消费结构、产业结构变动三者之间的关系的梳理的文献大多数的关注点是选择其中的两个要素进行研究，系统梳理房价影响消费结构进而影响产业结构变动的文献并不多见。

2.5　房价波动、成本效应与产业结构变动

国内外研究房价影响产业结构升级的文献多数基于成本论。具体传导机制如下：从劳动力生活成本角度出发，在工资水平等其他条件不变的情况下，房价上涨使劳动力效用水平下降从而引发劳动力转移，进而带来产业转移与产业升级；从企业生产成本角度出发，房价上涨不仅提高了工人的工资水平，而且导致企业生产经营用房成本上升，二者共同增加了企业的生产成本，导致低附加值企业因不堪重负转移到房价水平较低的城市，带动转入地的产业结构升级，同时对转出地来说，起到“腾笼换鸟”的作用，促进高房价地区产业结构升级。

2.5.1　房价波动、劳动力流动与产业结构变动

针对房价与劳动力流动之间的关系，国外多数学者从理论和实证检验中得出高房价是抑制劳动集聚的重要原因，但也有部分学者持相反观点，提出高房价吸引劳动力的流入。赫尔普曼（Helpman，1998）基于克鲁格曼（Krugman，1991）的新经济地理学标准模型，用住房消费替代农产品消费对传统的“中心—外围”模型进行改进，发现房价是区域人口流动的重要影响因素，偏好多样性产品的劳动力忍受高房价留在大城市，不愿承受高房价的劳动力流动到房价相对较低的城市，因此得出高房价抑制劳动力集聚的结论。之后，Hanson et al.（1999，2005）通过一系列实证检验证实了赫尔普曼（Helpman）的观点。Monk（2000）对英国东南地区劳动力紧缺的原因进行了研究，通过实证研究发现，住房成本较高是导致劳动力缺乏的主要原因。Saiz（2007）基于美国72个大都市1980—2000年的面板数据实证研究发现，住房供给受到限制的地区对劳动力流入有显著的抑制作

用。Rabe & Taylor（2012）基于英国1992—2007年的数据进行实证研究，发现阻碍劳动力跨区域流动的重要因素是高房价。但是，也有部分学者认为，虽然高房价抑制劳动力的集聚，使劳动力流向房价低的区域，但是由于存在着套利预期，高房价反而会吸引劳动力向房价上涨区域集聚，因此不能简单地认为高房价对劳动力流入一定是抑制作用（Dohmen，2005）。

国内学者普遍支持城市高房价对劳动力的流动存在拉力和阻力。拉力的机理为，高房价的大城市往往能够提供高的教育、医疗水平，且交通便利，就业机会多，为个人的发展提供更大的空间，因此偏好大城市非经济因素的劳动力会向大城市集聚。阻力的机理一般从生活成本角度考虑，因为高房价带来了高的生活成本，挤出了其他消费，阻碍劳动力的流入。因此，国内学者关于房价与劳动力流动之间的关系，主要形成了阻力论、拉力论。

1. 阻力论

多数文献观点认为高房价抑制劳动力的流动，但存在区域差异、阶段性差异，同时对异质性劳动力产生的影响效应不同（高波等，2014；张平等，2016；邬思怡，2017）。住房成本是劳动力生活成本的最重要的组成部分，对于劳动力流动的永久决策呈现显著的负相关关系，不同城市及城市内部不同的生活居住区域的住房价格水平，极其巨大的差异，拉大了中国城市居民的财富差异，成为吸引和筛选劳动力的门槛值（李斌，2008）。安虎森等（2011）把住房部门引入到新经济地理学Pfluger模型中考察非技能劳动力的移民行为，发现城市高房价对城乡收入差距的影响存在“门槛效应”，即在城乡市场开放度比较低时会拉大城乡收入差距，反之则缩小城乡差距。孙淼等（2015）基于中国59个大中城市2000—2011年的数据，利用面板VAR模型实证发现房价与人口迁移有显著的负相关关系，而地方公共支出与人口迁移有显著的正相关关系。张传勇（2016）基于长三角42个地级市2000—2013年的面板数据实证发现高房价抑制了劳动力的流动，阻碍了长三角地区经济发展。李勇刚等（2016）等基于省际1999—2013的面板数据实证发现高房价抑制农村剩余劳动力的转移，而土地财政则相反，并且二者对农村剩余劳动力的流动的影响呈现出显著的区域差异和阶段性差异。

2. 拉力论

部分学者的研究认为因为高房价隐含着高的公共服务水平，好的发展空间对劳动力有吸引作用（踪家峰，2015），劳动力愿意为高的城市生活质量支付更多成本（郑思齐等，2011），尤其是高技能劳动力（张平等，2016）。张莉等（2017）在理论上论证了房价的拉力和阻力作用，两种作用最终对劳动力流动产生先吸引后抑制的“倒U形”影响，并基于2012年和2014年中国劳动力动态调查数据发现高技能劳动力的“倒U形”拐点更小，对房价更敏感，原因在于其购房需求更强；分区域的研究发现，“倒U形”曲线的下降阶段主要发生在大城市和沿海城市。

关于劳动力流动与产业结构变迁的研究国外学者的结论并不一致。基于新经济地理学的视角，劳动力集聚增强了本地市场效应，吸纳更多的企业集聚，而企业的集聚降低了本地生活成本指数，通过循环累积因果机制，吸引更多的劳动力集聚（Krugman，1991）。Ommeren et al.（1999）基于搜索理论的分析，劳动力流动要同时考虑在不同的劳动力市场和住房市场中实现二者之和的效用最大化，由于无法识别劳动力流动是为了换工作还是住房，因此认为房价、劳动力流动和产业结构变迁的三者之间的关联存在不确定性。而Dumais et al.（2002）的实证研究发现，随着劳动力跨区域流动集聚，制造业的集聚也同时出现了，因此得出在美国大都市层面丰富的劳动力资源与产业集聚之间存在循环累积因果关系，即劳动力集聚促进产业集聚，而产业集聚进一步吸纳劳动力的流入。

国内学者的研究主要从劳动力流动影响产业转移进而影响产业变迁的角度进行实证检验，得出劳动力流动对产业结构变动产生了显著影响。早期的研究表明，由于中西部地区农村劳动力向沿海发达地区转移，保持了东部沿海低成本优势，因此导致劳动密集型制造业向中西部转移（罗浩，2003；吴安，2004）。随着经济的快速发展，我国劳动力流动方向发生改变。刘新争（2012）指出，劳动力从过去向沿海发达地区流动转变为向中西部流动，产业转移应顺应劳动力流动的新趋势，发达地区劳动密集型产业应向中西部地区转移，一方面促进中西部地区的工业化和城镇化进程，另一方面促使发达地区产业结构升级。类似研究也得出了相同的结论（苏华等，2013），劳动力流动带动产业转移。也有一些学者的研究表明，劳动力流动与产业转移之间存在互动机理。东南沿海城市承接发达国家的产业转移形成劳动密集型制造业集聚，吸引了农村和中西部劳动力向东部沿海地区的转移，同时东部沿海制造业之所以能够形成集聚效应的重要原因在于中西部劳动力向沿海发达区域集聚的结果（范剑勇等，2004）。

2.5.2 房价波动、产业转移与产业结构变动

国外学者的研究发现，房价上涨一方面通过工人的工资上涨导致企业用工成本增加，另一方面增加企业用房成本，在产出水平和产品价格保持不变的条件下，成本增加导致企业利润率下滑，引致生产效率不同的企业发生转移与集聚。Roback（1982）基于空间均衡无套利的假设指出，由于要保持相同的效用水平，劳动力在高房价地区会要求更高的工资水平，因此地价和房价的上涨很可能会增加企业用工成本降低企业利润空间。国内大多数学者都支持房价上涨对生产标准化成熟产品产业的扩散起推动作用，但对于转出地产业是否能升级的结论并不统一。房价过快上涨导致区域房价差距较大，是中心城市制造业向周边较低房价地区或者距离较远但房价较低区域扩散的重要原因（王珺等，2010；邵挺等，2010；齐讴歌等，2012；高波等，2012）。但是产业转移后，产出地是否能自发地进行产业结构升级的研究结论并不一致。目前主要形成正反两种观点：一是区域房价差异促进产业转出地的产业升级，二是过高的房价阻碍产业结构升级。

部分学者认为，区域房价差异促进了转出地产业升级。其机理为：大城市或中心城市的高房价挤出低附加值的产业，起到了“腾笼换鸟”的效果，中高端产业获得了发展的空间，进而促进了产业结构升级（高波等，2012；姜凤珍，2013；张平等，2016）。高波等（2012）通过将住房部门植入新经济地理学的 CP 模型，对区域房价差异影响产业结构升级进行了理论推导，其机理为：房价上涨提高了劳动力的生活成本，在工资保持不变的情况下降低了劳动力的效用水平，从而对劳动力的流入起到抑制作用；但是，如果随着劳动力的减少，产出水平增加同时发生，这说明劳动生产率得到提高，产业结构顺利升级，并利用中国 35 个城市 2000—2009 年的面板数据验证了这一结论。后续的研究，将劳动力的异质性引入分析框架，由于高技能劳动力工资相对高，且偏好大城市多样性的服务和好的个人发展空间，而低技能劳动力工资相对较低，从大城市非经济因素中获益小，因此高房价挤出低技能劳动力而吸引高技能劳动力，改变了劳动力的供给

结构，进而促进技术知识型产业的集聚，挤出了劳动密集型产业，实现了产业结构升级（张平等，2016；邬思怡，2017）。陈建军、崔春梅（2010）基于中国东、中、西三大区域1990—2008年的时间序列数据，实证结果表明，高地价、高房价等生产要素成本的上升促进了东部地区的产业升级，对中西部则不然，因此高地价与高房价对东中西部产业结构演化的作用存在区域异质性。李鹏（2013）利用中国31个省份的287个地级城市2000—2009年的面板数据，实证研究公共品和房价对产业结构调整存在区域差异性，对东部地区第二、三产业人均生产率的提高产生促进作用，而在中西部地区则不显著。分产业的研究表明，高房价抑制第二产业就业率和产出的提高，但促进第三产业就业率和产出的增加（席艳玲，2013）。

与之相反，还有部分学者认为过快上涨的房价不利于产业结构的调整与升级。其机理为：我国中心城市和大城市并未形成CP模型中的黑洞条件，房价过快上涨降低了企业的利润空间，导致产业转移分散，产业过度转移分散导致中心城市劳动力和产业集聚相对不足，造成大城市差异化产品和服务的丰富度不足，从而抑制了产业结构向高级化演进。邵挺和范剑勇（2010）基于长三角地区的数据验证了这一结论，高房价促使制造业向周边扩散，并且房价水平的过快上涨将进一步加剧这种产业扩散态势，使中心城市集聚相对不足。之后，基于全国地级市的面板数据，将屠能模型中房价影响差异化产品区位选择的关系植入Krugman-Helpman模型，以工资方程为媒介的实证检验结果发现，大型城市房价过快上涨对制造业的挤出作用效果明显，使大城市产业集聚不够，差异化产品的丰富度下降，而由于产业从大城市转移到中小城市，导致中小城市发展过度（范剑勇和邵挺，2011）。进一步的研究，学者们发现房价对第二产业产出增加值的影响存在门限效应。傅东平等（2017）通过省级面板数据实证得出房价上涨对工业产出具有抑制作用，且存在经济发展水平与人力资本门限。在经济发展水平较高、人力资本高的地区抑制作用大于经济发展、人力资本水平较低的地区。

2.6　文献评述

纵观国内外的研究，关于房价与产业结构高级化之间的关系，还存在不足。

第一，已有的文献多从成本视角研究房价对产业结构高级化的影响，但是这是不全面的。虽然大量的国内外文献发现了房价上涨对居民消费结构、对企业投资结构存在显著影响，而消费结构变动和投资结构变动是影响产业结构向高级化演进的关键因素，但是系统梳理房价持续上涨通过影响投资和消费进而影响产业结构高级化的路径及其机理并不多见。

第二，研究房地产泡沫如何影响企业投资方向的文献相对缺乏。虽然众多文献从理论上论证了资产泡沫会导致非泡沫部门的投资转向泡沫部门，但是关注房价上涨对其他产业带动的文献相对较多，而实证房价持续上涨对其他产业投资挤出的实证支持却并不多见。

第三，基于传统经济学理性经济人假设对于我国住房消费解释的文献丰富，但是考虑放松理性经济人假设，基于行为经济学理论考虑微观主体的心理和行为解释我国房地产住房消费文献相对匮乏。

第四，相关文献已经发现房价、工资与城市宜居性之间存在相关关系，因此在研究房价对产业结构的影响时，城市宜居性是一个重要的调节变量。但是大量文献实证研究房价影响产业结构高级化时，虽也在建模时加入如公共服务水平、人均绿地面积等作为控制变量，但没有系统地从理论上进行分析，并全面考虑城市宜居性的正宜居性和负宜居性的综合指标对劳动力流动、产业结构变迁的影响。

第五，前期文献多从房价与产业结构高级化之间是线性关系的角度出发，基于不同时段，不同范围的数据实证得到截然相反的促进论和抑制论。通过对文献的梳理，房价对产业结构高级化的影响是通过多条路径，产生多种效应的综合结果，因此，房价对产业结构高级化的影响轨迹可能存在非线性，单纯的促进论与抑制论可能存在偏颇。

本书针对前期文献的不足，第一，建立“房价—产业结构高级化”的一个逻辑分析框架，厘清房价影响产业结构高级化的路径、即投资路径、消费路径和成本路径；第二，系统梳理每条路径的传导机制并进行相应的实证检验；第三，在系统梳理房价影响产业结构高级化传导机制的基础上，基于新经济地理学 Krugman–Helpman 模型，在住房供给受限的条件下，通过数值模型分析房价与产业结构之间的内生性关系及作用机理；第四，基于 104 个地价监测城市的面板数据对房价与产业结构高级化之间的非线性关系进行实证检验，同时验证城市宜居性对产业结构高级化的促进作用。

第二篇　理论分析

第 3 章　房价影响产业结构高级化的理论分析

本章基于产业经济学、投资理论、消费理论和新经济地理学理论，分析房价影响产业结构高级化的路径和机理。研究进一步针对房价影响企业投资、影响居民消费、影响劳动力流动的作用机制进行系统的理论研究：第一，基于产业关联带动理论和资源错配理论（Miao et al.，2012；张佩，2014），分析房价上涨对其他相关产业的拉动作用，以及对其他产业投资可能产生挤出效应；第二，基于行为消费经济学双曲线贴现模型的分析框架，尝试解释我国房地产市场高房价与高交易量并存的双高现象，之后进一步分析了房价上涨带来的财富效应与挤出效应对居民消费的综合影响机制；第三，基于新经济地理学 CP 模型的扩展模型推导出，区域房价差异是劳动力流动的分散力，而城市相对高的宜居性是劳动力流动的聚集力，即高宜居性对高房价有抚平效应，之后从成本路径分析了房价上涨对产业结构高级化的正向和负向作用；第四，分析了房价影响产业结构高级化的总体效应，之后，基于 Krugman-Helpman 模型通过数值模型的方式，推演了劳动力流动、房价与产业结构之间的内生性关联关系。

3.1　房价变动影响产业结构高级化的一个逻辑分析框架

根据第 2 章的文献梳理与总结，房价变动与产业结构之间存在复杂的作用机制。第一，房价的上涨，对相关产业带来的关联带动效应可促进产业结构调整，另一方面房价上涨对其他产业投资的挤出效应将抑制产业结构向高级化演进；第二，房价上涨带来的财富效应促进消费，同时带来替代效应等挤出其他消费；第三，城市间相对房价的变动通过影响劳动力流动进而影响产业结构高级化进程。以上作用过程，由于房价上涨幅度不同，城市资源禀赋不同、经济发展水平不同，以及居民个人偏好差异，其影响方向和影响程度在时间和空间维度均存在较大差异，为进一步的分析与判断增加了难度。

产业结构高度化，即一国（地区）经济发展重点或产业结构重心由第一产业向第二、三产业逐次转移的过程，标志着一国（地区）经济发展水平高低、发展阶段和方向。根据产业经济学的基本原理，并梳理相关文献，影响产业结构高级化的因素主要有投资变动、需求变动、劳动力流动变动、科学技术、制度因素、创新等（Ngai&Pissarides，2005；林毅夫，2010；徐朝阳，2010；宋凌云等，2013；林永民等，2017）。根据前期文献的研究成果，建立产业结构高级化演进的动力函数，即：

$$M = f\left(\Delta S, \Delta C, \Delta L, \Delta R\right) \tag{3-1}$$

其中 M 表示产业结构高级化的指标，ΔS 表示投资结构变动，ΔC 表示需求结构变动，ΔL 表示劳动力流动变动，ΔR 表示包括科学技术因素、制度因素、国际因素等的变化。根据对前期文献的梳理，房价变动对消费需求、投资变动和劳动力流动施加显著影响，由此可推知房价经由这些变量进而影响产业结构高级化进程。需要注意的是，产业结构也是影响房价变动的因素，因此房价与产业结构之间存在内生性关联关系。

设城市分别为 i=0，1，2…I，城市 i 的房价为 Pi_H，进一步将城市房价变量作为条件变量引入到公式（3–1）：

$$M_i = f\left(\Delta S_i, \Delta C_i, \Delta L_i, \Delta R_i \mid P_H\right) \tag{3-2}$$

据此衡量房价变动导致产业结构高级化的程度。若 M_i 变大，说明房价变动促进产业结构高级化；若 M_i 减少，说明房价变动抑制产业结构高级化。若 M_i 保持不变，则说明房价对产业结构高级化没有影响。

对公式（3–2）的两边关于房价求导，则得到 $\frac{\partial M_i}{\partial P_{iH}}$ 的大小，可表示为：

$$\frac{\partial M_i}{\partial P_{iH}} = \frac{\partial M_i}{\partial \Delta S_i} \times \frac{\partial \Delta S_i}{\partial P_{iH}} + \frac{\partial M_i}{\partial \Delta C_i} \times \frac{\partial \Delta C_i}{\partial P_{iH}} + \frac{\partial M_i}{\partial \Delta L_i} \times \frac{\partial \Delta L_i}{\partial P_{iH}} + \frac{\partial M_i}{\partial \Delta R_i} \times \frac{\partial \Delta R_i}{\partial P_{iH}} \tag{3-3}$$

文献中研究房价变动对工业企业创新的抑制作用（王文春和荣昭，2014；余静文等，2017）在本模型中内含在 $\frac{\partial \Delta S_i}{\partial P_{iH}}$，即房价上涨影响投资变动，进而影响企业创新投入。因此本书重点需要考量变量主要是$\frac{\partial \Delta S_i}{\partial P_{iH}}$、$\frac{\partial \Delta C_i}{\partial P_{iH}}$、$\frac{\partial \Delta L_i}{\partial P_{iH}}$的变化，即：房价变动对投资结构的影响、房价变动对消费结构的影响、房价变动对劳动力流动的影响。

与本书在第 1.1.2 节提出的四个问题相对应，在以上逻辑分析框架基础上，将房价对产业结构高级化的影响机制简化为以下四个问题：

（1）房价 P_{iH} 对投资结构变动ΔS_i的影响问题。

（2）房价 P_{iH} 对需求结构（消费结构）变动ΔC_i 的影响问题。

（3）房价 P_{iH} 对劳动力流动 $\partial \Delta L_i$ 的影响问题。

（4）房价 P_{iH} 对产业结构高级化的总的影响效应问题。

因此，本章接下来的理论研究，以及后续章节的相关实证，分别针对上述四个问题进行讨论。

3.2 房价变动影响产业结构高级化的投资路径分析

3.2.1 资产泡沫与经济增长的理论基础

资产泡沫对经济增长的破坏作用，已经得到学者们的广泛关注。早期的研究将基于资本积累外部性的内生经济增长模型植入到 Dismond（1956）的世纪交叠模型（Saint et al.，1992；Crossman et al.，1993；King et al.，1993；Oliver，2000），假定泡沫产生于能够产生可观的金融回报，但不会对实际产出产生影响的如货币等“无用资产”，泡沫会对生产性投资产生挤出效应，不能产生内生的技术进步，其结果是破坏经济的长期可持续增长，甚至从长远来看，也会降低泡沫之后出生的下一代人的福利。后来的学者在前期研究的基础上进行了更深入的扩展研究，Miao&Wang（2012）基于内生经济增长模型，建立了包含两个生产部门的企业，资产泡沫仅存在于其中一个生产部门，另一个生产部门没有泡沫，整个经济系统资金供给是有限的，因而两个企业都存在融资约束。经过理论推导得出资产泡沫如果存在于没有技术外溢的部门，会通过信用缓解效用促进有泡沫部门的发展，同时会通过资源错配效应抑制没有泡沫的生产部门的技术进步，由于有技术外溢部门的创新投入受到抑制，则这种投资方向将对经济系统的长期可持续增长产生较大的抑制作用。内生经济增长理论研究经济可持续增长的重要前提就是生产部门存在技术外溢性。基于 Miao&Wang（2012）的理论模型，利用我国工业企业部门的数据（王文春和荣昭，2014；余静文等，2017），通过实证检验均发现，房地产价格的持续上涨使其投资品属性凸显，集聚了大量资金，对其他产业的创新投入产生抑制作用，从而抑制了全要素生产率的提高，阻碍了经济长期增长。

3.2.2 房价变动影响投资结构的传导路径

房地产集商品属性与投资品属性于一身，房价变动通过信用缓解效应、托宾 Q 效应、关联带动效应、资源错配效应的综合合力影响投资结构的变动。

1. 融资约束缓解效应

房价变动产生融资约束缓解效应的机制如下，以房价上涨为例：房地产价格上涨，对于那些拥有房地产的企业来说，企业的资产净值增加，增加了投资意愿；对于银行来说，企业资产净值的增加，减少了信贷风险，增强了银行放贷的意愿；因此，房价上涨，对于拥有房地产的企业来说，产生了信用缓解效应。房价下降的效果与房价上涨相反，但是存在非对称性。房价下降，银行会更加惜贷，以规避风险，企业可获得的贷款数量大幅下降。

2. 托宾 Q 效应

托宾（Tobin,1969）Q 理论通过研究企业的市场价值与其重置成本的比值（也称“托宾 Q 比率”）来研究企业的投资行为。如果企业的市场价值与其重置成本的比值大于 1，说明企业可通过在股票市场上发行较少的股票，但是可以获得较多的投资品，因而投资支出增加，促进了生产；反之亦然。对于房地产企业和拥有较多房地产的酒店、宾馆等企业来说，房地产价格的持续上涨，企业的市场价值远远大于其重置成本，因此引致相关企业加大投资规模，产生托宾 Q 效应。

3. 关联带动效应

房地产行业包括了房地产开发、房地产生产、房地产消费三大主要领域，因其产业链条长，对相关产业的发展具有广覆盖性，对国民经济增长同时起到推拉两种作用。房地产的后向关联产业主要有金融业、建筑业、钢铁、水泥、玻璃、陶瓷、化工等行业，前向关联产业主要有商业服务、批发零售、家具、家纺、家电等行业。房价上涨，不仅房地产行业自身得到快速发展，同时通过关联带动效应，带动后向、前向关联产业同步发展，促进产业结构的快速调整，推动经济增长。但是，房价的持续上涨可能导致其相关产业的过度发展，造成产能过剩，如钢铁、水泥等。在房价持续上涨时其产能过剩的现象被掩盖，但是由于房价不可能永久上涨，钢铁、水泥等产业的产能过剩会带来产业结构失衡，制约产业结构向高级化演进。

4. 资源错配效应

基于内生经济增长模型的理论推导（Grossman et al.，1993；King et al.，1993；Oliver，2000），由于投机性泡沫将储蓄挤出生产性投资，不能实现内生的技术进步，导致经济增长速度放缓，表现为阻碍经济增长，Miao&Wang（2012）通过构建理论模型，经济系统中只包含两个部门，经过理论推导得出资产泡沫如果存在于没有技术外溢的部门，会通过信用缓解效用促进有泡沫部门的发展，同时会通过资源错配效应抑制没有泡沫的生产部门的技术进步，由于有技术外溢部门的创新投入受到抑制，不能推动经济系统的可持续发展。

国际上行业分类标准将房地产行业归为金融服务业，我国 2017 年国民经济行业分类（GB/T4754-2017）将房地产业定义为一个单独子类。由于我国金融市场发展时间短，尚不完善，投资渠道相对狭窄，因此房地产的投资品属性被放大，大量投资、投机性资金集聚在房地产行业，但是，由于房地产部门属于传统产业，缺乏创新，因此不具有技术外溢性，不能引领经济的长期可持续发展。房价持续上涨，导致房地产行业泡沫不断累积。因资源错配效应导致其他产业对创新投入资金的减少，从而造成实体经济发展速度放缓导致产业结构高级化受阻。

综上所述，房地产价格变动经由信用缓解效应、托宾 Q 效应、关联带动效应、资源错配效应影响投资结构，如果投资不能在产业之间合理地流动，向具有技术外溢的高新战略性产业集聚，而是大量累积到没有技术外溢性的房地产行业，其后果是导致其他产业的萎缩，将严重制约产业结构向高级化演进。

3.2.3 投资路径：房价变动影响产业结构高级化的传导机制

房价变动对产业结构高级化的传导机制如下：当房价上涨带来的信用缓解效应、托宾 Q 效应、关联效应占主导地位时，对产业结构的高级化起到促进作用。随着房价的持续上涨，房地产投资品属性凸显，累积房地产泡沫，因投机而导致的房地产市场泡沫化带来的该行业虚高的利润率，使资源错配效应开始占主导地位，其他产业因缺少资金投入而无力改造升级，同时降低了对高端生产性服务业的需求，进而阻碍产业结构的高级化进程。具体传导机制如图 3-1 所示。

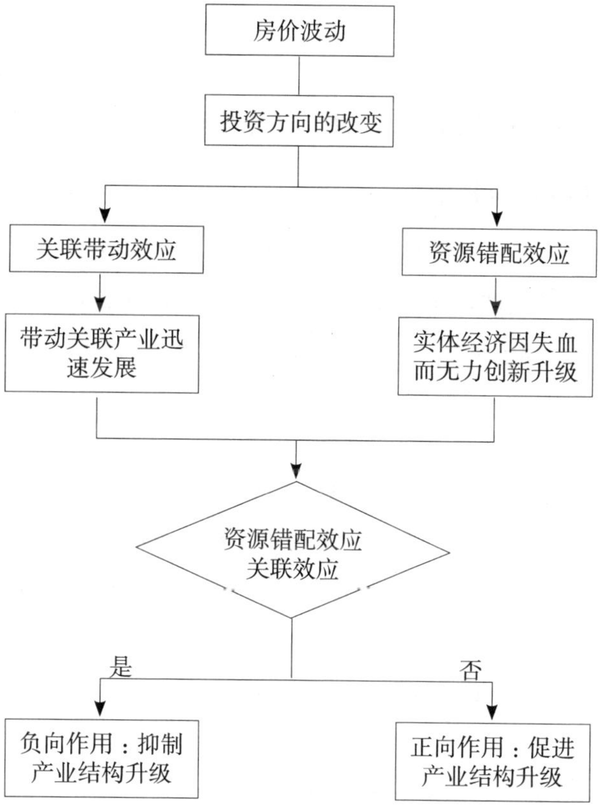

图 3-1 房价变动经投资路径影响产业结构高级化的传导机制

根据第 2.3 节的分析，房价变动对投资结构的影响，取决于信用缓解效应、托宾 Q 效应、关联带动效应、资源错配效应所引起的“正向促进”与“负向抑制”两种作用叠加后的综合效应。由于不同城市的房价泡沫化水平不同，房价变动对投资结构的综合影响效应的方向和程度存在差异性。当正向促进作用占主导地位时，表现为对其他产业投资的拉动作用；当房价持续上涨，泡沫化程度严重时，负向抑制作用占主导地位，表现为对其他产业投资的挤出效应。随着我国经济的快速发展,劳动力成本和原材料及其他生产要素成本的低价格比较优势逐渐减少，实体经济的投资回报率远低于房地产的高投资回报率，吸引大量金融资源流向房地产领域。根据内生经济增长理论，实体经济的产出主要由生产要素的投入和全要素生产率决定。由于房地产投资对其他产业投资的挤出，导致其他产业难以扩大生产规模，提高发展速度，而且由于缺乏资金，导致其他产业的研发投入降低，将抑制企业的创新能力，阻碍整个经济体的全要素生产率的提高，对产业结构向高级化演进失去动力支持。

3.2.4 房地产投资挤入、挤出效应模型

1. Agosin&Manuel 模型

Agosin&Manuel（2005）在研究直接投资（FDI）对东道国国内投资的挤入、挤出影响时，基于新古典经济的框架下，建立了如下模型：

$$Z_{i,t}=\beta_0+\beta_1F_{i,t}+\beta_2F_{i,t-1}+\beta_3F_{i,t-2}+\beta_4Z_{i,t-1}+\beta_5Z_{i,t-2}+\beta_6g_{i,t-1}+\beta_7g_{i,t-2}+\varepsilon_{i,t} \tag{3-4}$$

其中，$Z_{i,t}$ 表示第 i 个东道国第 t 年的国内总投资率，即第 t 年的国内总投资占 GDP 的比重，$Z_{i,t-1}$、$Z_{i,t-2}$ 分别表示滞后一期和滞后两期的取值。$F_{i,t}$ 表示第 i 个东道国第 t 年 FDI 投资率，即第 t 年的 FDI 占 GDP 的比重，$F_{i,t-1}$、$F_{i,t-2}$ 分别表示滞后一期和滞后两期的取值。$g_{i,t}$ 表示第 i 个东道国第 t 年的 GDP 的增长率，$g_{i,t-1}$、$g_{i,t-2}$ 分别是其滞后一期、二期的取值。

首先通过计量回归得到 β_1、β_2、β_3、β_4、β_5 的估计值 $\hat{\beta}_1$、$\hat{\beta}_2$、$\hat{\beta}_3$、$\hat{\beta}_4$、$\hat{\beta}_5$，然后构建长期反应系数 $\hat{\beta}$ 的计算式：

$$\hat{\beta}=\frac{\sum_{j=1}^{3}\hat{\beta}_j}{1-\sum_{j=4}^{5}\hat{\beta}_j} \tag{3-5}$$

判别标准为：若 $\hat{\beta}=1$，则表明 FDI 对国内投资不存在挤入和挤出效应；若 $\hat{\beta}>1$，则表明 FDI 对国内投资存在挤入效应；若 $\hat{\beta}<1$，则表明 FDI 对国内投资存在挤出效应。

2. 房地产投资挤入、挤出效应模型

王重润和崔寅生（2012）在 Agosin&Manuel 模型的基础上，基于新古典资本最优存量建立了房地产投资挤出效应模型如下：

$$T_t = \beta_0 + \beta_1 I_t + \beta_2 I_{t-1} + \beta_3 I_{t-2} + \beta_4 T_{t-1} + \beta_5 T_{t-2} + \beta_6 g_{t-1} + \beta_7 g_{t-2} + \varepsilon_t \quad (3-6)$$

其中，T_t 表示第 t 年的固定资产总投资率，即第 t 年的固定资产占 GDP 的比重，T_{t-1}、T_{t-2} 分别表示滞后一期和滞后两期的取值。I_t 表示第 t 年房地产投资率，即第 t 年的房地产开发投资额占 GDP 的比重，I_{t-1}、I_{t-2} 分别表示滞后一期和滞后两期的取值。g_t 表示第 t 年的 GDP 的增长率，g_{t-1}、g_{t-2} 分别是其滞后一期、二期的取值。

根据公式（3–5）计算长期反应系数 $\hat{\beta}$，判别标准为：若 $\hat{\beta}$ =1，则表明房地产开发投资对固定资产投资不存在挤入和挤出效应；若 $\hat{\beta}$ >1，则表明房地产开发投资对固定资产投资存在挤入效应；若 $\hat{\beta}$ <1，则表明房地产开发投资对固定资产投资存在挤出效应。

我国房地产市场经过十几年的快速发展，市场分异现象突出。一线城市房价飙升，再加上投机行为的推动，房价收入比远超居民可支付能力，房价泡沫化程度严重；但是大量的三、四线城市房地产市场供大于求，库存积压。综合以上理论分析，基于我国大中城市房价持续上涨，泡沫化程度累积，但存在区域异质性的现实基础，提出如下假说：

假说Ⅰ：房价变动对其他产业投资存在挤入、挤出两种效应，房价收入比越高，挤出效果越明显。

3.3 房价变动影响产业结构高级化的消费路径分析

追溯消费理论的发展脉络，经历了基于理性经济人的确定性条件向不确定性条件的转变之后，放松理性经济人假设，越来越多的学者从行为人心理和行为特征角度，研究行为主体的消费决策。消费理论的每一次发展和飞跃都是基于对现实经济现象的解释。持久收入 / 生命周期假说要求代表性消费者完全理性和长短期贴现率是一常数的假设与现实并不一致。消费者的消费决策往往受到自身心理、行为习惯、传统风俗以及周围环境的影响，并不能做到完全理性。同时，对当期

消费和远期消费的偏好并不一致。因此，越来越多的经济学家开始关注消费者的心理和行为特征，提出了消费者是非完全理性的，而且对长短期的时间偏好也不一致，建立了行为消费理论。

近年来，我国房地产市场出现了基于理性经济人假设的传统经济学无法解释的现象：一是在住房有效需求不足的情况下，房价仍然持续上涨；二是高房价与低租金现象并存，人们购房意愿强而租房意愿低；三是房价与成交量同步上涨，即房价与交易量之间存在正相关关系。于是，越来越多的学者认识到购房者微观主体的心理和行为对住房消费施加了显著影响。

3.3.1 高房价与高交易量：基于行为经济学双曲线贴现模型的一个解释

文化影响消费是一个基本共识（Koszegi，2005；叶德珠等，2012），叶德珠等（2012）基于行为经济学的理论推导和跨国数据的检验，发现我国“崇俭黜奢”的传统文化是影响我国居民消费率过低的一个重要原因。但是根植于中国人心中的“买房置地，有房才有家”的中国住房文化是如何影响我国居民住房消费，不论是基于经济学的理论分析还是实证检验还都非常有限。在我国最早的字典《说文解字》中对家的内涵进行了阐述：“人之居住处所曰为家。”在中国人的传统观念中，“成家立业”是成功的标志，“家”的观念深深植入人心，而住房是家的象征，“有房才有家”。中国的历史文化传统一直传承着“百年的买卖、千年的宅业”，有没有住房是成家立业的首要标准。

我国住房市场近年来出现的一个奇怪现象是：一方面是房价持续高涨，另一方面是住宅商品房销售面积持续增长，与此同时，我国住房自有率偏高、租售比偏低（谢保嵩等，2018），即居民家族购房意愿远远高于租房意愿。根据中国家庭金融调查（CHFS）发布的数据，中国城镇家庭住房自有率从 2013 年 8 月底的 87.0% 攀升到 2014 年 3 月的 89.2%。对这一现象，洪涛（2006）从“准”吉芬商品的角度进行了解释，对于以居住为目的的首次购房者来说，由于是刚性需求，不管多贵都必须买。然而这一解释对中国人在房价高涨时依然买房的内在机理的剖析还有欠缺。从“理性经济人”的角度出发，对于有刚性需求的首次购房者在房价持续上涨时，可以考虑租房来代替购房，减少压力。但中国住房市场的实际情况是，在房价持续上涨时，多数首次购房的居民家庭宁愿背上沉重的按揭贷款也要买房,成为有房族。传统经济学基于理性经济人的假设对这种现象缺乏解释力。

传统经济学的商品市场一般均衡理论对这一现象缺乏解释力。对交易量和交易价格之间关系的解释是微观经济学的最基本模型。假定微观主体消费者的偏好一致，且替代品的价格保持不变。考虑价格波动时，价格与交易量之间的关系是：当商品价格低于均衡价时，需求增加，供不应求推高商品价格，需求下降，供给增加，最终达到稳定均衡；当商品价格高于均衡价格时，需求减少，供大于求使商品价格回落，供给减少，需求增加，最终也达到稳定均衡。因此，从微观经济学一般市场均衡理论得出交易量与商品的价格总是负相关。即价格高于均衡价格，成交量下降，低于均衡价格，成交量上升。因此，基于传统微观经济学的一般市场均衡模型对我国住宅商品房价格持续上涨，但住宅商品房销售面积同步上涨，居民住房自有率上升的现象缺乏解释力。基于投资品市场的有效市场假说对房价与销售面积同步增长这一现象也缺乏解释力。在投资品市场，预期是对价格起作用的最关键因素。根据有效市场假说，供需双方都能获得全面的信息，双方掌握的信息是对称的，因此，根据相关信息，买方预期价格上涨则会加大购买力，而卖方预期价格上涨会惜售，即减少供给。最终的结果交易量微涨，甚至出现交易量不涨但价格持续上涨。因此，基于投资品交易的有效市场假说对这一现象也缺乏解释力。

如何对高房价和高交易量这一现象从经济学的角度进行解释呢？行为经济学放松理性经济人的假设，从微观主体的心理和行为角度研究消费者的决策行为，在一定程度上为我们克服上述困扰提供了解决的思路。行为经济学中的双曲线贴现模型分析框架，关注消费者的心理特征，从非理性经济人假设出发，认为代表性消费者受到干扰后会产生认知偏差，形成对远期和近期不一致的时间偏好。主要形成两种倾向：由于认知偏差导致自我控制不足，倾向于近期消费；由于认知偏差导致自我控制过度，倾向于远期消费。因此，该模型被很多的学者用来解释吸毒和过度饮食等行为偏差，这也为解释我国住房市场房价持续攀升，房价收入比远超合理水平的情况下，但住房销售面积持续走高的现象提供了理论解释的可能。

一个朴素而直观的猜想，“买房置地，有房才有家”根植于中国人心中的传统文化通过影响消费者的自我控制力进而影响住房消费行为。“买房置地，有房才有家”的传统住房文化使消费者面对房价持续上涨时出现自我认知偏差，导致自控力不足，偏离其原有的理性远期购房计划，其结果是住房消费提前，导致住房消费过度，在收入保持不变的情况下，抑制了居民其他消费需求。其具体表现为：在房价收入比远超合理范围的情况下，高房价与高交易量并存，住房自有率不断攀升。

1. 中国传统文化与自我控制认知偏差的技术表达

由于长期社会传统文化的积淀，中国人对“买房置地，有房才有家”有着特殊的情结，而对于住房的理解，显而易见是建立在“住房自有”的基础上。适龄男子没房子，丈母娘很难同意结婚；为人父母未能给孩子置买住房就是不合格的父母；在某地工作但没有住房，就没有归属感。传统文化的长期熏陶使人们在进行住房消费时，价格越高越买，没有住房而进行其他消费则容易产生负罪感，形成对住房的过度消费，其表现就是高房价与高销售面积共存，居民家庭住房自有率偏高。

传统文化影响消费受到了众多学者的支持（Fisher，1930；Roos，1930；Becker&Mulligan，1997；叶德珠等，2012）。在新古典经济学中，指数贴现模型对时间偏好理论的表达采取固定常数的贴现率。而基于行为经济学的时间偏好理论认为由于消费者存在认知偏差导致自控力不足或自控力过度，因此允许贴现率发生结构性变化，即增加一个短期贴现因子来刻画消费者由于认知偏差而产生的自控能力的过度或不足。在该理论模型中，消费者的跨期效用函数为（Laibson，1997）：

$$U(s,t)=u_t+\beta\sum_{s=t+1}^{\infty}\delta^{s-t}u_s \tag{3-7}$$

在公式（3-7）表达的跨期效用函数中，贴现因子结构中引入了关键参数 β，用来表达消费者对时间偏好的不同，贴现因子结构设定为 $\{1,\beta\delta,\beta\delta^2\cdots\beta\delta^t\}$。在进行远期决策时，刻画消费者在 t 与 t+1 期之间时间偏好的贴现因子为 δ，而在进行近期决策时，该消费者在第 0 期与第 1 期之间时间偏好的短期贴现因子为 $\beta\delta$。在该模型中，采用参数 β 来表达消费者存在认知偏差后产生的自控力不足或过度。用 $\beta>1$ 来刻画认知偏差导致自控力过度，用 $\beta<1$ 来刻画认知偏差导致自控力不足。通过关键参数 β 的引入，刻画了长期的理性消费与短期的非理性消费之间存在差异，导致消费异常现象的出现。

2. 传统文化与住房消费的模型分析

前期文献中（Koszegi，2005；叶德珠等，2012）基于行为经济学时间偏好理论的双曲线贴现模型对东西方消费文化进行了技术表达。本书基于行为经济学双曲线贴线模型的框架分析我国居民住房消费，以自我控制认知偏差参数 β 来表征面对房价持续上涨，根植于中国人心中的“买房置地，有房才有家”的传统文化带来的认知偏差，导致自控力不足，产生住房消费过度。

基本假设条件如下：

（1）假设消费者只生存三期，即 t=0，t=1，t=2。消费者在 t=0 期时做长期消费决策，在 t=1 时做短期消费决策，消费行为只发生在 t=1 期。

（2）假设消费者决定在 t=1 时消费 CH 单位的住房，则他可以得到即期效用为 U（CH），U（CH）是凹函数，一阶导数大于 0，二阶导数小于 0，即 U'（CH）>0，U''（CH）<0。付出的成本是 $P_H C_H$（P_H 是消费 1 单位住房所需要付出的成本）。假定没有首付款，通过按揭贷款的方式购房，因此在 t=2 期时才需要支付购房成本。

（3）假设消费者只消费住房产品和其他广义消费品 C_M，在 t=1 期的总收入为 W。

模型推导过程如下：

根据假设条件，消费者采用按揭贷款的方式购房，所以住房消费延迟至 t=2 时才付款 $P_H C_H$。根据国家住房贷款政策在 t–2 到 t–1 期间的贴现因子为 γ，将其他消费品 C_M 的价格单位化，即 P_M=1，则消费者在 t=1 期时扣掉住房消费之外剩余的收入用于消费其他广义消费品，即 $W-\gamma P_H C_H=P_M C_M=C_M$。

为便于分析与计算，在比较住房消费 C_H 和其他消费品 C_M 时，将其他广义消费品 C_M 的效用水平单位化，即 $U(C_M)=C_M$。由此，可得到消费者消费 C_H 单位的住房数量和消费 C_M 单位的其他广义消费品的效用函数为 $U(C_H,C_M)=U(C_H)+U(C_M)=U(C_H)+C_M$，则在 t=1 期时，消费者消费其他广义消费品的效用为 $U(C_M)=U(W-\gamma P_H C_H)=W-\gamma P_H C_H$。

为了表达消费者受到“买房置地，有房才有家”的中国传统文化产生的自我控制认知偏差，根据行为经济学时间偏好理论的双曲线贴线模型，消费者在 t=0 期做长期决策时的贴现因子结构的是 $\{1,\beta\delta,\beta\delta^2\}$，得到消费者在 t=0 期时为获得效用最大化时的效用函数为：

$$\underset{C_H}{Max}\,\beta\delta\left[\left(W-\gamma P_H C_H\right)+U\left(C_H\right)\right]-\beta\delta^2 P_H C_H \tag{3-8}$$

对公式（3–8）求关于 C_H 的一阶导数，由最大化一阶导函数条件可得：

$$U'\left(C_H^*\right)=\gamma P_H+\delta P_H \tag{3-9}$$

其中，C_H^* 为消费者在 t=0 期决策时最优的住房消费数量。当消费者到了 t=1 期时，考虑即期消费住房数量时，由于从 t=2 期的住房支出贴现到 t=1 期时的贴现因子是 $\beta\delta$，因此，消费者在 t=1 期时效用最大化的目标函数为：

$$\underset{C_H}{Max}\left[W-\gamma P_H C_H+U\left(C_H\right)\right]-\beta\delta P_H C_H \tag{3-10}$$

对公式（3–10）求关于 CH 的一阶导数，此时由最大化一阶导函数条件可得：

$$U'\left(C_H^{**}\right)=\gamma P_H+\beta\delta P_H \tag{3-11}$$

C_H^{**} 为 t=1 期时消费者在受到房价持续上涨的干扰而又没有采取任何措施的情况下，实际愿意消费的住房数量。由于“买房置地，有房才有家”的中国住房文化的影响，消费者在面对房价持续上涨时，认知偏差导致自控力不足，关键参数 β<1。当 β<1 时，$U'\left(C_H^{**}\right)<U'\left(C_H^*\right)$，由于效用函数是凹函数，一阶导数大于 0，二阶导数小于 0，因此可推知 $C_H^{**}>C_H^*$，即居民对住房的实际消费数量高于理性长期计划时的最优消费时，出现住房消费过度。

在收入水平一定的条件下，消费者在 t=1 期时的住房实际消费数量大于其在早期理性消费计划的最优消费数量，必然对居民的其他消费产生替代效应，从而导致其他消费品的消费不足。宏观表现为高房价与高增长的住宅商品房销售面积共存。因此，在“买房置地，有房才有家”的中国传统文化的影响下，居民在高房价背景下产生认知偏差导致自控力不足，出现住房消费过度，挤出其他消费。

3.3.2 房价变动影响居民消费的传导机制

房地产兼有消费品和投资品双重属性，对消费的促进作用和抑制作用同时存在，其综合效果由这两种作用的相互力量对比来决定。另外，房价财富效应的实现还需要依赖发达完善的金融体系做支撑，因此，房价变动对消费的影响是复杂的，同时还会受到多种因素的影响。房价变动对消费需求总量和消费结构的影响，可以通过财富效应、财富再分配效应、预防性储蓄效应得到解释。下面以房价上涨为例（房价下降与之相反）。

1. 财富效应

从微观居民家庭层面来看，房价波动对居民家庭消费产生显著影响。对于拥有多套房、一套房、拟购房家庭以及租房家庭其影响方向和程度存在显著差异。房价上涨既可以带来促进消费的正向财富效应，也可以带来抑制消费的替代效应、预算约束效应。

第一，兑现的财富效应。住房集投资品与消费品属性于一身，拥有多套住房的家庭，在房价上涨时可以通过出售房产、出租房屋兑现房产的增值，从而增加家庭的其他消费。但是，由于住房的位置的固定性、不可移动性、不可分割属性以及交易数额大等特点，住房实物资产变为现金流会受到住房市场的活跃程度和金融体系完善性的影响。兑现的财富效应是房价上涨促进消费的一条主要途径。

第二，未兑现的财富效应。如果房价上涨的趋势长期保持，那么由房价上涨带来的家庭财富就被视为永久收入，根据持久收入假说，房价上涨带来的财富效应则可以促进其他消费的增加。当房价持续上涨时，对于有房家庭，由于家庭财产的增值，即使不通过出售或出租获得货币财富，也会增加消费。

第三，流动性约束效应。拥有多套或一套房产的人，在房价上涨时，家庭净资产增值，可以通过抵押贷款的方式获得现金流。因此，拥有房产的家庭在房价上涨时，家庭净资产增值带来的财富增加使其流动性约束减小，更有可能增加消费。但是，流动性约束效应的实现还需要完善的金融制度体系做条件，如果金融体系不完善或不支持住房抵押贷款，那么流动性约束的实现将会受到限制。

第四，替代效应。对于已拥有一套或多套房的家庭，或者拟购房家庭，为实现购房不得不减少当期消费，如果采用的是按揭贷款方式，还将产生对未来消费的替代。替代效应是房价持续上涨，对其他消费挤出的重要途径。按照弗里德曼的持久收入假说，居民消费主要取决于其一生的持久收入。根据中国家庭金融调查报告与金融机构贷款投向统计报告的统计数据，我国购房者中将近80%的家庭采取的是按揭贷款购房方式，而按揭贷款的期限一般是10年以上，最长可达30年。每个月的按揭贷款支出必然减少居民的持久收入，因而从长期视角来看，对居民消费的挤出是长期的。同时，根据第3.3.1节基于行为经济学时间偏好理论的分析，我国居民家庭在“买房置地，有房才有家”的中国传统文化的影响下，在房价持续上涨的背景下，产生认知偏差导致自控力不足，出现住房消费过度，进一步增强了替代效应。

第五，预算约束效应。对于租房家庭来说，在工资收入增长速度远低于房价增长速度的情况下，随着租房成本的上升，在收入确定的条件下，必然减少对于其他消费品的消费，以支付不断上涨的房租，即产生预算约束效应。

以房价上涨为例，影响居民家庭消费的具体传导机制如下图 3–2 所示。由图 3–2 可知，在房价上涨时，拥有多套住房的家庭通过兑现的财富效应、未兑现的财富效应、流动性约束效应增加消费，也可能由于出于投资或其他目的再次购房，则通过替代效应对消费产生抑制。拥有一套住房的家庭通过未兑现的财富效应、流动性约束效应增加消费，如果出于投资或为未成年的子女等目的再次购房，则通过替代效应抑制当期消费。没有住房拟购房家庭通过替代效应抑制当期消费。租房者在房价上涨时，当收入不变时，由于预算约束效应不得不减少当期消费。因此，从微观家庭层面上来看，房价上涨对拥有多套住房、一套住房、拟购房家庭及租房家庭的总的消费影响方向由多种效应的组合来确定。

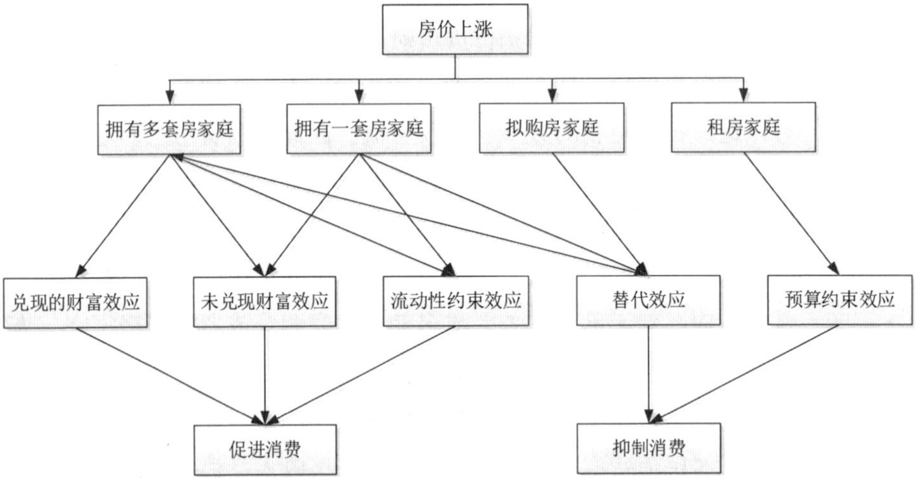

图 3–2　房价变动从微观家庭层面影响消费的传导机制

2. 财富再分配效应

从宏观层面来看，房价上涨还改变了社会原有的财富分配格局。由于高收入者拥有多套房产，而中低收入者拥有一套或者没有房产，因此房价上涨导致财富逐渐向高收入阶层集聚，引发其财富进一步升值，而相应的中低收入阶层的财富相对减少，甚至为了购房沦为“房奴”。因此，从全社会的宏观角度来看，房价上涨抑制了全社会的边际消费倾向。房价持续上涨带来的贫富差距的拉大，不利于我国整体居民消费率的提高。

3. 预防性储蓄效应

房价持续上涨，超过收入的增长速度，进一步推高了房价收入比。而房价收入比是衡量房价上涨是否超过居民家庭购房能力的重要指标。在房价增长速度大于收入增长速度的情况下，根据预防性储蓄假说，居民即便当期不购房，为了实现未来购房的目的，不得不提前进行储蓄。因此，房价的上涨增强了居民的储蓄动机，减少当期消费水平。从我国的国情出发，我国政府针对房价上涨从需求侧的限购、限贷政策虽在短期内抑制了房价，但从长期来看，房价持续上涨的趋势没有被很好地控制。再加之，我国城镇化进程的加快，城镇人口集聚带来的刚性需求，多种因素叠加，我国住房在短期内价格不会下降的预期进一步加强了居民的储蓄动机。房价持续上涨带来的预防性储蓄效应将进一步挤出当期消费。

房价上涨对居民消费的影响存在正反两方面的作用。房价上涨对居民消费的总影响取决于两种作用的相对大小。由于房价持续高涨，房地产的投资品属性凸显。房地产投资、投机性需求进一步刺激房地产价格的上涨，对于收入中等的普通居民家庭来说，从房价上涨带来的正的财富效应中收益有限，低收入家庭的挤出效应远大于其带来的财富效应，这将降低全社会的边际消费倾向。综合 3.3.1 节和 3.3.2 节的分析，提出以下假说：

假说Ⅱ：房价收入比越高，对消费需求的抑制作用越大。

3.3.3　消费路径：房价变动影响产业结构高级化的传导机制

通过以上房价上涨影响消费传导机制的分析，房价上涨既可以影响社会消费总量，也可以影响社会的消费结构。根据产业结构变迁理论，房价上涨带来的对居民消费总量与消费结构的改变诱导投资在不同产业中流动，使产业结构与需求结构相匹配，进而影响产业结构高级化的进程。

从消费总量的维度来看，随着房价持续上涨，加大了有房者与无房者的贫富分化。由于富人的收入边际消费低，而相对贫穷的家庭为了购房致使"替代效应"增强，上升到主导地位。也就是说，房价上涨对消费的促进作用存在阶段异质性和区域异质性。从消费结构维度来看，房价上涨带来的正的财富效应刺激发展型和享乐型消费，而负的财富效应将降低非必需品的消费。房价给收入水平不同的家庭带来的财富效应存在差异，居民的消费需求结构也必然存在异质性。因此，房价上涨不仅带来消费总量的变动，同时也带来消费结构的变动。

综上所述，房价变动通过对消费规模和消费结构的影响进而会作用于资源在不同产业部门之间的重新分配，对产业结构高级化的进程起到抑制或促进作用。当房价上涨，正向的财富效应占据主导地位时，促进消费，消费规模的扩大和消费结构的优化会促进产业结构高级化；反之，如果房价持续上涨，负向的财富效应占据主导地位，抑制消费，消费规模不能有效扩大以及消费结构优化速度缓慢将抑制产业结构高级化。

3.4 房价变动影响产业结构高级化的成本路径分析

劳动力在区域间的流动，从微观角度看会影响区域间的企业转移行为，从中观角度看会影响产业转移和集聚，进而影响到区域产业结构的变迁。本节内容在新经济地理学 CP 模型基础上进行扩展，研究房价变动对劳动力流动的影响，进而影响产业结构高级化的作用机制。

3.4.1 扩展模型：植入住房部门与城市宜居性

在城市经济学的研究中，早已将城市宜居性作为影响劳动力效用的重要因素加以考虑（Roback，1982；Glaser et al.，2009；郑思齐等，2008；踪家峰等，2015）。基于 Krugman（1991）提出的核心—边缘模型（core-periphery model，CP 模型），借鉴 Helpman（1998）、Baldwin（2003）、高波等（2012）的范式，把住房部门和城市宜居性同时植入核心—边缘模型，探究房价、城市宜居性影响劳动力的流动，进而影响产业结构高级化的机理。假设经济体只包含北部城市和南部城市，广义工业部门和住房部门，劳动力可以在两个城市间自由流动，广义工业品城市内交易无成本，城市间交易存在冰山成本，住房不可移动。劳动力通过合理配置自身的收入，消费可贸易的广义工业品、不可贸易的住房以及享有所在城市的宜居性，来实现自身效用最大化。劳动力效用最大化函数采取道格拉斯生产函数形式（Roback，1982；Glaeser et al.，2009；踪家峰等，2015）。

$$U = \theta C_M^{\mu} C_H^{1-\mu} \tag{3-12}$$

约束条件为 $S.t. P_M C_M + P_H C_H = W$，其中，$U$ 表示北部城市劳动力的效用函数，θ 表示北部城市的宜居性，C_M 表示北部城市劳动力所消费的广义差异化的工业品数量指数，C_H 表示北部城市劳动力消费的住房数量。P_M、P_H 分别对应北部城市广义工业品组合价格和住房价格，μ 为劳动力在广义工业品上的消费在收入中所占的比重，W 为北部城市劳动力的收入。

最优化后北部城市代表性劳动力的间接效用函数为：

$$V = \theta\mu^{\mu}(1-\mu)^{(1-\mu)}W\Big/\left(P_M^{\mu}P_H^{1-\mu}\right) \tag{3-13}$$

根据 Krugman（1991）、Fjuita et al.（1999）引入的工业品价格指数，得到广义工业品价格指数为（高波等，2012）：

$$P_M = \left[s_n W^{1-\sigma} + (1-s_n)(W^* T)^{1-\sigma}\right]^{\frac{1}{1-\sigma}} \tag{3-14}$$

其中，W^* 是南部城市劳动力的收入，S_n 表示北部城市的劳动力数量占经济系统整个劳动力数量的比重，T 为广义工业品在两个城市间贸易的广义运输成本，且 T>1。

将（3-14）式代入（3-13）式，得到包含城市宜居性的代表性劳动力的间接效用函数：

$$V = \theta\,\mu^{\mu}(1-\mu)^{(1-\mu)}W\Big/\left\{P_H^{1-\mu}\left[s_n W^{1-\sigma} + (1-s_n)(W^* T)^{1-\sigma}\right]^{\alpha}\right\} \tag{3-15}$$

其中，$\alpha = \mu/(\sigma-1)$，采取类似的推理方式，可以求出南部城市代表性劳动力间接效用函数：

$$V^* = \theta^*\mu^{\mu}(1-\mu)^{(1-\mu)}W^*\Big/\left\{(P_H^*)^{1-\sigma}\left[s_n(WT)^{1-\sigma} + (1-s_n)(W^*)^{1-\sigma}\right]^{\alpha}\right\} \tag{3-16}$$

其中 θ^* 表示南部城市的宜居性，P_H^* 表示北部城市的房价。根据长期均衡条件下，劳动力在城市间流动的决策准则是相对效用的高低，将（3–15）除以（3–16），得到相对效用函数为：

$$U=V/V^{*}=\frac{\theta}{\theta^{*}}\frac{W}{W^{*}}\left(\frac{P_H}{P_H^{*}}\right)^{\mu-1}\left[\frac{s_nW^{1-\sigma}+(1-s_n)(W^{*}T)^{1-\sigma}}{s_n(WT)^{1-\sigma}+(1-s_n)(W^{*})^{1-\sigma}}\right]^{-\alpha} \quad (3\text{–}17)$$

其中，

$$\left[\frac{s_nW^{1-\sigma}+(1-s_n)(W^{*}T)^{1-\sigma}}{s_n(WT)^{1-\sigma}+(1-s_n)(W^{*})^{1-\sigma}}\right]^{-\alpha}=\left[\frac{\frac{s_n}{1-s_n}\left(\frac{W}{W^{*}}\right)^{1-\sigma}+T^{1-\sigma}}{\frac{s_n}{1-s_n}\left(\frac{W}{W^{*}}T\right)^{1-\sigma}+1}\right]^{-\alpha} \quad (3\text{-}18)$$

令$T^{(1-\sigma)}=\phi, \phi$表示两个城市间的贸易自由度，分别对公式（3–18）的$\frac{s_n}{1-s_n}$和$\frac{W}{W*}$进行二元泰勒级数展开得到：

$$\left[\frac{\frac{s_n}{1-s_n}\left(\frac{W}{W^{*}}\right)^{1-\sigma}+T^{1-\sigma}}{\frac{s_n}{1-s_n}\left(\frac{W}{W^{*}}T\right)^{1-\sigma}+1}\right]=\phi^{-\alpha}\left[1-\frac{\alpha}{\phi}(1-\phi^{2})\frac{s_n}{1-s_n}\right] \quad (3\text{-}19)$$

将公式（3–19）式代入（3–17）并对等式两边求对数，得到：

$$\ln U=\ln\frac{\theta}{\theta^{*}}+\ln\frac{W}{W^{*}}+(\mu-1)\ln\frac{P_H}{P_H^{*}}-\alpha\ln\phi+\ln\left[1-\frac{\alpha}{\phi}(1-\phi^{2})\frac{s_n}{1-s_n}\right] \quad (3\text{–}20)$$

对 $\ln\left[1-\frac{\alpha}{\phi}(1-\phi^{2})\frac{s_n}{1-s_n}\right]$ 进一步应用泰勒级数展开后化简，则公式（3-20）变为：

$$\ln U=\ln\frac{\theta}{\theta^{*}}+\ln\frac{W}{W^{*}}+(\mu-1)\ln\frac{P_H}{P_H^{*}}-\alpha\ln\phi-\frac{\alpha}{\phi}(1-\phi^{2})\frac{s_n}{1-s_n} \quad (3\text{–}21)$$

从长期均衡的角度来分析，达到长期均衡时的条件一般是两种状态，一是劳动力在两个城市的效用水平相同，二是所有的劳动力都集聚在一个城市。在这里重点讨论的是第一种状态，即劳动力在两个城市的效用水平相同，也就是说相对效用水平为 1，即$U=V/V^{*}=1$，因此$\ln U=0$。将公式（3–21）变形后得到如下形式：

$$\frac{s_n}{1-s_n}=-\frac{\phi}{1-\phi^{2}}\mathrm{h}\ \phi+\frac{\phi}{\alpha(1-\phi^{2})}\mathrm{h}\ \frac{W}{W^{*}}+\frac{\phi(\mu-1)}{\alpha(1-\phi^{2})}\mathrm{h}\ \frac{P_H}{P_H^{*}}+\frac{\phi}{\alpha(1-\phi^{2})}\mathrm{h}\ \frac{\theta}{\theta^{*}} \quad (3\text{–}22)$$

等式左边是北部城市劳动力数量与南部城市劳动力数量的比值。因为 $\alpha>1$，$\sigma>1$，$T>1$，$0<\mu<1$，$\phi<1$，所以 $\phi^2<1$，$\frac{\phi(\mu-1)}{\alpha(1-\phi^2)}<0$，$\frac{\phi}{\alpha(1-\phi^2)}>0$，可以发现由劳动力效用决定的两个城市的相对就业人数与相对房价之间存在着稳定的反向关联（高波等，2012），但是与城市相对宜居性之间存在稳定的正向关联，这是本书在高波等（2012）研究基础上的边际贡献。也就是说，高的城市宜居性有助于劳动力的流入，对高房价有抚平效应，即高房价对劳动力的挤出效应部分被城市高宜居性所抵消。高宜居性，一方面提高了适于居住的环境和良好的公共服务，另一方面隐含着更多的就业机会、更好的发展空间，对劳动力的流入产生很大的吸引力。根据以上分析，我们得到如下假说：

假说Ⅲ：在工资等条件保持不变的情况下，城市间相对房价的提高对劳动力的流入有抑制效应，但是城市间相对宜居性的提高对高房价有抚平效应。

3.4.2　成本路径：房价变动影响产业结构高级化的传导机制

基于 3.4.1 节理论分析，发现城市间相对房价差距抑制劳动力流入，而城市间相对宜居性的提高对高房价有抚平效应。接下来分析房价上涨通过影响劳动力流动、产业转移与集聚进而影响产业结构高级化的机制。

我国经过多年的经济快速发展，交通基础设施逐渐完善，同时城市间的贸易壁垒也正逐渐消除。在广义运输成本趋于逐渐下降的条件下，影响劳动力和产业集聚的主要因素是生产要素的成本。大城市的高房价和高工资，中小城市的低房价和低要素价格形成鲜明对比。研发管理部门等生产服务型的部门对创新的要求高，创新成功的利润空间高，因此倾向于选择集聚着高技能人才但房价高的大城市。但对那些生产标准化成熟产品的制造业等产业来说，从大城市中获得的集聚效益较小，在追求利润最大化的目标下，必然倾向选择房价低且生产要素成本低的中小城市。房价持续上涨对劳动力、产业集聚施加明显影响，进而影响产业结构高级化的进程。

1. 房价上涨促进产业结构高级化的传导机制

房价上涨促进产业结构高级化的传导机制，从微观基础来看，是劳动力追求效用最大化，企业追求利润最大化的必然结果，是“房价上涨→（促进劳动力流动和低端企业转移 + 倒逼劳动力进行人力资本投入和企业进行技术创新）→实现产业结构向高级化演进”的实施过程。具体传导机制如图 3–3 所示。

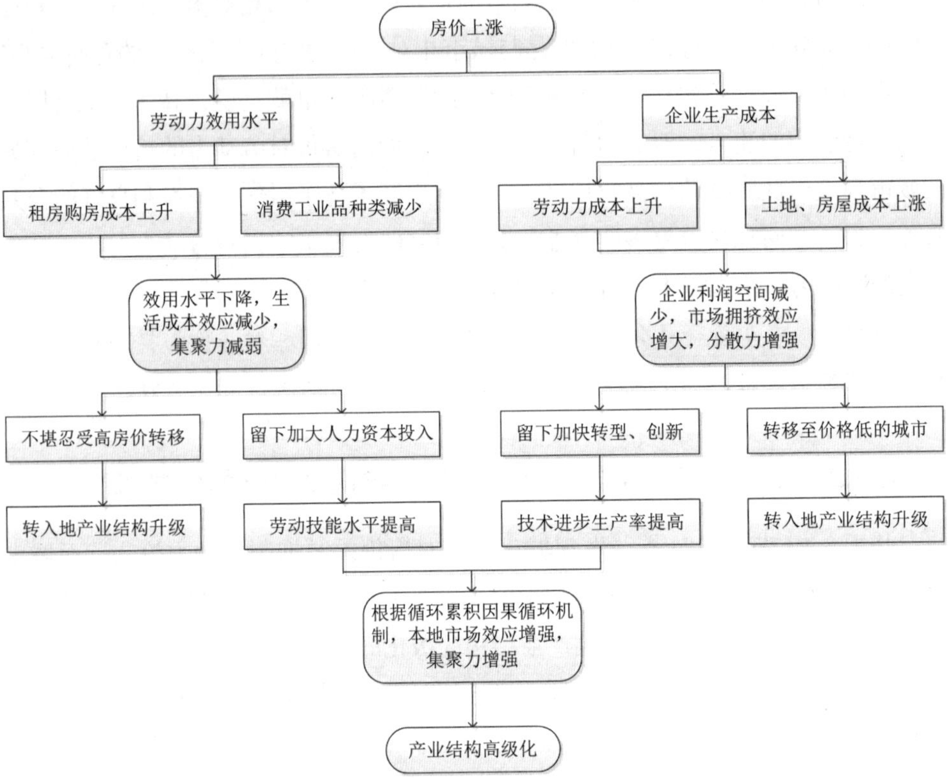

图 3–3　房价变动经成本路径促进产业结构高级化的传导机制

从劳动力追求效用最大化的角度来看，房价上涨带来劳动力租房、购房成本上升，如果工资上涨速度低于房价上涨速度，在预算约束条件下，能够消费的广义差异化产品数量减少，再综合考虑城市宜居性带来的效用。如果三方面的因素使劳动力的效用水平降低，则分散力占主导地位，此时劳动力面临两种选择：一是采取加大人力资本投入，通过再学习获得技能水平的提升，从而获得高工资抵消高房价导致效用水平的下降，这将促进产业结构高级化；二是不堪忍受高房价，选择流动到房价低的中小城市，则促进转入地劳动力的集聚。

从企业追求利润最大化的角度来看，房价上涨，劳动力工资提升，企业用工成本上涨，同时生产经营用的土地、房屋成本上涨，企业利润空间被挤压，市场拥挤效应加大，分散力增强。此时，企业面临两种选择，转移到房价低且生产要素低的中小城市或就地转型升级向价值链高端攀升（高波等，2012；邬思怡，2017）。我国经过多年的经济快速发展，交通基础设施得到了很大的提升，地方贸易壁垒正逐步消除，因此一些生产标准化成熟产品的企业选择转移到低房价、低生产成本要素的中小城市，一方面缓解了大城市的成本压力，另一方面由于大中小城市间存在产业梯度差，能够促进转入地的产业结构升级。有些企业会选择加快创新，加快升级改造，或通过采用现代化的装备提高劳动生产率，向产业链条的高端攀升，这将促进本地的产业结构高级化。因此，房价上涨，一方面会促进低端企业转移，另一方面会倒逼留在转出地的企业加大创新投入，加快转型升级的步伐，向产业价值链高端攀升。

2. 房价上涨抑制产业结构高级化的传导机制

然而，房价的持续上涨也会抑制产业结构高级化的进程，如图 3–4 所示。

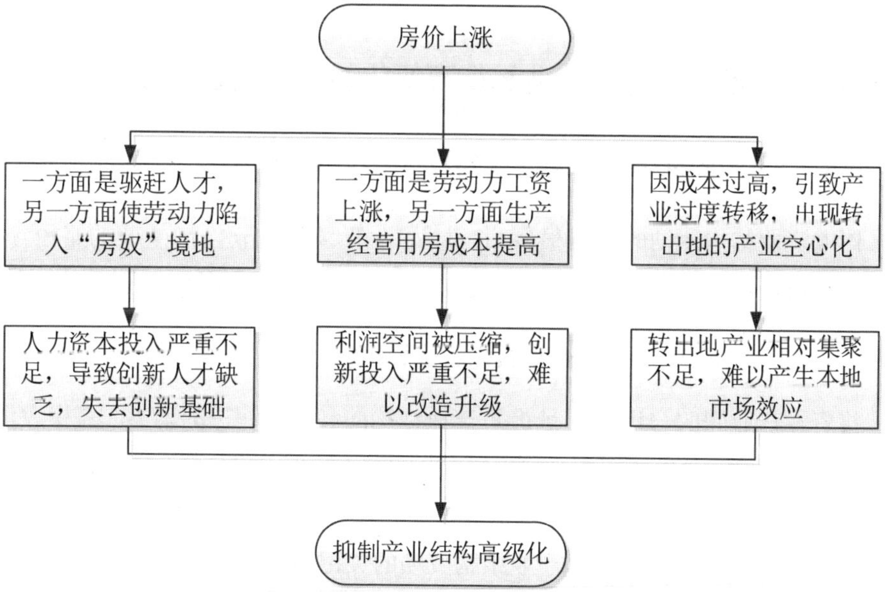

图 3–4 房价变动经成本路径抑制产业结构高级化的传导机制

房价上涨抑制产业结构高级化的传导机制可从人力资本投入受限、企业创新资本供给不足、产业集聚相对不足三个维度来分析。第一，从人力资本维度分析，房价的持续上涨，不仅“驱赶”了大量的低技能劳动力，而且使留下来的高技能的劳动力陷入“房奴”困境，挤出劳动力的其他消费。在高房租或按揭贷款的压力下，大量劳动力无力进行人力资本的再投资，技术水平固化，技术能力难以进一步提升，导致企业缺乏创新人才的储备。劳动力素质的逐步提升是创新基础，是推动产业结构高级化的根本动力。人力资本投入是一个长期的过程，人力资本投入不足，在很大程度上阻碍了企业技术进步和创新能力的提升。这不仅阻碍企业的发展，而且从长期来看，将制约我国产业结构向高级化演进。第二，从企业创新资本供给不足的维度看，房价上涨带来的高成本，在产品价格不能同步上涨的情况下，极大地压缩了企业的利润空间，企业因资金匮乏无力进行创新资本投入（王文春等，2014；陈斌开等，2015；余静文等，2017）。企业研发创新投入是一个长期的过程，创新投入不足必定阻碍产业结构向高级化演进。第三，从产业集聚相对不足的维度看，高成本压力使产业过度转移，使产业转出地可能出现产业空心化现象。产业集聚相对不足，难以发挥本地市场效应的集聚效应，导致大城市差异化产品数量不足（邵挺等，2010；范剑勇等，2011）。

3.5 房价变动影响产业结构高级化的传导机制与数值模拟分析

3.5.1 房价影响产业结构高级化的传导机制

影响产业结构变动的因素很多，通过第 3.2 节、第 3.3 节、第 3.4 节的路径分析，房价变动通过投资路径、消费路径、成本路径对产业结构向高级化演进产生影响。

1. 投资变动影响产业结构高级化的传导机制

投资在产业间的合理分配是促进产业结构向高级化演进的动力。获得大量投资的产业，通过扩大生产规模，加速了产业的发展速度，提高了产业增加值在产业结构中的占比。同时，获得较少投资或没有获得投资的产业将缩小生产规模甚至逐渐萎缩。投资结构的变动是产业结构变动的关键因素（顾海峰，2010；于泽等，2014）。

房价上涨，通过融资约束缓解效应、托宾 Q 效应、关联带动效应，拉动其他产业的发展，促进产业结构高级化进程。同时，房价持续上涨带来的对其他产业投资的挤出效应，使其他产业，特别是高科技等战略性新兴产业的发展受到抑制。投资是产业发展的基础，缺乏资金的投入，一方面难以扩大生产规模，另一方面无力进行长期的研发投入，制约产业的长效发展机制，从而制约产业向高级化演进。而房地产行业属于传统行业，创新空间有限，吸纳过多的资金累积泡沫，房地产投资品属品凸显，蕴含金融风险。

2. 消费变动影响产业结构高级化的传导机制

消费者的消费需求是产业结构调整的最直接的诱因。产业结构调整的根本动因在于使资源在产业间合理配置，生产出满足社会需求的产品。对某产品消费规模的扩大会刺激该产业增加投资，扩大生产，从而提高该产业的发展速度，增加该产业产出增加值在产业结构中的占比，引起产业结构的变动。相反，对某产品需求数量的减少，将导致生产该产品及其相关产业的萎缩，该产业在产业结构中的占比变小。消费结构的优化会淘汰掉过时的产品及其相关产业，刺激创新产品及其相关产业的发展。随着消费需求的变化，必然要求生产消费品的产业结构与之相适应。消费品产业结构的升级引起生产消费品的生产资料的部门得到调整优化。资源要素在各个部门之间进行合理流动，从而推动产业结构高级化。

基于第 3.3 节的理论分析，房价上涨对居民消费产生两个方面的作用，促进消费和抑制消费。因此，房价上涨对消费的影响随着房价上涨幅度的不同及居民收入水平的不同，对消费规模和消费结构总的影响存在临界点，房价低于临界点时，正的财富效应占主导地位，刺激消费，促进产业结构向高级化演进；反之，挤出效应占主导地位，抑制消费，阻碍产业结构向高级化进程演进。但是，如果由于房价持续上涨对消费产生挤出效应，引起居民消费数量的相对减少，消费结构不能升级，则对产业结构的高级化进程产生阻碍作用。

3. 成本效应影响产业结构高级化的传导机制

房价上涨，通过倒逼机制促进低技能劳动力、低端产业向产业梯度较低的区域转移，带动转入地产业升级，留下的企业在追求利润最大化的目标驱动下，加大创新投入，改造升级，向产业价值链高端攀升。同时，低端产业的转移释放了相关生产要素，为高端产业的发展提供了空间，因此，加快了转入地与转出地的产业结构升级。但是，房价的持续上涨也带来了负面影响，从劳动力角度分析，由于生活成本的增加，产生房奴效应，导致人力资本投入不足，使创新失去人才基础；从企业角度分析，由于生产成本的增加，利润空间被压缩，无力创新投入，而研发投入是产业不断推陈出新，向产业结构高级化演进的最根本的动力；另外，一线等热点城市房价持续上涨，对产业的过分挤出，导致产业集聚相对不足，难以产生集聚效应，促进产业结构优化。

房价上涨通过消费、投资、成本三条路径对产业结构高级化进程产生影响，其传导机制如图 3–5 所示。

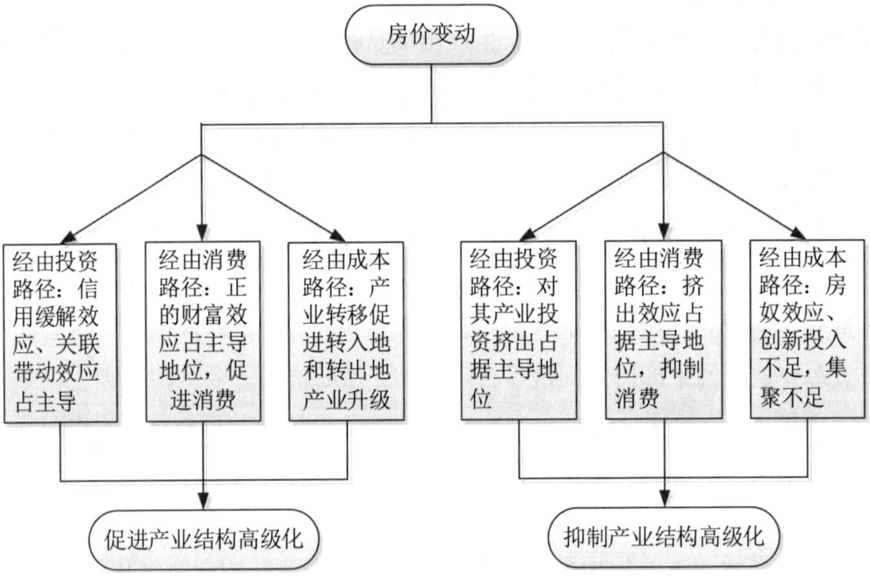

图 3–5　房价变动经三条主要路径影响产业结构高级化的传导机制

综上所述，房价经由消费路径、投资路径、成本路径对产业结构高级化产生综合影响。考虑到我国当前房地产市场房价持续上涨，部分城市泡沫化程度高（况伟大，2004；吕江林，2010；李春风，2013），房价对产业结构高级化存在拉力和阻力两种作用。当房价适度上涨时，从投资路径看，通过信用缓解效应，托宾 Q 效应、关联带动效应不仅自身获得较大发展，而且带动前向、后向、旁侧关联产业的发展；从消费路径看，通过实现的财富效应、未实现的财富效应、流动性约束效应促进消费及消费结构升级；从成本路径看，通过成本的倒逼机制促进低端产业的转移与升级。三条路径上产生的多种效应形成拉力，促进产业结构高级化。当房价持续上涨时，从投资路径看，资源错配效应占主导地位，对其他产业的投资存在挤出效应，使投资结构比例偏离最优投资结构比例，从而抑制了其他产业的创新和向价值链高端攀升；从消费路径看，替代效应、预算约束效应、财富再分配效应、预防性储蓄效应占主导地位，挤出了居民其他消费阻碍了消费结构升级；从成本路径看，一方面过度抑制劳动力的集聚，使产业相对集聚不足，另一方面压缩企业利润空间导致企业创新投入不足，劳动力陷入房奴境地无力进行人力资本投资。三条路径的多种效应形成阻力。当拉力起主导作用时，表现为促进作用；当阻力起主导作用时，表现为抑制作用。因此房价影响产业结构的高级化的轨迹可能存在“倒 U 形”的变化趋势。

3.5.2 模型建立与数值模拟分析

基于历史和现实经验可知，城市是大规模的人类集聚居住的主要形式。在 Krugman（1991）和 Helpman（1998）的 Krugman–Helpman 模型、高波等（2012）研究基础上，通过数值模拟方法分析劳动力流动与房价变动，进而影响产业结构高级化的机理。

1. 基本假设

基本假设如下：

（1）假设经济体有两个城市：北部城市、南部城市。每个区域有两个部门：工业部门（M）、住房部门（H），两种要素：住房要素、工业劳动力（2×2×2 模型）。两个区域的劳动力偏好、技术、贸易开放度、初始的要素禀赋等均相同。两个经济体初始处于对称状态。

（2）经济系统中广义工业劳动力是同质的，偏好相同，效用函数相同，在经济体系统内自由流动，并且只消费不可贸易的住房、可贸易的广义工业品和享有城市的宜居性。

（3）工业部门在 D–S 框架下生产差异化产品，生产中既需要固定数量的固定成本，又需要根据所生产产品数量的不同投入可变成本，由利润最大化条件下可知每个厂商专业化生产一种差异化的广义工业品。

（4）广义工业品跨城市贸易存在成本，在另一城市出售 1 单位的产品，必须从本城市运出 τ 单位个产品（$\tau \geq 1$），也就是说，在运输途中有（$\tau-1$）个单位产品被“融化”掉了，被融化掉了的（$\tau-1$）个单位产品即被称为“冰山贸易成本”；在城市内贸易无成本。

（5）假设两个区域的住宅存量相等，住房提供的服务为所有人共享。房地产的基本特征是位置的空间固定性，不可移动，因而不可以跨城市贸易。

2. 消费者行为

基于微观经济学原理，消费者为了追求效用最大化，必须合理配置资源。在本模型中消费者的效用函数相同，消费者需要在住房产品消费数量和广义工业品消费数量中进行决策。第一层效用是指代表性消费者同时消费住房产品和广义工业品的效用。该层面的效用函数为柯布–道格拉斯型效用函数，该效用函数中的核心变量为 μ 和（$1-\mu$），分别指消费者全部收入中用于支付在广义工业品上的份额和支付在住房产品上的份额。第二层效用是指代表性消费者消费差异化的广义工业品组合时的效用。将多种广义工业品，组合成一个广义工业品组合时的关键变量，是各种广义工业品之间的替代……。

北部城市劳动力消费不可贸易的住房和可贸易的广义工业品、享有城市的宜居性的效用函数采用道格拉斯函数，可以表示成如下形式：

$$U=\theta C_M^{\mu} C_H^{1-\mu} \tag{3-23}$$

假设广义工业品之间的差异化程度是连续的，假设广义工业品之间的差异化程度是连续的还是离散的，不影响最终的推导结果，因此本书选取了其中的一种，假定是连续的进行推导。北部城市劳动力消费广义工业品组合的效用函数如下形式：

$$C_M=\left(\int_0^n c_{1i}^{1-(1/\sigma)} d_i\right)^{1/(1-1/\sigma)} \tag{3-24}$$

其中，U 表示北部城市劳动力的效用函数，C_M 表示北部城市劳动力所消费的差异化的广义工业品数量指数，C_H 表示北部城市劳动力消费的住房数量。σ 为工业品之间的替代弹性，n 表示差异化产品数量，c_{1i} 表示北部城市劳动力消费的第 i 种产品的数量，θ 表示北部城市的宜居性。

求解消费者效用最大化过程可以分两步进行。第一步，从第二层效用函数开始。先求解消费者消费广义工业品组合数量为 C_M 时，在所需费用最小的约束条件下计算出消费者消费每种差异化产品的数量为 $c_{1j}=\left(p_{1j}/P_{1M}\right)^{-\sigma} C_{1M}$ ；再根据每种广义工业品的消费数量和价格，计算出北部城市全部广义工业品价格指数

$P_M = \left(\int_0^n p_{1i}^{\rho/(\rho-1)} di \right)^{(\rho-1)/\rho} = \left(\int_0^n p_{1i}^{1-\sigma} di \right)^{1/(1-\sigma)}$, $0<\rho<1$, $\sigma>0$，其中 ρ 为多样性偏好系数。第二步，计算消费者在收入给定的条件下，在广义工业品组合数量和住房产品数量间进行权衡选择，以获得收益最大化。

根据城市住房价格、广义工业品价格指数、劳动力收入水平 Y，写出北部城市代表性消费者的间接效用函数为：

$$V = \mu^{\mu}(1-\mu)^{(1-\mu)} Y P_M^{-\mu} P_H^{-(1-\mu)} = \frac{\mu^{\mu}(1-\mu)^{(1-\mu)} Y}{P_M^{\mu} P_H^{(1-\mu)}} \quad (3\text{–}25)$$

住房价格与广义工业品价格组成北部城市的完全价格指数，即 $P = P_M^{\mu} P_H^{(1-\mu)}$。假设代表性消费者的收入仅来自工资 w，通过名义工资除以城市的完全价格指数可得到北部城市劳动力的实际工资为：

$$\omega = \frac{w}{P} = \frac{w}{P_M^{\mu} P_H^{(1-\mu)}} \quad (3\text{–}26)$$

3. 生产者行为

基于微观经济学原理，在生产者追求利润最大化的条件下，研究北部城市代表性企业的供给决策和价格决定机制。在 D–S 框架下讨论企业的行为，所有的差异化产品的生产都是规模收益递增的，因为代表性消费者存在着对广义差异化工业品的多样性偏好。也正是这种多样性偏好是生产最终广义工业品的企业能够收益递增的根本原因。

由于任意两种产品之间的替代弹性都相同，所以所有代表性企业都面对的是不变弹性需求。所有的厂商都只生产一种差异化产品，在该产品生产领域内都是垄断企业。但是他们不能按完全垄断市场条件下的垄断厂商那样定价，因为在垄断竞争条件下，如果有新的竞争者以更低廉的价格进入，会导致市场份额的丢失。因此代表性企业的定价原则采取边际成本不变加成定价法，简称“加成定价法”。在市场均衡的条件下，由于所有的厂商利润为零，可以计算出代表性企业的定价公式 $p = w\alpha_M/(1-1/\sigma)$，其中 α_M 是生产一个单位的广义差异化产品的边际成本。代表性消费者的多样性偏好决定企业生产的产品数量相同，与产品种类无关，即每种产品的产出量为 $x=\dfrac{(\sigma-1)F}{\alpha_M}$，其中 F 是生产每种广义差异化产品所需的固定成本。

在 D–S 垄断竞争规模收益递增框架下，每个代表性企业的产出量与生产何种产品无关，所有的企业生产的产品都存在差异。一个城市拥有的企业数量越多，其拥有的差异化产品的数量就越多。由于消费者偏好多样性，企业集聚的城市更吸引消费者，消费者的集聚带来的市场规模的扩大会吸引更多的企业集聚，形成累积因果循环机制。

每个代表性企业生产 x 单位个广义差异化产品，那么企业所需雇用的劳动力总量为 $F+\alpha_m x=\sigma F$。假设北部城市和南部城市所拥有的劳动力数量分别为 H 与 H^*，用 H^w 表示北部城市和南部城市组成的经济系统的劳动力总的数量，则 $H^w=H+H^*$，那么该经济系统可以生产的广义差异化产品的数量（或者说企业的数量）就由该经济系统所拥有的总的劳动力数量和生产每种差异化产品的成本所决定，其计算公式就是 $n^w=H^w/\sigma F$，据此，可以进一步得到北部城市和南部城市的企业数量分别为 $n=H/\sigma F, n^*=H^*/\sigma F$。经过上述分析，可知，一个城市拥有的劳动力数量越多，拥有的企业数量就越多，差异化产品的种类就越多。

4. 短期均衡

短期均衡是在不考虑劳动力流动的情况下，在供给等于需求条件下的暂时均衡，也就是说，关注的状态是某种冲击发生前或者冲击发生后的相对静止状态。由于人口流动处于相对静止状态，按照一般均衡理论供给等于需求，不需要考虑人口移动。

（1）市场规模

北部城市和南部城市组成的经济系统的总支出水平 E^w 是北部城市支出 E 与南部城市支出 E^* 之和，即 $E^w=E+E^*=\dfrac{wH+w^*H^*}{\mu}$。根据基本假设条件住房产品的服务收益归该经济系统全部的劳动力所共有，因此，可以得到北部城市的市场规模为：

$$E=wH+(1-\mu)E^w\frac{H}{H+H^*}=wH+(1-\mu)\frac{wH+w^*H^*}{\mu}\frac{H}{H+H^*} \tag{3-27}$$

进一步，可以得到北部城市市场规模占整个经济系统市场规模的比重为：

$$s_E=\frac{E}{E_w}=\frac{\mu ws_n+(1-\mu)\left(ws_n+w^*(1-s_n)\right)s_n}{ws_n+w^*(1-s_n)} \tag{3-28}$$

（2）劳动力的工资决定水平

从长期来看，劳动力在北部城市和南部城市之间的流动取决于劳动力在两个城市获得的实际工资之间的差异。从短期来看，劳动力工资的名义水平由市场均衡决定。

第一，确定企业收益水平。设北部城市代表性企业的总收益为 $R=px$，其中，x 代表产品的数量，p 代表产品的出厂单价。代表性企业要实现收益的条件是市场出清条件，即企业需要在北部城市和南部城市将生产出来的产品全部销售出去，故 $px=pc+p^*c^*$，其中，p^* 是北部城市代表性企业的产品在南部销售时的价格，由于在城市间贸易存在冰山成本，在南部城市的销售量虽为 c^*，但实际供给为 τc^*。企业的生产量为 $x=c+\tau c^*$。

北部城市和南部城市的市场对差异化产品需求公式分别为 $c=\mu E\frac{p^{-\sigma}}{P_M^{1-\sigma}}=\mu E\frac{p^{-\sigma}}{\Delta n^w}$，$c^*=\mu E^*\frac{(\tau p)^{-\sigma}}{\left(P_M^*\right)^{1-\sigma}}=\mu E^*\frac{(\tau p)^{-\sigma}}{\Delta^* n^w}$，将北部城市市场和南部城市市场对差异化产品的需求量代入北部城市代表性企业的收益公式中，可得到北部城市代表性企业收益公式为 $R=\mu E\frac{p^{1-\sigma}}{\Delta n^w}+\mu E^*\frac{\left(p^*\right)^{1-\sigma}}{\Delta^* n^w}$，其中 $\Delta=\phi(1-s_n)\left(w^*\right)^{1-\sigma}+s_n w^{1-\sigma}$，$\Delta^*=(1-s_n)\left(w^*\right)^{1-\sigma}+\phi s_n w^{1-\sigma}$，为了使公式简单，通过定义 $B=\frac{s_E}{\Delta}+\phi\frac{1-s_E}{\Delta^*}$，$B^*-\phi\frac{s_E}{\Delta}+\frac{1-s_E}{\Delta^*}$，则北部城市代表性企业收益 R 和南部城市代表性企业收益 R^* 可以简写成如下表达式：

$$R=\mu w^{1-\sigma}\frac{E^w}{n^w}B,\ R^*=\mu\left(w^*\right)^{1-\sigma}\frac{E^w}{n^w}B^* \tag{3-29}$$

第二，根据北部城市代表性企业和南部城市代表性企业的收益水平，确定北部城市和南部城市劳动力工资水平。均衡时代表性企业所雇用的劳动力总量为 σF，因此支付给劳动力的工资总量为 σFw，故 $R=\mu w^{1-\sigma}\frac{E^w}{n^w}B=\sigma Fw$，因此，可以得到北部城市与南部城市劳动力工资的公式：

$$w^{\sigma}=\frac{\mu E^{w}}{\sigma F n^{w}}B,\ \left(w^{*}\right)^{\sigma}=\frac{\mu E^{w}}{\sigma F n^{w}}B^{*} \tag{3-30}$$

公式（3–30）给出了短期均衡时北部城市和南部城市劳动力的名义工资水平，但由于公式（3–30）中存在着非线性关系，因此无法用传统的解析法计算出北部城市和南部城市劳动力名义工资的显性解。

5. 长期均衡

在短期均衡时，基于市场一般均衡框架进行分析，即供给等于需求，因此，假设劳动力的空间分布保持相对静止。但是从长期来看，只要北部城市和南部城市的劳动力实际工资之间存在差异，劳动力就会在北部城市和南部城市之间进行流动。因此，在考虑两个城市长期均衡时，把劳动力的空间分布s_H看成一个状态变量。

（1）劳动力的空间流动方程

从长期均衡出发，劳动力在两个城市间的空间流动由两个城市的实际工资差异决定。因为每个代表性企业雇用的劳动力数量都相同，因此劳动力在两个城市的空间分布也就决定了企业在两个城市的空间分布。在长期均衡条件下，每个城市所拥有劳动力数量与其所雇用的劳动力数量是保持一致的，即不考虑存在失业问题。北部城市的劳动力数量用 H 表示，南部城市的劳动力数量用 H^{*} 表示，则北部城市和南部城市总的劳动力数量为 $H^{w}=H+H^{*}$，北部城市所拥有的劳动力占比为 $s_H=H/H^{w}$。劳动力在长期均衡状态下的空间流动方程可以表示为：

$$\dot{s}_H=\left(\omega-\omega^{*}\right)s_H\left(1-s_H\right) \tag{3-31}$$

（2）长期均衡条件

在长期均衡状态下，劳动力不发生流动，即劳动力的空间分布不变 $\dot{s}_H=0$，这意味着一般存在两类长期均衡状态：第一种状态是两个城市的劳动力的实际工资水平没有差异，第二种状态是所有的劳动力都集中在北部城市或者是南部城市。因为每个代表性企业雇用的劳动力数量是相等的，因此劳动力在两个城市的空间分布也就是企业在两个城市的空间分布。

6. 研究设计

由北部城市和南部城市组成的经济系统中，劳动力初始状态呈对称分布，由于外部的扰动，向某一城市集聚时，根据本地市场效应，将吸引企业向该城市集聚，会引起广义工业品种类的增加。根据消费者的多样性偏好，广义工业品种类越多，产品之间的替代弹性越小。为保持产品的多样性与差异性，企业分工越细，且需要不断保持创新，越促进产业结构向高级化演进。

当有一个外生的扰动，北部城市劳动力向南部城市集聚，则产生以下几方面的效应：

第一，由于南部城市市场劳动力的集聚，消费群体扩大，广义工业品在城市间交易存在冰山成本的条件下，企业为降低交易成本靠近消费群体也向南部城市集聚，根据本地市场效应，企业的集聚带来差异化产品种类的增加，集聚力增强。

第二，广义工业品种类的增加，广义工业品价格指数会随之下降，根据代表性消费者消费每种广义差异化产品数量的计算公式可知，代表性消费者对每种广义差异化产品的消费数量要降低，这将引起企业之间竞争加剧，产生市场拥挤效应，分散力增强。

第三，广义差异化产品种类的增加，引起广义工业品价格指数的下降，但是由于住房的不可移动性，不可以跨区域交易，劳动力的流入将推高房价，由于市场完全价格指数是由广义工业品价格指数和房价共同决定的，因此劳动力的集聚是否能带来生活成本指数效应是不确定的，这正是数值模拟需要确定的重点内容。

在新经济地理学经典 CP 模型中，由于农产品在城市内、城市间的交易均无成本，所以在两个城市的价格保持不变。因此，劳动力向南部城市的集聚，在引起广义工业品价格指数下降的同时，也使南部城市的完全价格指数下降，由此带来生活成本指数效应，吸引更多的劳动力向南部城市集聚，集聚力增加。但是，在引入住房部门后，由于房屋的不可移动，劳动力向南部城市的集聚，在引起广义工业品价格指数下降的同时，会同时推高住房价格，因此，提出第一个问题：

（1）随着劳动力向南部城市集聚，南部城市的房价、完全价格指数的变化方向如何？南北部工人实际工资变动的方向如何？对劳动力流入和产业集聚产生什么影响？

从短期均衡看，在工资收入不能迅速调整的情况下，房价的上涨，将推高住房支出占比的提高，降低广义工业品的支出份额，因此，提出第二个问题：

（2）劳动力向南部城市集聚时，当短期内工资不能迅速调整，则会推高住房支出占比（$1-\mu$），会给劳动力实际工资差异带来怎样的影响？对经济体中住房部门和广义工业部门产生什么影响？如何影响区域产业结构调整？

在数值模拟部分要重点回答以上两个问题，以揭示房价上涨对产业结构高级化的影响。

7. 数值模拟分析

根据公式（3-30）可知，由于北部城市和南部城市的劳动力的工资存在非线性关系，无法求出显性解，下面采用数值模拟的方式计算出两个城市工人工资的实际差异。具体过程如下：

（1）初始设北部城市劳动力工资$w=1$，南部城市劳动力工资$w^*=1$，根据初始给定的s_H（$s_H=s_n$）及广义工业品支出占比μ，根据公式（3-28）计算s_E。

（2）根据Δ、Δ^*、B、B^*的定义计算它们的值。

（3）不断调整北部城市、南部城市劳动力名义工资水平，在给定的精度水平下（本书在数值模拟时的精度要求是 0.0001），保证公式（3-32）、（3-33）成立。得到满足公式（3-32）、（3-33）的北部城市劳动力和南部城市劳动力的工资水平。

$$w^\sigma=\left(ws_n+w^*\left(1-s_n\right)\right)B \tag{3-32}$$

$$\left(w^*\right)^\sigma=\left(ws_n+w^*\left(1-s_n\right)\right)B^* \tag{3-33}$$

（4）根据住房的供给等于住房的需求，为简化计算，假设两个城市的住房存量 =1，再根据第三步计算出来的w，w^*，计算北部城市和南部城市的综合价格指数$P=P_M^\mu P_H^{(1-\mu)}$，$P^*=P_M^{*\mu}P_H^{*(1-\mu)}$。

（5）根据公式$\omega=\dfrac{w}{P}$，$\omega^*=\dfrac{w^*}{P^*}$，$\omega-\omega^*$分别计算北部城市、南部城市劳动力的实际工资及其差异。

首先回答研究设计提出的第一个问题：随着劳动力向南部城市集聚，南部城市的房价、完全价格指数的变化方向？南北部工人实际工资变动的方向如何？对劳动力和产业集聚产生什么影响？表 3-1 列出在低运输成本（$\tau=1.666$）（安虎森，2009），住房支出占比等于 0.4 时系统各变量的模拟数据。从初始状态为对称结构出发，即北部城市劳动力与南部城市劳动力数量相等，因此北部城市劳动力占比份额初始等于 0.5，随着劳动力从北部城市向南部城市流动，北部城市劳动力占比不断下降。表 3–1 给出了北部劳动力占比份额从 0.5 下降到 0 时的系统模拟结果。

从表 3–1 数值模拟结果可知，随着劳动力不断地向南部城市流动，住房供给在两个城市均布的情况下，劳动力的流动不断推高南部城市住房价格及南部市场物价指数，导致南部劳动力实际工资不断下降。而随着劳动力不断向南部城市的流动，北部城市的住房价格及北部市场物价指数不断下降，北部工人实际工资不断上升。北部与南部劳动力的实际工资差异被拉大，从而回答了研究设计的第一个问题：随着劳动力向南部城市集聚，将降低广义工业品的价格指数，但推高房价，而南部市场的完全价格指数由二者共同决定，在假定住房存量在两个区域均匀分布且等于 1 的条件下，劳动力向南部城市的集聚将推高南部城市的完全价格指数（物价指数）。

模拟结果的含义：首先，房价与产业结构高度化之间存在内生性关系，劳动力的集聚，一方面带动产业的集聚，推动集聚地产业结构的调整和升级，另一方面加大对住房的竞争，推高集聚地的房价；其次，如果住房供给没有随着劳动力的流动做相应的调整，或者调整的力度与劳动力的流动不匹配，则房价将成为抑制劳动力集聚的重要分散力，进而影响产业结构向高级化演进。这一结论与我国实行严格的耕地保护制度，非农建设用地指标不允许跨省流动，大型城市建设用地供给与人口数量不匹配导致地价与房价过快上涨相吻合。

根据新经济地理学 CP 模型的经典假定，由于每个代表性企业雇用的劳动力数量是一致的，劳动力的占比也是企业数量的占比，因此，房价既是抑制劳动力集聚的重要分散力，同时也是抑制产业集聚的重要分散力。当房价上涨带来的分散力大于本地市场效应产生的集聚力，产业的集聚受阻，城市差异化产品种类降低，产品间的替代弹性上升，企业创新不足，将抑制产业结构向高级化演进。

进一步放松住房供给在两个城市均布的假设，则达到长期均衡时，两个城市的劳动力占比、企业占比与住房供给占比成比例变化。但不影响上述结论，即城市的住房供给数量要与劳动力数量相匹配，如果住房供给数量小于劳动力需求数量，则会产生较大的分散力。此模拟结果的政策含义在于：应在劳动力集聚的城市加大建设用地和住房供给，使其与劳动力数量相匹配。如果住房供给数量与劳动力数量不匹配，必然会因劳动力的集聚推高房价，从长期均衡视角来看，劳动力集聚不够，产业相对集聚不足，集聚经济难以发挥效用，企业创新不足，不利于产业结构向高级化演进。因此，要构建房地产市场与产业结构高级化之间的良性循环，就必须在劳动力流入地、产业集聚地加大土地和住房供给。

表 3–1 低运输成本下住房支出占比为 0.4 时系统各变量的模拟数据

sn	北部名义工资	南部名义工资	北部房价水平	南部房价水平	北部物价水平	南部物价水平	北部实际工资	南部实际工资	实际工资差异
0.50	1.0000	1.0000	0.3333	0.3333	0.6840	0.6840	1.4619	1.4619	0.0000
0.45	1.0002	0.9981	0.2997	0.3663	0.6607	0.7046	1.5137	1.4164	0.0972
0.40	1.0018	0.9972	0.2664	0.3996	0.6359	0.7242	1.5752	1.3767	0.1984
0.35	1.0036	0.9966	0.2331	0.4329	0.6086	0.7427	1.6488	1.3417	0.3070
0.30	1.0057	0.9963	0.1998	0.4663	0.5782	0.7602	1.7392	1.3104	0.4287
0.25	1.0080	0.9962	0.1665	0.4996	0.5436	0.7768	1.8542	1.2823	0.5718
0.20	1.0105	0.9962	0.1332	0.5328	0.5032	0.7925	2.0079	1.2569	0.7509
0.15	1.0132	0.9966	0.0999	0.5662	0.4546	0.8077	2.2287	1.2338	0.9948
0.10	1.0162	0.9972	0.0666	0.5995	0.3923	0.8222	2.5902	1.2128	1.3774
0.05	1.0193	0.9980	0.0333	0.6327	0.3022	0.8361	3.3718	1.1935	2.1783
0.00	1.0227	0.9991	0.0000	0.6661	0.0000	0.8497	+∞	1.1758	+∞

注：sn 表示北部城市劳动力占整个经济系劳动力占比，也是北部城市企业数量在整个经济系统企业数量的占比，下表 3–2 与此同。低运输成本是指 $\tau=1.666$。北部物价指数指北部城市的完全价格指数，南部物价指数指南部城市的完全价格指数。

接下来回答研究设计提出的第二个问题：劳动力向南部城市集聚时，当短期内工资不能迅速调整，则会推高住房支出占比（$1-\mu$），会给劳动力实际工资差异带来怎样的影响？对经济体中住房部门和广义工业部门产生什么影响？如何影响区域产业结构调整？

表 3–2 给出了低运输成本（$\tau=1.666$）下住房支出占比从 0.3 上升到 0.4、进一步上升到 0.6 时，北部城市劳动力实际工资与南部城市劳动力实际工资的差异。此模拟的现实基础在于，近些年，我国大中型城市房价上涨速度远超工资上涨速度，导致房价支出占比不断上涨。从表 3–2 的模拟结果可知，随着北部城市劳动力向南部城市流动，在劳动力占比保持不变的情况下，随着住房支出占比的提高，

南北部城市劳动力实际工资差距被进一步拉大，由此可知住房支出占比的提高是影响区域劳动力与产业扩散的一个关键参数，住房支出占比越高，分散力越大。

表 3-2 住房支出占 =0.3、0.4、0.6 时北部城市与南部城市实际工资差异

sn	住房支出占比 =0.3	住房支出占比 =0.4	住房支出占比 =0.6
0.50	0.000 000	0.000 000	0.000 000
0.45	0.054 521	0.097 246	0.144 824
0.40	0.110 621	0.198 436	0.296 291
0.35	0.170 679	0.307 084	0.461 874
0.30	0.237 725	0.428 781	0.651 728
0.25	0.316 216	0.571 873	0.882 285
0.20	0.413 842	0.750 980	1.182 589
0.15	0.546 634	0.994 885	1.613 774
0.10	0.751 388	1.377 430	2.336 795
0.05	1.171 179	2.178 348	4.020 262
0.00	+∞	+∞	+∞

根据 Helpman（1998）的研究结论，住房支出占比与差异化产品的替代弹性的乘积存在两种情况：（1）住房支出占比与差异化产品的替代弹性的乘积大于 1，即 $\sigma(1-\mu)>1$，此时，住房支出占比过高，同时差异化产品多样性下降，产品的替代弹性上升，基于效用最大化的原则，劳动力选择流出，将带动产业转移，劳动力和产业趋于对称分布。因此，$\sigma(1-\mu)>1$ 称为“非黑洞条件”；（2）住房支出占比与差异化产品的替代弹性的乘积小于 1，即 $\sigma(1-\mu)<1$，此时，住房支出占比不太高，差异化产品多样性足够丰富，产品间的替代弹较小，劳动力基于效用最大化继续集聚。因此，$\sigma(1-\mu)<1$ 称为“黑洞条件”。

从表 3-2 中的数值模拟结果分析可知：

（1）存在房价阈值，随着房价上涨，黑洞条件转为非黑洞条件

随着劳动力向南部城市集聚，推高房价，在工资不能迅速调整的情况下，推高住房支出占比，增大分散力。根据 Helpman（1998）的研究结论，存在房价阈值，当房价小于房价阈值时，$\sigma(1-\mu)<1$，劳动力和产业继续集聚，当房价高于房价阈值时，即 $\sigma(1-\mu)>1$，黑洞条件转为非黑洞条件，劳动力流出，产业转移。

（2）对广义工业品消费挤出进而影响产业结构高级化的分析

劳动力的流入，推高房价，在工资不能迅速调整或工资增长速度低于房价增

长速度时，推高住房支出占比（$1-\mu$）。住房支出占比的提高，意味着劳动力收入中用于其他广义工业品消费占比 μ 的降低，也就是说，住房支出占比的提高，挤出了劳动力对其他广义工业品的消费，进而从需求侧抑制广义工业部门的发展。劳动力的集聚促进企业的集聚，南部劳动力份额等于南部企业份额，同时南部企业的数量等于南部差异化产品种类。住房支出占比的提高，对劳动力的集聚产生分散力，根据需求累积因果循环机制，抑制产业的集聚，导致产业过度分散，本地市场效应产生的正向反馈受阻，难以产生集聚经济，当差异化产品种类减少时，产品间的可替代弹性提高，进一步抑制代表性厂商的创新活动，进而制约产业结构向高级化演进（邵挺等，2010；范剑勇等，2011）。

（3）对其他产业投资的挤出进而影响产业结构高级化的分析

由北部城市和南部城市组成的经济体的总收入等于总消费。微观个体劳动力的住房支出份额占比提高，由于劳动力具有相同的效用函数，汇总到宏观层面，则意味着整个经济系统中住房部门占比大，假定经济体的总货币供给数量一定，大量资金集中在住房部门，而广义工业部门获得的资金占比小。广义工业部门在经济体中的占比小，不利于产业扩大生产，制约了生产性部门的发展，从而从资金供给侧制约产业结构向高级化演进。

结合表 3-1 和表 3-2 的模拟结果分析，随着劳动力的集聚，在房价持续上涨推高住房支出占比的情况下，集聚地市场完全价格指数上升，生活成本指数效应难以发挥作用，抑制劳动力的集聚；企业因劳动力的缺乏而不能在本地市场效应中获利，因而不利于产业集聚。如果房价支出占比过高，对劳动力和企业过度挤出，会出现产业集聚相对不足。根据模型的基本假定，每个代表性企业只生产一种差异化产品，产业集聚相对不足，区域内差异化产品种类降低，产品间的可替代弹性增大，企业创新动力不足，阻碍产业结构向高级化演进。

本小节以新经济地理学 Krugman–Helpman 模型为基础，通过数值模型的方式给出低运输成本下住房支出占比分别为 0.3、0.4、0.6 时系统的模拟结果，论证了房价支出占比是抑制劳动力集聚、产业集聚的重要分散力，随着住房支出占比的提高，广义工业部门在整个经济系统中的占比份额降低，对广义工业品的消费减少，对产业结构变动产生明显影响。本部分理论分析的重要意义在于，要将住房支出占比控制在合理的范围内。随着住房支出占比的提高，一方面劳动力在广义工业品上的消费占比下降，从消费需求侧抑制产业结构高级化；另一方面，广义工业部门在整个经济系统中所占份额下降，缺乏资金投入，难以扩大生产规模，从资金供给侧制约产业结构向高级化演进。

综合以上分析和第 3.5.1 节房价影响产业结构高级化传导机制，提出如下假说：

假说Ⅳ-1：房价上涨对产业结构高级化的影响存在非线性关系，在临界点之前，房价上涨有利于促进产业结构高级化；反之，则抑制产业结构高级化。

根据 3.4.1 节的理论模型推导可知，高宜居性对高房价有抚平效应，即在相对工资、相对房价等保持不变的情况下，高宜居性提高了劳动力的效用水平。高宜居性意味着就业机会多，更好的职业发展前景，更大的财富增长空间，同时可以享受更好的公共服务和基础设施。基于劳动力追求效用最大化，因此高宜居性成为劳动力流入的重要集聚力。根据循环累积因果机制，该城市劳动力集聚，本地市场效应发挥正向作用，促进产业集聚，为保持产品的差异性，企业不断加大创新投入，进而促进产业结构高级化。综合以上分析，提出如下假说：

假说Ⅳ-2：在城市间相对工资、相对房价等一定条件下，城市相对宜居性的提高，意味着劳动力效用水平提高，有利于劳动力和产业的集聚，对产业结构高级化有促进作用。

3.6 本章小结

本章首先基于产业结构高级化的动因构建了产业结构高级化的动力函数模型。之后，分别针对房价变动影响投资结构、消费结构、劳动力流动的这三个问题展开理论分析；最后在分析房价影响我国产业结构高级化的传导机制的基础上，基于 Krugman–Helpman 模型通过数值模拟的方法从理论角度系统分析了房价与产业结构高级化之间的内生性关联关系。具体内容如下：

第一，基于产业关联理论和资源错配理论，分析房价上涨对投资结构的影响，并基于我国房地产市场房价持续高涨的现实基础，提出相应的假说：

假说Ⅰ：房价变动对其他产业投资存在挤入、挤出两种效应，房价收入比越高，挤出效果越明显。

第二，基于行为经济学双曲线贴现模型框架分析了“买房置地，有房才有家”

的中国传统文化在房价持续上涨时导致认知偏差，引致住房过度消费，并结合房价上涨带来的财富效应、预防性储蓄效应、财富再分配效应提出如下假说：

假说Ⅱ：房价收入比越高，对消费需求的抑制作用越大。

第三，基于新经济地理学 CP 模型，将城市宜居性引入消费者效用函数对模型进行扩展，经过理论推导发现城市宜居性是劳动力与产业集聚的重要集聚力之一，提出如下假说：

假说Ⅲ：在工资等条件保持不变的情况下，城市间相对房价的提高对劳动力的流入有抑制效应，但是城市间相对宜居性的提高对高房价有抚平效应。

之后，进一步分析了房价上涨影响产业结构高级化的正向和负向传导机制。

第四，从投资路径、消费路径、成本路径分析房价变动影响产业结构高级化的传导机制。之后，基于 Krugman–Helpman 模型，通过数值模拟的方式，分析了劳动力流动、房价上涨与产业结构高级化的内生关系。基于 Krugman–Helpman 模型的理论分析和传导机制分析提出如下假说：

假说Ⅳ–1：房价上涨对产业结构高级化的影响存在非线性关系，在临界点之前，房价上涨有利于促进产业结构高级化；反之，则抑制产业结构高级化。

高的宜居性对高房价有抚平效应，促进劳动力集聚。根据循环累积因果机制，该城市劳动力集聚，本地市场效应发挥正向作用，促进产业集聚，为保持产品的差异性，企业不断加大创新投入，进而促进产业结构高级化。综上分析，提出如下假说：

假说Ⅳ–2：在城市间相对工资、相对房价等一定条件下，城市相对宜居性的提高，意味着劳动力效用水平提高，有利于劳动力和产业的集聚，对产业结构高级化有促进作用。

第三篇　实证检验

第 4 章　房价变动对其他产业投资挤入、挤出效应的分析

根据第 3.2 节的理论分析，房价变动通过信用缓解效应等的综合作用影响经济体的投资结构。基于我国大中城市房价持续上涨，且存在区域异质性的现实基础，本章研究的具体假说为：

假说Ⅰ：房价变动对其他产业投资存在挤入、挤出两种效应，房价收入比越高，挤出效果越明显。

本章按照定性描述、定量实证检验的路径展开。第一，定性描述我国房地产投资规模和投资结构；第二，定性描述我国房地产行业在房价持续上涨的背景下，高房价带来的高投资回报率引致大量银行信贷资金流向房地产业以及大量工业企业涉足房地产领域；第三，基于 104 个地价监测城市的面板数据，定量检验房价变动带来房地产行业投资的增加对其他产业固定资产投资的挤入、挤出效应，验证假说Ⅰ。

4.1　我国房地产开发投资规模与投资结构分析

1998 年我国实行住房分配货币化改革后，住房供给由传统的以计划供给为主导转变为以市场供给为主导，居民对住房的潜在需求被极大地释放，我国房地产市场获得了迅猛的发展，同时住房价格也由最初的温和上涨演变为 2003 年之后的持续上涨。在住房制度改革的同时，我国土地制度改革也于 20 世纪 90 年代末开始逐步推行国有土地使用权有偿转让，再加上 1994 年分税制改革后，由于地方政府事权与财权不统一，导致地方政府对土地财政的过度依赖，地价与房价互相作用，进一步导致房价不断持续攀升（严金海，2006；余华义，2009；温海珍等，2010）。

房价的持续上涨推高了房地产行业的利润率，使其远高于同期其他工业企业的平均利润率，在资本逐利的驱动下，不仅银行大量信贷资金涌入房地产行业，而且工业企业开始多元化经营涉足房地产领域。同时在投资渠道狭窄的情况下，引发住房投资、投机性需求，进而形成恶性循环，不断推高房价。在资金供给有限的情况下，产业投资存在融资约束效应，房地产行业对资金的过度吸纳，其负面影响传导到实体经济的各个领域，导致其他产业因资金匮乏而减少研发投入，无力改造升级，必然影响产业结构向高级化的演进。

4.1.1　我国房地产业投资规模大

1. 我国房地产业全社会固定资产投资状况

1998 年我国房地产业全社会固定资产投资仅有 3896.93 亿元，到 2016 年已达到 142 359.44 亿元，是 1998 年的 36.53 倍。1998 年，房地产业全社会固定资产投资占全社会固定资产投资的比重仅为 13.72%，之后呈波动式上升，如表 4–1 所示。2003—2016 年的 14 年间，房地产业全社会固定资产投资占全社会固定资产投资的比重均保持在 20% 以上，也就是说我国在这 14 年中，全社会固定资产投资额中超过五分之一都是由房地产业投资贡献的。从增速比值来看，房地产业全社会固定资产投资规模较大、增速较快，多数年份快于全社会固定资产投资增速。

表 4–1　1998—2016 年房地产业固定资产投资与全社会固定资产投资

年份	全社会固定资产投资（亿元）	房地产业全社会固定资产投资（亿元）	房地产业投资占固定资产投资比重（%）	全社会固定资产投资完成额增速	房地产业固定资产投资完成额增速	增速比值
1998	28 406.20	3896.93	13.72	14.00	13.00	0.93
1999	29 854.70	4342.08	14.54	5.10	11.42	2.24
2000	32 917.70	5194.43	15.78	10.26	19.63	1.91
2001	37 213.50	6644.63	17.86	13.05	27.92	2.14
2002	43 499.90	8154.36	18.75	16.89	22.72	1.35
2003	55 566.61	13 143.43	23.65	27.74	61.18	2.21
2004	70 477.43	16 678.87	23.67	26.83	26.90	1.00
2005	88 773.61	19 505.32	21.97	25.96	16.95	0.65
2006	109 998.20	24 524.38	22.30	23.91	25.73	1.08
2007	137 323.90	32 438.9	23.62	24.84	32.27	1.30

续 表

年份	全社会固定资产投资（亿元）	房地产业全社会固定资产投资（亿元）	房地产业投资占固定资产投资比重（%）	全社会固定资产投资完成额增速	房地产业固定资产投资完成额增速	增速比值
2008	172 828.40	40 441.82	23.40	25.85	24.67	0.95
2009	224 598.80	49 358.51	21.98	29.95	22.05	0.74
2010	278 121.90	64 877.29	23.33	23.83	31.44	1.32
2011	311 485.10	81 686.06	26.22	12.00	25.91	2.16
2012	374 694.70	99 159.31	26.46	20.29	21.39	1.05
2013	446 294.09	118 808.40	26.62	19.11	19.82	1.04
2014	512 202.65	131 348.16	25.64	14.77	10.55	0.71
2015	561 999.83	134 284.30	23.89	9.72	2.24	0.23
2016	606 465.66	142 359.44	23.47	7.91	6.01	0.76

注：资料来源于历年《中国统计年鉴》，经整理计算得到。

我国房地产业全社会固定资产投资额呈现逐年上升趋势，占全社会固定资产投资的比重总体上呈波动式上升，2003 年占比突破 20% 之后，2003—2016 年间一直保持在 20% 以上，如图 4-1 所示。

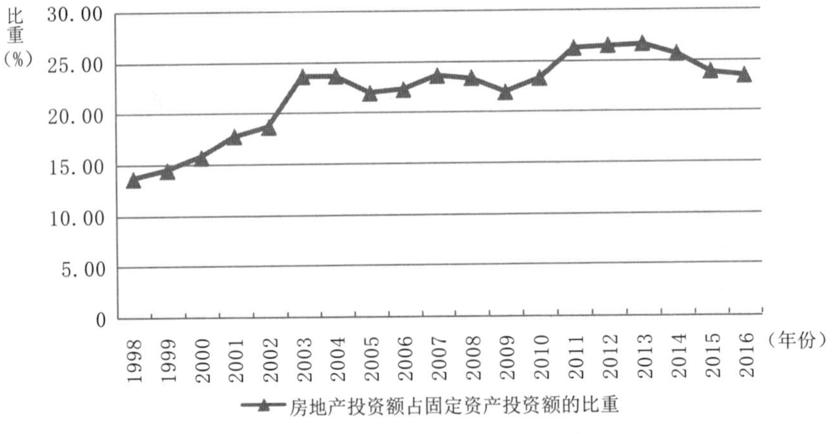

图 4-1 房地产业全社会固定资产投资占全社会固定资产投资比重

2. 我国房地产开发企业投资状况

图 4-2 给出了我国房地产开发企业 2000—2016 年完成的年度投资额。从时间趋势上来看，房地产开发企业投资额呈逐年上升趋势。2000 年仅为 4984.1 亿元，

2016年达到102 581亿元，是2000年的20.58倍。2000—2016年期间年平均投资增速达到21.14%。

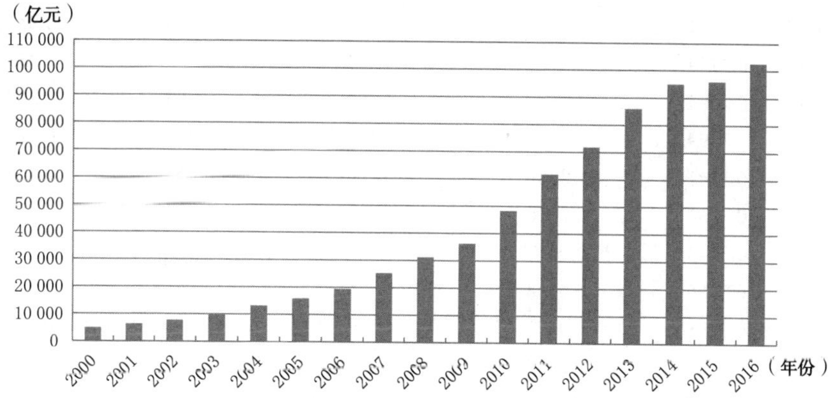

图4-2　2000—2016年房地产开发企业年度完成投资额（亿元）

房地产开发从初期的土地使用权的购买，到后期的房屋建设开发都需要大量资金，房地产行业的繁荣发展与大规模的房地产开发投资是紧密相连的。但应注意到，在资金供给受限的情况下，房地产开发投资规模的增加必然导致其他产业投资的减少。投资在不同产业间的分配，必然引起不同产业发展速度的变化，从而对我国产业结构的调整带来影响。我国房地产价格持续高涨给房地产行业带来了可观的利润空间，使得企业向房地产行业投资意愿不断增强。

3. 相关实体经济的固定资产投资占比分析

表4-2列出了我国部分产业占全社会固定资产投资的比例。作为制造业大国，我国2003—2016年制造业固定资产投资一直低于全社会固定资产投资的三分之一。电气、燃气及水的生产和供应占比除2003—2005年略有上涨外，从2005年的最高点8.51%下降至2013年的最低点4.40%，2013之后占比仍然较低，未超过5%。计算机服务和软件业从2003年的占比2.99%一路下滑至2013年的最低点0.69%，2013年之后略有回升。教育占比也呈波动式下滑，从2003年的11.38%下滑到2016年的4.96%。与这些实体经济行业所占比重变化趋势不同，房地产行业全社会固定资产投资占比整体上呈波动式上升，2013年之后出现下滑，但始终保持在占比大于23%。

表 4–2 房地产及部分产业固定资产投资占全社会固定资产投资比重（%）

年份	制造业	电气、燃气及水的生产和供应	计算机服务和软件业	教育	房地产业全社会固定资产投资
2003	0.2644	0.0713	0.0299	0.1138	0.2365
2004	0.2779	0.0822	0.0235	0.1034	0.2367
2005	0.2994	0.0851	0.0178	0.0831	0.2197
2006	0.3099	0.0781	0.0171	0.0666	0.2230
2007	0.3241	0.0689	0.0135	0.0534	0.2362
2008	0.3281	0.0636	0.0125	0.0445	0.2340
2009	0.3144	0.0643	0.0115	0.0499	0.2198
2010	0.3186	0.0564	0.0088	0.0455	0.2333
2011	0.3298	0.0471	0.0070	0.0379	0.2622
2012	0.3324	0.0445	0.0072	0.0370	0.2646
2013	0.3310	0.0440	0.0069	0.0368	0.2662
2014	0.3261	0.0446	0.0080	0.0402	0.2564
2015	0.3209	0.0475	0.0098	0.0428	0.2389
2016	0.3099	0.0491	0.0104	0.0496	0.2347

注：数据来源于历年《中国统计年鉴》，经整理计算得到。

4.1.2 我国房地产开发投资结构分析

表 4–3 中列出了 2003—2016 年我国房地产企业开发投资额中住宅用房、商业用房、办公用房及其他投资额在房地产开发总投资额中的占比情况。由表 4–3 中数据可见，住宅用房投资额一直处于主导地位，历年占比均超过 65%，2003—2016 年期间年平均占比为 69.12%，接近 70%。商业用房、办公用房、其他房地产投资占比均较小。商业用房占比幅度在 10.5% ～ 16% 之间，年平均占比为 12.89%。办公用房投资占比幅度在 3.5% ～ 7% 之间，年平均占比为 4.85%。而其他用途投资占比幅度在 11% ～ 16% 之间，年平均占比为 13.27%。从总体上看，我国房地产企业开发投资对象主要为住宅用房。

表 4–3 2003—2016 年各类别房地产投资额比重（%）

年份	住宅用房	商业用房	办公用房	其他
2003	66.74	12.83	5.01	15.43
2004	67.16	13.10	4.96	14.78
2005	68.27	12.82	4.80	14.11

续 表

年份	住宅用房	商业用房	办公用房	其他
2006	70.22	12.12	4.78	14.88
2007	71.20	11.01	4.09	13.69
2008	71.92	10.75	3.74	13.59
2009	70.67	11.54	3.80	13.99
2010	70.51	11.70	3.75	14.01
2011	71.72	12.01	4.14	12.13
2012	68.76	12.97	4.69	13.58
2013	68.54	13.89	5.41	12.16
2014	67.71	15.10	5.94	11.25
2015	67.30	15.22	6.47	11.01
2016	66.98	15.44	6.37	11.22

注：数据来源于历年《中国统计年鉴》，经计算得到。

4.2 房价变动对其他产业投资挤出效应的定性分析

本书将房价上涨，房地产业投资增加带动其他产业投资增加的现象，界定为房价上涨对其他产业投资的挤入效应；将房价持续上涨，使大量资金流向房地产领域所引起的对其他产业投资减少的现象，界定为房价上涨对其他产业投资的挤出效应。挤出效应最早用于研究国家或地区的宏观扩张性政策导致私人投资的下降，如国债发行数量增加、政府支出规模加大对私人投资的影响（宋福铁，2004；张延，2010）。之后，越来越多的学者逐渐将其应用到其他领域，对类似现象进行分析，如外商直接投资对东道国国内投资的挤出效应分析等（Agosin&Manuel，2005；李艳丽，2010）。目前，房价上涨使房地产行业吸纳了大量的资金，而导致其他产业投资不足的研究文献还不丰富。国内学者从理论分析和实证检验两个方面展开了研究，主要结论为房价持续上涨使房地产行业吸纳了大量资金，房地产投资大幅上扬，在资金供给有限的情况下，房地产投资的增加对其他非房地产行业的投资产生挤出效应，不利于产业结构的协调发展。从理论基础上来看，主要基于投资理论、经济增长理论进行分析（刘秀光，2011；刘松松，2012；王重润，2012；祝梓翔等，2016）。从实证检验结论来看，结论并不唯一。祝梓翔等（2016）在 DSGE 框架下，基于贝叶斯的分析发现，房价、房地产投资对非房地产投资和居民消费有微弱的挤出效应。然而，武康平和胡谍（2010）通过 SVAR 模型发现房价过快上涨对非房地产投资产生了明显的挤出效应。基于分区域的数据实证检验发现，东部发达城市明显，而在中西部地区不明显（王重润等，2012）。

4.2.1 高房价带来房地产行业的高利润率

房价上涨速度快于房屋建安成本的增长速度，为房地产行业带来了较高的利润率。根据国务院发展研究中心发布的数据表明，2007 年我国房地产企业、工业企业平均利润率分别约为 30% 和 10%，二者相差 20 个百分点。吕江林（2010）计算出 2008 年上市房企的平均利润率为 28.7%，而 2007 年我国工业企业的平均利润只有 7.4%，二者相差 21.3 个百分点。荣昭和王文春（2014）通过计算 1998—2010 年间始终处于房地产行业的上市公司的平均利润率发现，利润率最低时为 10%，最高时可达到 22%，而同期始终处于制造业的上市公司的平均利润率最高仅达到 8%，而且从时间序列上来看，呈逐年扩大的趋势。根据 Wind 数据库显示，房地产行业中上市公司净利率从 2006 年到 2014 年 9 年间，均超过 10%，平均达到 14.30%。与此同时，以重型机械行业为例，2006—2014 年间，除 2007 年超过 10%，其余年份均低于 10%，平均为 6.75%，达不到房地产业净利润的 50%，如图 4–3 所示。

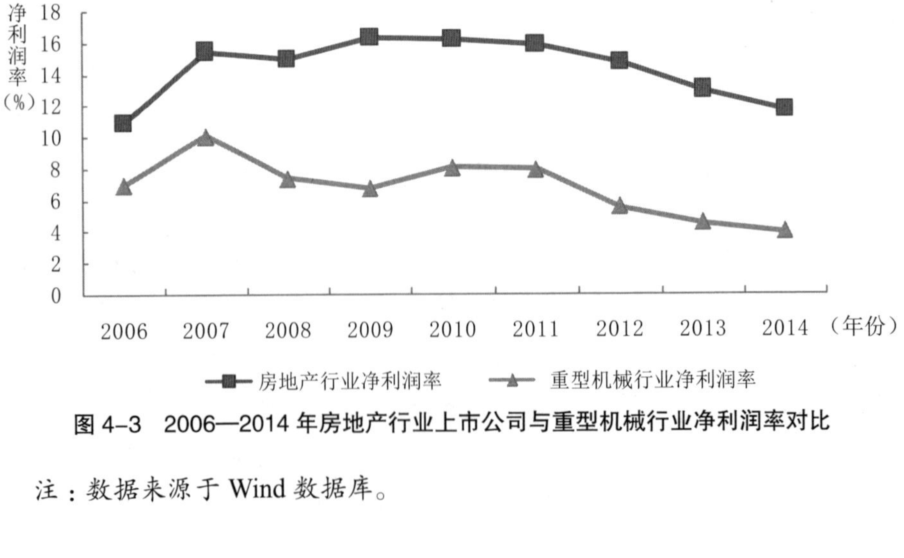

图 4–3 2006—2014 年房地产行业上市公司与重型机械行业净利润率对比

注：数据来源于 Wind 数据库。

虽然不同统计来源的关于房地产行业利润率的结果存在差异，但是房地产行业的高利润率是学者们公认的事实（吕江林，2010；刘秀光，2011；王文春等，2014）。根据利润驱动假说，当某一行业存在超额利润时，大量资金就会涌入该行业，而其他产业的发展将因资金匮乏而失去发展动力。因此，房价上涨带来房地产行业高利润率是资金大量涌入的主要原因。

4.2.2　金融机构大量贷款流向房地产

1. 房地产开发企业资金来源

房地产开发周期较长，从土地市场获得土地，到后期的房屋建设开发，都需要大量资金支持。房地产开发资金来源主要有四种途径，即国内贷款、自筹资金、利用外资、其他资金。表 4–4 列出 2000—2016 年间我国房地产开发企业资金来源占比。从表中数据可知，国内贷款年平均占比为 18.71%，约占全部资金的五分之一。自筹资金年平均占比为 33.47%。其他资金年平均占比为 46.04%。利用外资占比较小，从 2000 年占比 2.81% 下降到 2016 年占比仅为 0.09%。我国居民家庭购房中约有 90% 的家庭采取按揭贷款买房（鲁君四，2017），因此银行信贷不仅通过国内贷款的直接方式，而且通过居民家庭按揭贷款方式间接流入房地产。房地产行业对银行信贷依赖大。

表 4–4　2000—2016 年房地产企业资金来源占比（%）

年　份	国内贷款	自筹资金	其他资金	利用外资
2000	23.09	26.91	47.01	2.81
2001	21.99	28.38	47.69	1.76
2002	22.77	28.09	47.38	1.61
2003	23.78	28.57	46.27	1.29
2004	18.4	30.33	49.87	1.33
2005	18.31	32.71	47.77	1.20
2006	19.74	31.68	47.10	1.47
2007	18.72	31.41	48.16	1.71
2008	19.20	28.65	40.32	1.84
2009	19.66	31.05	48.45	0.82
2010	17.22	36.51	45.18	1.08
2011	15.23	40.85	43.00	0.92

续 表

年　份	国内贷款	自筹资金	其他资金	利用外资
2012	15.31	40.48	43.79	0.42
2013	16.11	38.83	44.62	0.44
2014	17.41	41.33	40.73	0.52
2015	16.14	39.17	44.45	0.24
2016	14.92	34.07	50.92	0.09

注：数据来源于历年《中国统计年鉴》，经整理计算得到。

2. 金融机构大量贷款流向房地产行业

表 4–5 给出了 2010—2016 年金融机构投向房地产开发企业的资金情况。除 2011 年、2012 年占比低于 20% 之外，金融机构房地产贷款新增额占全部新增贷款额的比例其余年份均超过 25%。经过 2010 年、2011 年的短暂回落后，2013 年金融机构房地产贷款额占人民币新增贷款额的比重一路上扬，在 2016 年达到了 44.82%，比 2010 年的 25.41% 高出了约 19 个百分点。由于房地产不仅具有商品属性，而且具有投资品属性，因此房地产投资除能够获得本行业的高额利润外，还可以分享由于房价上涨带来的房地产升值带来的资本利得，导致大量银行信贷流向房地产行业。

表 4–5　2009—2016 年金融机构房地产贷款新增额度及其占比

年　份	人民币新增贷款（万亿元）	金融机构房地产贷款新增（万亿元）	金融机构房地产贷款占全部新增贷款比例（%）
2010	7.95	2.02	25.41
2011	7.47	1.26	16.87
2012	8.2	1.35	16.46
2013	8.89	2.34	26.32
2014	9.78	2.75	28.12
2015	11.72	3.59	30.63
2016	12.65	5.67	44.82

注：资料来源于 2011—2017 年《金融机构贷款投向统计报告》。

图 4–4 给出了我国 2000—2016 年的金融机构房地产贷款占人民币新增贷款比例的趋势图。经过 2011、2012 年的短暂回落后再度上扬。金融机构新增贷款大量流向房地产行业，将进一步推高房价，形成高房价→信贷流入→推高房价→

新的信贷流入的恶性循环。据中国人民银行统计，2016 年年末，房地产贷款余额在总贷款余额中占比高达 25%。

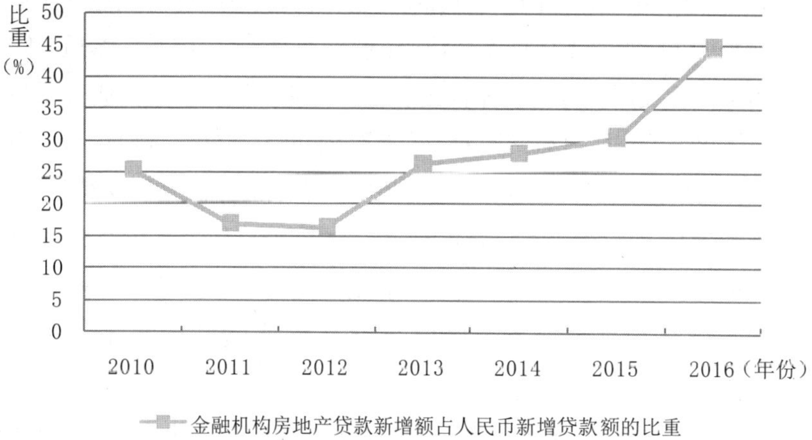

图 4-4　2010—2016 年房地产贷款新增额占人民币新增贷款额的比重

充足的资金供给是企业得以健康发展的血液，失去金融对产业的支持，产业必将萎缩（刘秀光，2011；许桂华等，2017）。随着房地产价格的持续走高，从上述数据中可以发现，我国金融大量新增贷款源源不断地流向房地产行业，配置“脱实向虚”的现象很明显。在货币供给受到约束的情况下，银行信贷过多地流向了房地产行业，必然对实体经济的发展缺乏支持。资金流向具有羊群效应，随着我国房价的持续高涨，在货币供给量规模有限的情况下，大量的资金涌入房地产行业，对其他产业的资金投入产生挤出效应是必然的结果。

在我国融资渠道相对狭窄的情况下，银行信贷资金在整个社会融资规模中占相当大的比重。因此，信贷资金能否流向实体经济，支持实体经济的发展是影响我国宏观经济健康发展的关键因素。当房价持续上涨，房地产行业的高投资收益率与实体产业相对低的投资收益率形成鲜明对比，在资本逐利的驱动下，大量信贷资金流向房地产领域，导致房地产开发企业的贷款和个人按揭贷款数额不断增加，而其他实体产业的生产性贷款、经营性贷款等相对萎缩，进而影响实体经济的发展。

4.2.3　大量工业企业涉足房地产行业

房价过度上涨给房地产行业带来的高投资收益率，不仅吸纳了大量社会资本的流入，而且吸引工业企业涉足房地产行业。基于利润驱动假说，巨大的利润率差异是工业企业进军房地产行业的主要动因。

在2005—2007年间，我国珠三角区域包括佛山的一些知名制造业企业，在房地产行业高额利润率下，率先进军房地产行业（刘秀光，2011）。之后，陆续有主营业务与房地产无关的企业也开始涉足房地产行业。例如，主营业务原为生物工程、机电一体化等的安徽科苑集团股份有限公司2009年转型为以房地产为主的公司。主营业务为家用电器的康佳集团在2010年投资3.42亿元开发经营房地产业。除了以上典型案例，据浙江省的数据显示，进入2009年浙江省百强民营企业排行榜的100家企业中，涉及房地产开发经营的已超过六成。荣昭和王文春（2014）通过我国35个大中城市上市企业2001—2008年数据，发现50%以上的上市企业拥有房地产业务。

综合上述分析，房价持续上涨，导致房地产业的利润水平远高于其他产业，导致银行和其他金融机构将资金大量投向房地产，大量工业企业涉足房地产行业。房地产行业吸纳了大量本来应分配到其他产业的资金，在一定程度上制约了其他行业实体经济的发展。房价的持续增长不仅会加重泡沫化风险，而且严重阻碍其他产业的健康发展。

4.3 动态面板回归实证模型的建立

4.3.1 实证模型的构建

根据3.2.4节的房地产投资挤入、挤出效应模型（Agosin et al.，2005；王重润等，2012；崔寅生，2012），建立如下实证模型：

$$T_{it} = \beta_0 + \beta_1 I_{it} + \beta_2 I_{it-1} + \beta_3 I_{it-2} + \beta_4 T_{it-1} + \beta_4 T_{it-2} + \beta_6 g_{t-1} + \beta_7 g_{t-2} + \varepsilon_{it} \quad (4\text{–}1)$$

4.3.2 数据来源与基本统计量描述

本书使用2003—2017年我国104个地价监测城市的面板数据。数据来源于历年《中国城市统计年鉴》。表4–6列出了文中主要变量的基本统计量。

表 4-6　样本变量的统计性描述

变量名称	变量定义	平均值	标准差	最小值	最大值	样本数量
T	固定资产投资率	0.5747	0.2256	0.1259	1.5819	1560
I	房地产开发投资率	0.1439	0.0867	0.0036	0.6703	1560
g	GDP 增长率	0.1237	0.0473	−0.1513	0.7480	1560
HP	房价收入比	7.8751	4.3259	5.0345	26.1473	1560

4.3.3　单位根检验

本实证采用的是 104 个地价监测城市 2003—2017 年的面板数据，因此要进行单位根检验，以检验数据是不是稳定的，避免伪回归。采用 LLC 检验方法检验是否存在共同根，采用 IPS 检验是否存在异质根，单位根检验结果如表 4–7 所示。从表 4–7 的数据可以看出，本章实证所使用的数据均通过了平稳性检验。

表 4–7　面板数据单位根检验结果

检验方法	IPS	LLC
T	-9.194^{**}	-7.211^{**}
I	-8.660^{**}	-8.286^{**}
g	-11.548^{**}	-11.170^{**}
HP	-8.661^{**}	-8.295^{***}

注：*、**、*** 分别表示在 1%、5%、10% 的水平上显著，表 4–8 与此相同。

4.3.4　估计方法：系统 GMM

根据计量经济学的研究进展，目前处理动态面板数据并解决内生性的方法主要有三种：第一种方法是由 Arellano&Bond 在 1991 年提出，对内生变量的处理方法采用其滞后期变量作为工具变量，因为在操作上首先进行差分，然后对差分后的方程进行估计，因此被称为“差分 GMM”。第二种方法是由 Arellano&Bover 在 1995 年提出的水平 GMM 估计方法。该方程重回差分前的方程，主要是为了解决差分 GMM 估计存在的两个问题，一不随时间变化的变量在进行 GMM 估计时被差分掉，无法进行该变量前系数的估计，二被解释变量存在很强的持续性。第三种方法是由 Blundell&Bond 在 1998 年提出的系统 GMM。该方法的优点是利用差分 GMM 和水平 GMM 方法的优点，将差分后的方程和水平方程纳入到一个系统中同时进行估计。因此本实证模型的估计方法采用系统 GMM 方法。

4.4 回归结果及分析

4.4.1 研究设计：基于房价收入比划分子样本

我国的房地产市场存在较大的分异，一线及热点城市房价持续上涨，供不应求，但是大量的三、四线城市商品房供给过剩。因此，房价上涨带动房地产投资进而影响其他产业固定资产投资存在区域异质性。已有的研究多采用东、中、西的方式划分子样本，以揭示区域异质性。但是，这种划分方法并没有考虑区域内城市的差异，可能存在偏误。为了更科学地区分房价上涨在经济发展水平不同的区域对其他产业固定资产投资的挤入、挤出效应，本书使用房价收入比作聚类指标对样本城市进行聚类，分为高房价收入比子样本和低房价收入比子样本，目的在于揭示房价收入比不同的城市，房价上涨带动房地产投资的增加对其他产业投资的挤入、挤出效应的区域异质性。

4.4.2 全样本和子样本回归结果分析

采用系统 GMM 进行实证检验，全样本、高房价收入比的子样本、低房价收入比的子样本的回归结果如表 4-8 所示。从 Sargan 和 AR(2)的统计量的 P 值来看，数据是平稳的。

表 4-8　房地产投资挤出效应的回归结果

	全样本	高房价收入比的城市	低房价收入比的城市
I	1.1360**	1.5268**	1.2591**
	(0.2485)	(0.3024)	(0.4169)
I(-1)	-0.6031**	-1.0260**	-0.4425**
	(0.1260)	(0.2193)	(0.1282)
I(-2)	-0.4124**	-0.7418**	-0.6552**
	(0.0960)	(0.1219)	(0.0088)
T(-1)	0.6140***	0.6937**	0.6457***
	(0.1258)	(0.1182)	(0.1213)
T(-2)	0.2462**	0.2538**	0.2220**
	(0.0730)	(0.0142)	(0.0585)
g(-1)	0.1132*	-0.1542*	0.1521*
	(0.0485)	(0.0763)	(0.0461)

续　表

	全样本	高房价收入比的城市	低房价收入比的城市
g（-2）	0.1849**	1.5435*	0.2422**
	（0.1042）	（0.3431）	（0.0553）
adj-R2	0.782	0.871	0.862
Wald 统计量	56.45**	58.15**	54.41**
β 效应	0.8653	-4.6417	1.2213
Sargan 统计量	0.323	0.261	0.454
AR（1）	0.035	0.023	0.038
AR（2）	0.138	0.256	0.269

注：Sargan 为工具变量过度识别的 Sargan 检验统计量 P 值，原假设：不存在工具变量的过度识别，备择假设存在过度识别；AR（1）、AR（2）分别为模型是否存在一阶、二阶序列相关的 Arellano-Bond 检验统计量的 P 值。

无论是全样本，还是高房价收入比的子样本、低房价收入比的子样本，Wald检验表明，在5%的显著性水平上，$\beta\neq1$，这表明增加房地产投资会对其他产业固定资产投资产生显著影响。从高房价收入比子样本的回归结果发现，长期反应系数β=-4.6417，这表明增加1单位房地产投资，会带来4.6417个单位的总投资的减少，即挤出其他产业固定资产投资5.6417个单位。从行业的利润率水平上来看，高房价带来的高利润率，使房地产行业吸纳了大量投资，资本投入结构比例过度倾向于房地产行业，偏离最优资本投入结构比例。这与截止到2008年，我国35个大中城市的非房地产上市公司（主营业务不是房地产）超过50%拥有房地产的现象相吻合（荣昭、王文春，2014），且这一比例还是不断提升。

从低房价收入比的子样本回归结果发现，长期反应系数β=1.2213，这说明在这些城市，房地产投资对其他产业的固定资产投资有一定的拉动作用。1 单位的房地产投资会使总投资增加 1.2213 个单位，也就是说带动了其他产业固定资产投资增加了 0.2213 个单位。在低房价收入比的城市，房地产的关联带动效应占主导地位，对其他产业的固定资产投资有一定的促进作用。

从全样本回归结果看，长期反应系数β=0.8653，小于 1，这说明，从全样本层面看，增加房地产投资 1 个单位，会使其他产业固定资产投资减少 0.1347 个单位。

对于房价收入比不同的区域，房地产投资对其他产业固定资产投资的影响存在显著的不同。探究背后原因，可以从以下几方面做出解释：随着人口和产业的集聚，促进了经济发展，但是高房价、高地价吸纳了过多的房地产投资，对其他产业的固定资产有明显的挤出效应；而在低房价收入比的城市，房地产行业对投资的吸纳水平低于高房价收入比的城市，通过关联带动效应对其他产业的固定资产投资有一定的促进作用。

4.4.3 结果的进一步解释

本书的第 3.2 节通过理论分析得出房地产行业具有广覆盖性，房价上涨通过关联带动效应对其他产业投资有拉动作用，但是房价持续上涨带来的资源错配效应将抑制其他产业投资的增长，从而使投资比例偏离最优投资比例，导致房地产行业一家独大，其他产业发展滞后，进而抑制产业结构高级化进程。因此，投资结构改变是房价影响产业结构向高级化演进的一个重要的渠道。

从全样本的回归结果来看，房价持续上涨，房价上涨速度超过了收入的增长速度，累积了房地产泡沫，房地产泡沫化吸纳了大量的信贷资金，导致对其他产业固定资产投资的挤出效应。从低房价收入比城市的回归结果可以看出，由于房价水平相对低于高房价收入比的城市，房地产行业对其他产业的关联带动效应仍然占主导地位，因此对其他产业的固定资产投资存在一定的拉动作用。从高房价收入比的城市回归结果看，房价持续上涨对投资的拉动，对其他产业的关联效应已不再占主导地位，而房价上涨带来的资源错配效应，抑制了其他产业的固定资产投资。资本的投入与积累是产业发展的最重要的条件，没有大量资本的投入，产业难以发展壮大，进而阻碍了产业升级和技术进步。房地产企业作为一种高耗能、低技术层次的资金密集型企业，依赖的是资金的大量注入，本身不具有创新潜力，不能成为引导产业结构高级化的创新产业。同时，在房价过度上涨时掩盖了钢铁、水泥等行业的产能过剩现象。这说明房价涨幅程度不同，对其他产业的固定资产投资的挤入、挤出效应存在区域异质性。

在经济社会发展的进程中，旧的产业的萎缩和衰落，战略性高新技术产业的逐渐强大，是产业结构向高级化演进的必由之路。旧的产业因技术落后，生产效率低，因而衰落而转型新的产业，这是产业结构优化调整的必然结果。产业结构的优化调整最终是为了满足人民群众对物质和文化需求不断提高的要求。但是，由于房价过度持续上涨带来的资源错配效应，很多企业并非将主营业务调整到战略性新兴产业等更有发展前景、更具有引领性的行业，而是转向投资回报率高、创新空间有限的房地产行业，这会严重削弱其他产业原来主营产品的生产，造成产业结构失衡，阻碍产业结构向高级化演进。由于房地产集商品属性与投资品属性于一体，房价上涨带来的资源错配效应，使房地产行业过度繁荣，累积大量资产泡沫，不能促进生产性投资，长期必定制约产业结构高级化，进而对国家和地区的经济发展起到显著的破坏作用。房价持续上涨带来的高利润的诱惑，致使其他产业的资金被虹吸到房地产行业，正是这种资源错配效应导致产业结构失衡而阻碍产业结构的调整。因此，高房价带来的资源错配效应，使房地产投资对其他产业投资带来的挤出方向和程度的研究为国家制定房地产调控政策、促进产业结构协调发展产生深远影响。

按照我国目前的经济发展阶段，长期来看，房地产行业一家独大将不利于我国产业结构的调整升级。房地产行业创新发展空间小，不能成为引领经济发展的高科技产业，集聚大量资金后，不能促进生产质量和生产效率的有效提高。房价持续上涨对其他产业投资的挤出效应，导致其他产业因资金缺乏，创新动力不足，创新投入受限（王文春等，2014；余静雯等，2017），抑制全要素生产率的提高。如果离开实体经济的支持，房地产行业的繁荣是不可持续的。实体经济长期得不到足够资金的支持，必定发展速度缓慢，产业结构调整受制。因此，一方面要认识到房地产行业的发展对其他产业的关联带动效应，对经济增长的促进作用，另一方面要充分认识到房价持续上涨对其他产业的投资挤出效应对产业结构高级化的影响。因为高房价产生的资源错配效应，不仅使房地产行业泡沫化程度加剧，累积金融危机，还会破坏产业结构投资比例的最优化，最终将不利于产业结构高级化进程。

4.5　本章小结

本章的研究首先定性分析了我国房地产行业的投资规模和结构，及高房价带来的高投资回报率，在资本逐利的动机下，不仅大量银行信贷资金通过直接或间接方式流入房地产领域，而且有证据表明大量工业企业多元化经营房地产，有的甚至放弃原有的主营业务。之后，以 104 个地价监测城市的面板数据，实证检验了房价上涨对其他产业固定投资的挤入、挤出效应，得到的相关结论如下：

（1）房价持续上涨，一方面吸引大量的信贷资金进入投资回报率更高的房地产行业，另一方面使大量工业企业涉足房地产领域，使投资过度流向房地产行业。投资结构改变是房价影响产业结构向高级化演进的一个重要的渠道。投资在不同产业间的分配，必定引起不同产业发展速度不同，导致房地产行业过度繁荣，抑制其他产业的发展，从而制约产业结构向高级化演进。

（2）基于房地产投资挤入、挤出效应模型的实证结果表明，从全样本回归结果来看，房价持续上涨带来的资源错配效应使房地产投资过度，挤出其他产业固定资产投资，房地产投资增加 1 个单位，导致其他产业固定资产投资减少 0.1347 个单位。在高房价收入比的城市，由于房价持续上涨，房价收入比远超居民可承受范围，房地产投资品属性凸显，大量投资、投机性资金涌入房地产行业，其资源错配效应远大于关联带动效应，挤出其他产业固定资产投资，房地产投资增加 1 个单位，挤出总固定资产投资 4.6417 个单位，即挤出其他产业固定资产投资 5.6417 个单位。在低房价收入比的城市，房价上涨通过关联带动效应对其他产业固定资产投资有一定的拉动作用，增加 1 单位的房地产投资，使总投资增加 1.2213 个单位，即拉动其他产业固定投资 0.2213 个单位。通过分样本的检验结果可知，房价涨幅程度不同时，对其他产业固定投资的挤入、挤出效应存在明显的差异，从而验证了第 3.2.4 节提出的假说Ⅰ：

房价变动对其他产业投资存在挤入、挤出两种效应，房价收入比越高，挤出效果越明显。

本章的边际贡献在于，基于 104 个地价监测城市的面板数据研究，房价上涨使房地产行业吸纳了大量资金，进而影响其他产业固定资产投资，为房价过快上涨影响产业结构向高级化演进提供实证支持。

第 5 章　房价变动对消费挤出效应的分析

根据第 3.3.1 节的理论分析，基于行为经济学双曲线贴现模型的分析框架，“买房置地，有房才有家”的中国传统文化根植于中国人的住房消费理念，居民在住房消费上存在认知偏差，在对时间偏好不一致的双曲线模型中，关键参数 $\beta<1$，房价持续上涨促使消费者自控力不足，住房消费数量与房价正相关，导致住房消费过度，对居民其他消费产生替代效应。根据第 3.3.1 节和第 3.3.2 节的理论分析，随着房价的上涨，同时带来促进和抑制消费的多种效应，对消费的最终影响效果是多种效应的叠加结果。基于我国房价持续上涨的现状，提出假说Ⅱ：

房价收入比越高，对消费需求的抑制作用越大。

本章的研究内容首先基于行为经济学双曲线贴现模型的分析框架，在房价上涨速度超过城镇居民可支配收入速度的背景下，尝试对我国住房市场出现的高房价与高交易量并存、高的住房自有率进行理论解释。其次，通过 104 个地价监测城市的面板数据实证检验第 3.3.2 节提出的假说Ⅱ。

5.1　高房价与高交易量的行为经济学解释

1998 年我国住房供给方式由计划供给逐步转向市场供给。我国住房市场的发展历程与西方市场经济国家的住房市场相比，发展虽然仅仅有几十年的历史，但是却有一系列标志性的历史拐点，将房地产市场的发展历程分为以下四个阶段。

（1）第一阶段：1998—2003 年。1998 年是我国全面停止实物分房，实行住房分配货币化的起始点。1998—2003 年的 5 年间，是我国住房分配制度改革政策颁布后的市场发展初期，住房分配货币化极大地释放了我国消费者对住房的需求。在此期间，房地产市场的供给以满足消费者的住房刚性需求和改善性需求为导向，房价温和上涨。

（2）第二阶段：2003—2007 年。房地产行业不仅自身快速发展，而且由于其对其他行业的广覆盖性，产生了巨大的关联带动效应，极大地促进了经济增长。因此，2003 年房地产行业被国务院确定为拉动中国经济发展的支柱产业。之后，房地产行业进入高速增长期，并带来经济过热。在这段时期内，房价持续高涨，脱离经济基本面，房地产市场的供给也从满足基本需求转向以投资、投机性需求为导向。

（3）第三阶段：2007—2009 年。此阶段是我国住房市场繁荣后遇到的第一个回落期。起源于美国的次贷危机迅速在全球范围内蔓延，导致 2007 年我国房地产市场房价开始出现回落，2008 年有一个明显的“V 字形”最低点。为了保持我国经济的平稳发展，我国政府实施了救市政策、4 万亿的财政投入和适度宽松的货币政策，有效地抑制了房地产市场的衰退，2009 年房价再一次重回高位。

（4）第四阶段：2009 年至今。2009 年房价再次抬高，我国住房市场逐渐出现两极分化，结构性供需错位突显。一线及热点城市房价持续高涨，供不应求；大多数三、四线城市库存积压严重。因此，因城施策，一方面遏制一线及热点城市的高房价，另一方面积极推动三、四线城市的去库存，这成为我国住房市场的主要政策取向。在这一阶段，政府房地产市场调控政策因地制宜，趋于多元化，民众对持续上涨的房价理性回归的呼声也越来越响。党的十九大报告明确提出，让住房回归居住属性。

在我国住房市场快速发展的过程中，我国房地产市场也出现了一些难以用传统微观和宏观经济学解释的异常现象，如高房价与高住房自有率并存，高房价与高交易量显著正相关，高房价与低租金并存等异常现象。越来越多的学者开始从购房者微观主体的心理和行为对房地产市场的运行特征进行解释（Simonsohn et al.，2006；关涛，2008；邓国营等，2010）。本节在第 3.3.1 的理论分析基础上，放松理性经济人的假设，基于行为经济学对时间偏好结构不一致的双曲线贴现模型，尝试对我国住房市场高房价与高交易量的异常现象的内在机理进行分析。

5.1.1 我国居民家庭住房自有率偏高

住房自有率一般是指拥有一套或多套住房的家庭占总家庭户数的比重，是衡量一个国家或地区居民家庭住房产权结构的重要指标。中国居民家庭住房自有率的指标主要有国家统计局的人口普查数据、《中国居住小康指数》和《中国家庭金融调查报告》三个来源。根据国家统计局“六普”数据显示，我国城市家庭在2010年的住房自有率已达到69.8%。根据《中国居住小康指数》发布的数据显示，对我国40个城市的调查数据进行计算发现，中国城市住房自有率为78.6%。根据CHFS数据，我国城市家庭住房自有率从2013年8月底的87.0%上升到2014年3月的89.2%，不到一年的时间，上涨了2.2个百分点。而世界其他国家住房自有率的平均水平仅有63%。与其他国家相比，中国人对于住房自有存在明显的偏好。

对比国外的住房市场情况，可以发现，经济发展水平高的国家住房自有率往往偏低，而经济发展水平低的国家，住房自有率往往偏高。经济发展水平比较高的国家，由于劳动力流动比较频繁，居民往往更愿意选择租房而不是购房，如美国、德国等。相反，一些经济发展水平不高的国家，劳动力流动性较差，住房自有率往往很高。因此，住房自有率高低不是衡量一个国家经济发展水平的标志。适度的住房自有率可以增加居民财富，促进消费增长，但是过高的住房自有率，在房价持续上涨的情况下，加大了对居民其他消费的挤出效应，对经济的长期可持续发展产生不利影响（祝梓翔等，2016）。

综上所述，我国家庭自有住房拥有率已经很高，而且还在迅速攀升。高房价与高住房自有率的并存，反映了在高房价背景下，我国居民家庭在购房和还房贷期间，住房支出占收入的比重很大。

5.1.2　住房消费：高房价与高交易量正相关

1998年是我国住房制度改革的分水岭，从此全面停止实物分房，逐步实行货币化分房，住房供给走向市场化。表5-1列出了我国住房制度改革后，2000—2016年商品房销售面积及其增速。从表5-1中的数据来看，商品房销售面积增速的变化趋势与商品房价格增速的趋势是一致的，除2008年受到美国次贷危机影响、2014年受到高库存影响外，其余年份销售面积和销售价格都是正向增长。其中2000—2007年商品房销售面积年平均增速为24.55%，同期商品房销售价格平均增速为7.37%。2008年受金融风暴的影响销售面积和销售价格双双负向增长后，由于我国政府的一系列稳定住房市场政策的出台和实施，2009年我国商品房销售面积和销售价格出现大幅度反弹，销售面积增速达到43.63%，同时销售价格增速达到24.31%。在2010—2013年保持正向增长。2014年由于高库存的影响，销售面积和销售价格双双负向增长，但与2008年金融风暴期间的下降幅度相比，无论是销售面积还是价格的增速降幅都较小。在我国各地因城施策去库存的政策实施背景下，2015年销售面积和销售价格的增速重回正向增长。从2000—2016年的整个期间来看，商品房销售面积平均增速达到15.31%，销售价格平均增速达到6.09%。

表 5-1　2000—2016 年我国商品房销售面积、销售价格及其增速

年　份	商品房销售面积（万平方米）	商品房销售面积增速 %	商品房销售价格（元 / 平方米）	商品房销售价格增速（%）
2000	18 637.13		2112.00	
2001	22 411.90	20.25	2170.00	2.04
2002	26 808.29	19.62	2250.00	4.73
2003	33 717.63	25.77	2359.00	3.90
2004	38 231.64	13..38	2778.00	14.00
2005	55 486.22	45.13	3167.66	12.36
2006	61 857.07	11.48	3366.79	4.73
2007	77 354.72	25.05	3863.90	9.82
2008	65 969.83	−14.72	3800.00	−6.87
2009	94 755.00	43.63	4681.00	24.31
2010	104 764.65	10.56	5032.00	4.16
2011	109 366.75	4.39	5357.10	1.11
2012	111 303.65	1.77	5790.99	5.25
2013	130 550.59	17.29	6237.00	4.97
2014	120 648.54	−7.58	6324.00	−0.69
2015	128 494.97	6.50	6793.00	5.83
2016	157 348.53	22.45	7476.00	7.79

注：数据来源于2001—2017年《中国统计年鉴》。在计算商品房销售价格增速时，销售价格经CPI平减指数处理。

表5-2给出了我国住房市场2000—2016年住宅商品房销售面积、销售价格及其增速。与商品房销售面积和销售价格的变化趋势基本一致，除2008年受金融风暴影响、2014年受高库存影响外，其余年份不论是住宅销售面积还是住宅销售价格的增速都为正。在2000—2007年期间，住宅商品房销售面积年平均增速达到23.33%，同期住宅商品房销售价格的年平均增速达到7.7%。2008年受金

融风暴影响，销售面积和销售价格双双出现负向增长，在我国政府一系列稳定经济的政策下，2009 年出现大幅反弹，销售面积和销售价格增速分别达到 45.39%、25.83%。在 2010—2013 年期间住宅商品房的销售面积和销售价格均保持正向增长，而 2014 年由于高库存的压力双双负向增长，但与 2008 年相比，下降幅度较小。在我国中央政府和各地积极实施去库存政策的推动下，2015 年双双重回正向增长。在 2000—2016 年整个时间段内，住宅商品房销售面积年平均增速达到 15.29%，销售价格年平均增速达到 6.40%。

表 5-2　2000—2016 年我国住宅商品房销售面积、销售价格及其增速

年　份	住宅商品房销售面积（万平方米）	住宅商品房销售面积增速（%）	住宅商品房销售价格（元 / 平方米）	住宅商品房销售价格增速（%）
2000	16 570.28		1948.00	
2001	19 938.75	20.32	2017.00	2.83
2002	23 702.31	18.87	2092.00	4.76
2003	29 778.85	25.64	2197.00	4.08
2004	33 819.89	13.57	2608.00	14.92
2005	49 587.83	46.62	2936.96	10.85
2006	55 422.95	11.76	3119.25	4.64
2007	70 135.88	26.55	3645.18	11.82
2008	59 280.35	−15.48	3576.00	−7.10
2009	86 184.89	45.39	4459.00	25.83
2010	93 376.60	8.34	4725.00	2.67
2011	96 528.41	3.38	4993.17	0.36
2012	98 467.51	2.01	5429.93	5.89
2013	115 722.69	17.52	5850.00	5.00
2014	105 187.79	−9.10	5933.00	−0.66
2015	112 412.29	6.86	6473.00	7.48
2016	137 539.93	22.35	7203.00	8.99

注：数据来源于 2001—2017 年《中国统计年鉴》。在计算住宅商品房销售价格增速时，销售价格经 CPI 平减指数处理。

从表 5-1 和表 5-2 的数据分析可知，2000—2016 年期间，住宅商品房销售面积占商品房销售面积的比重一直保持在 87% ～ 91% 之间。基于 2000—2016 年商品房和住宅商品房的销售面积、销售价格及其增速，我们可以发现在我国住房市场存在高房价与高交易量并存的现象。

基于微观经济学的一般市场均衡理论很难对这一现象做出解释。根据一般市场均衡理论，房价上涨，交易量下跌，房价下降，交易量上升，最终回到稳定均衡状态，商品的交易量与商品的价格总是负相关。对我国住房市场2000—2016年住宅商品房销售价格与其销售面积二者之间进行相关性检验发现，其相关系数如表5-3所示。根据我国住房市场2008年受到金融风暴的影响，销售面积和销售价格均有较大下滑，因此将数据按时序分为2000—2007年，2009—2016年两个阶段，同时也给出了2000—2016年期间的相关系数。从表5-3中数据可知，不论是分阶段还是从整个时段上看，我国住宅商品房销售面积与其销售价格之间存在稳定的正相关关系。

表5-3　2000—2016年我国住宅商品房销售面积与价格之间的相关性检验

年　份	2000—2007年期间	2009—2016年期间	2000—2016年期间
相关系数	0.9912	0.9606	0.9958

注：采用stata14.0进行检验。

基于全国层面的数据可能由于加总掩盖区域差异，有必要基于城市层面的房价与销售面积的分析。表5-4给出了2000—2016年我国35个大中城市住宅商品房销售面积与销售价格之间的相关性检验，并根据城市所在位置做了东中西区域的相关性检验。从表5-4中给出的相关系数数据可知，基于城市层面的住宅商品房销售面积与销售价格之间存在着正相关关系。

表5-4　2000—2016年35个城市住宅商品房销售面积与价格的相关性检验

年　份	2000—2007年期间	2009—2016年期间	2000—2016年期间
全样本	0.9356	0.9521	0.9481
东部	0.9563	0.9712	0.9633
中部	0.9315	0.9542	0.9475
西部	0.9102	0.9212	0.9189

注：采用stata14.0进行检验；数据来源于历年《房地产统计年鉴》。

5.1.3　传统文化与住房消费：基于行为经济学分析框架的一个解释

1. 传统经济学理论对高房价与高交易量解释的乏力

由于传统经济学理论对高房价解释的乏力，越来越多的学者基于行为消费理论，关注消费者微观个体的心理特征和社会形态对消费者进行消费决策产生的影响。传统文化对消费者的决策产生影响是学者们的共识（Fisher，1930；Roos，1930；Becker&Mulligan，1997；叶德珠等，2012），“买房置地，有房才有家”的中国传统文化在中国居民购房的时间偏好形成过程中产生显著的影响。没有房就不算是一个成功人士，没有为孩子准备住房就不算是合格父母，没房就不能结婚等，中国家庭面对高房价，即使背上沉重的按揭贷款负担也要买房。张立建（2008）提出，由于居民把拥有住房产权与人生成败等同，因而产生提早购房的现象，造成住房消费不合理。后续的研究也发现了这一现象，但是不足之处是没有给出理论上的解释（关涛，2006；李春风，2013；谢保嵩等，2018）。

2. 基于行为经济学分析框架的一个解释

借鉴对解释欧美过度消费文化较为有效的行为经济学时间偏好理论框架，本节在第 3.3.1 节中基于行为经济学时间偏好理论的双曲线贴现模型，分析了我国家庭在面对房价持续上涨时的住房消费决策。关键参数 β 进行基于中国居民特征的设定，以实现对“有房才有家”的中国传统文化的技术表达与规范分析。由于“买房置地，有房才有家”的中国传统文化，中国消费者面对住房价格持续上涨自我控制能力不足，其技术表达是关键参数 β<1，进而呈现出我国居民家庭在进行住房消费时，时间偏好不一致。中国居民家庭在进行是否购买住房的决策时，理性的决策是在高房价的压力下推迟购房，但是在进行短期决策时，却会因为“有房才有家”的中国传统文化的鼓励，形成认知偏差，导致自控力不足，因而形成对住房的过度消费，出现实际消费数量大于理性计划消费数量，即 $C_H^{**} > C_H^{*}$。

纵观我国自 1998 年住房制度改革后，我国住房市场房价总体趋势与住房销售面积持续上涨，其背后的经济学内在机理可以从中国传统住房文化进行解释。“买房置地，有房才有家”的中国传统文化使消费者对住房消费抱有过度热情，面对房价持续上涨会产生认知偏差，在模型中用 $\beta<1$ 来刻画由于认知偏差而形成自我控制力不足，导致跨期消费时最优决策在 $t=1$ 期时的住房消费数量大于理性长期决策在 $t=0$ 时的最优数量，即实际住房消费数量大于长期理性决策时的最优数量，其结果表现为住房消费过度。在预算约束的条件下，住房消费过度，将导致对家庭其他消费的挤出。长期的文化熏陶使我国居民家庭对住房消费充满热情。

这种传统观念，在自给自足的经济社会中，为了买房而节俭，减少其他消费，是一种美德。但是，随着经济的发展，劳动力流动日益频繁时，如果背上沉重的购房首付和按揭贷款负担，一方面不利于人才合理流动，另一方面挤出居民其他消费，不利于推动产业结构向高级化发展。

3. 政策含义

我国一直以来采取的限购、限贷政策对抑制高房价在短期内起作用，但其长期效力不足。基于第 3.3.1 节理论分析，尝试基于行为经济学从“买房置地，有房才有家”的中国传统文化对我国住房市场高房价与高交易量并存的现象进行了解释。本书对“买房置地，有房才有家”的中国传统文化影响我国住房消费的行为经济学分析，为抑制高房价、引导住房梯级消费新理念、大力发展租赁性住房市场提供了理论基础和决策依据。

5.2 我国居民消费现状

从微观层面来看，住房是居民家庭最重要的实物资产，其价格变动必然影响居民家庭的消费和投资，以及家庭的效用水平。从宏观层面来看，把房价对微观居民家庭消费的影响汇总到宏观层面，国民消费结构和消费水平的变动必然影响一国产业结构的变迁。

5.2.1 居民消费率呈波动式下降

改革开放以来，我国经济实现了 40 多年的高速增长，进入新常态后，仍然保持中高速增长。经济增长主要依靠投资和进出口，作为拉动经济增长的三驾马车，消费需求明显不足，平均消费水平偏低且呈下降趋势（Arthu，2011;李春风，2013；方福前，2014）。一方面我国住房市场房价持续攀升，购房热情不减；另一方面我国居民消费不足，高房价是不是导致我国居民消费不足的主要原因，成为众多学者的研究焦点。

表 5-5 显示我国 1998—2016 年投资率、固定资产形成率、最终消费率、居民消费率的数值。投资率等于社会总投资除以支出国内生产总值；资本形成率等

于资本形成额除以支出国内生产总值；最终消费率等于居民消费加政府消费再除以支出国内生产总值;居民消费率等于居民消费支出除以支出国内生产总值得到。从表中数据可以看出，近年来我国投资率不断提高，但是居民消费从整体上看呈波动式下降趋势。纵观1998—2016年，我国的投资率从1998年的仅为32.87%，仅个别年份略有波动，其余年份均保持持续上升态势，在2016年达到81.33%。与此形成对照的是，我国资本形成率在1998—2016年均未超过50%。居民消费率从1998年的45.41%下降到2010年的最低点，仅为35.52%，从2011年起略有上扬，2016年达到39.35%。在政府消费支出不断上升的情况下，我国最终消费率的下降主要是由于居民消费不足导致。中国经济正处于转方式调结构的关键时期，在投资乏力、外贸出口疲软的情况下，消费需求对拉动我国经济的长期可持续发展的重要性日益凸显。

表5-5　1998—2016年我国投资率、资本形成率与消费率

年　份	投资率（%）	资本形成率（%）	最终消费率（%）	居民消费率（%）
1998	32.87	35.60	60.20	45.41
1999	32.87	34.90	62.30	46.14
2000	32.72	34.30	63.30	46.71
2001	33.45	36.30	61.60	45.58
2002	35.57	36.90	60.60	45.03
2003	40.17	40.40	57.50	42.90
2004	43.30	42.70	54.70	40.91
2005	46.92	41.00	53.60	39.76
2006	49.72	40.60	51.90	38.03
2007	50.54	41.20	50.10	36.72
2008	54.02	43.20	49.20	36.05
2009	64.19	46.30	49.40	36.20
2010	67.71	47.90	48.50	35.56
2011	64.08	48.00	49.60	36.32
2012	69.26	47.20	50.10	36.70
2013	74.76	47.30	50.30	36.81
2014	79.14	46.80	50.70	37.47
2015	80.38	44.70	51.80	38.05
2016	81.33	44.10	53.60	39.35

注：数据来源于历年《中国统计年鉴》，经整理计算得到。

近年来，我国各大中城市房价持续上涨，特别是一线及热点城市的房价收入比严重超过居民可支付能力。持续上涨的房价与居民消费率整体下滑之间是否存在关联关系？基于第 3.3.2 节的理论分析，房价上涨通过实现的财富效应、未实现的财富效应、流动性约束效应等的合力促进消费的增长，但是房价的持续上涨通过替代效应、预算约束效应以及财富再分配效应与预防性储蓄效应抑制居民的消费增长。因此房价的持续上涨，特别是一线与热点城市房价的大幅飙升，是否从宏观上抑制了居民的消费增长不仅是一个理论问题，也是一个重要的现实问题。如果房价持续上涨抑制了居民消费的增长，由于消费需求的变动最终将导致资源在不同产业部门之间的配置，对我国产业结构变动产生影响，并最终阻碍我国经济的长期可持续发展，就必须采取针对性政策措施加以调控。

近年来，我国商品房销售总额与社会消费品零销总额的比值、住宅商品房销售总额与社会消费品零售总额的比值从总体上看呈逐年上升态势。表 5–6 给出了我国 2000—2016 年商品房销售总额、住宅商品房销售总额、社会消费品零售总额及商品房销售总额与社会消费品零售总额的比值、住宅商品房销售总额与社会消费品零售总额的比值。社会消费品零售总额是反映国内消费需求最直接的数据，包含的商品类有食品类、日用品类、文化娱乐品类、衣着类、医药类等。从表 5–6 可以看出，商品房销售总额与社会消费品零售总额的比值逐年上升，从 2000 年的 10.06:100，到 2016 年达到 35.39:100。除了在 2008 年受美国次贷危机影响有一个“V”字形下滑后，2014 年受高库存影响有一个小幅下滑外，2009—2016 年期间年平均比值为 37.36:100。住宅商品房销售总额与社会消费品零售总额的比值与商品房销售额与社会消费品零售总额的比值变化趋势基本相同，在 2008 年和 2014 年有下滑，其他多数年份呈逐年递增趋势。住房消费占比逐年上涨，不仅会对居民的其他消费产生挤出效应，而且从长期来看，会导致居民消费结构的扭曲，特别是对第三产业中较高端的教育、旅游和高端服务等的挤出，阻碍居民消费结构的升级，进而阻碍第三产业向价值链高端发展。

表 5–6　2000—2016 年商品房、住宅商品房与社会消费品零售总额

年　份	商品房销售总额 SF	住宅商品房销售总额 ZF	社会消费品零售总额 LS	SF : LS	ZF : LS
2000	3935.44	3 228.60	39 105.70	10.06 : 100	8.26 : 100
2001	4862.75	4 021.15	43 055.40	11.29 : 100	9.33 : 100

续　表

年　份	商品房销售总额 SF	住宅商品房销售总额 ZF	社会消费品零售总额 LS	SF:LS	ZF:LS
2002	6032.34	4957.85	48 135.90	12.53:100	10.30:100
2003	7955.66	6543.45	52 516.30	15.15:100	12.46:100
2004	10 375.71	8619.37	59 501.00	17.44:100	14.49:100
2005	17 576.13	14 563.76	67 176.60	25.71:100	21.31:100
2006	20 825.96	17 287.81	76 410.00	26.31:100	21.84:100
2007	29 889.12	25 565.81	89 210.00	31.94:100	27.32:100
2008	25 068.18	21 196.00	108 487.70	21.83:100	18.46:100
2009	44 355.17	38 432.90	12 534.00	33.34:100	28.89:100
2010	52 721.24	44 120.65	154 554.00	33.36:100	27.92:100
2011	58 588.86	48 198.32	181 226.00	31.30:100	25.74:100
2012	64 455.79	53 467.18	20 716.00	30.06:100	24.93:100
2013	81 428.28	67 694.94	242 842.80	33.53:100	27.88:100
2014	76 292.41	62 410.95	271 896.10	28.06:100	22.96:100
2015	87 280.84	72 769.82	300 930.80	29.00:100	24.19:100
2016	117 627.05	99 064.17	332 316.30	35.39:100	29.82:100

注：数据来源于历年《中国统计年鉴》，经整理计算得到。商品房、住宅商品房、社会零售品消费总额的单位为亿元。SF:LS 表示商品房销售总额与社会零售品总额的比值，ZF:LS 表示住宅商品房销售总额与社会零售品总额的比值。

5.2.2　我国居民消费结构

我国居民消费变化不仅反映在居民消费率整体上呈逐年下滑趋势，而且还反映在我国居民消费结构的变化中。表 5-7 给出了 1998—2016 年间我国城镇居民八大类消费的占比。从表中数据可知，在 1998—2012 年间，随着我国人均 GDP 水平的提高，城镇居民基本消费支出包括衣食住行，其所占比重呈波动式下降趋势，由 1998 年的 69.74% 缓慢降到 2012 年的 62.45%。而发展型消费支出包括家庭设备及用品、教育文化娱乐消费、医疗保健消费，其所占比重从 1998 年的 25.7% 呈波动式上涨，在 2012 年达到 33.61%。2013—2016 年按新口径统计的数据表明，基本消费支出占比超过 70%，其中我国城镇居民居住消费占比在城镇居民人均消费支出中的占比已经超过五分之一。而发展型消费支出的占比不足

25%。1998—2016 年期间，我国城镇居民消费结构中发展型消费支出占比偏低，对我国居民消费结构的升级不利。同时，教育文化、医疗保健等支出占比不足，从长期来看会影响人力资本水平的提升，导致创新人才储备不足，最终将不利于产业结构向高级化演进。

表 5-7　1998—2016 年我国城镇居民消费结构对比表（%）

年　份	食品烟酒消费占比	衣着消费占比	居住消费占比	家庭设备及用品占比	交通和通信消费占比	教育文化娱乐消费占比	医疗保健消费占比	其他用品及服务占比
1998	44.48	11.10	9.43	8.23	4.73	5.94	11.53	4.54
1999	41.86	10.45	9.84	8.57	5.32	6.72	12.29	4.95
2000	39.44	10.01	11.31	7.49	6.36	8.54	13.40	3.43
2001	37.94	10.05	10.32	8.27	6.46	8.61	13.00	5.35
2002	37.68	9.80	10.36	6.45	7.13	10.38	14.97	3.24
2003	37.12	9.80	10.74	6.30	7.31	11.07	14.35	3.30
2004	37.72	9.56	10.21	5.67	7.35	11.75	14.40	3.34
2005	36.69	10.08	10.18	5.62	7.56	12.55	13.82	3.50
2006	35.78	10.37	10.39	5.73	7.13	13.19	13.83	3.55
2007	36.29	10.42	9.83	6.02	6.99	13.58	13.30	3.58
2008	37..89	10.37	10.19	6.15	6.99	12.60	12.08	3.72
2009	36.51	10.47	10.02	6.42	6.98	13.72	12.01	3.86
2010	35.67	10.72	9.89	6.74	6.47	14.73	12.08	3.71
2011	36.32	11.05	9.27	6.75	6.39	14.17	12.21	3.83
2012	36.23	10.94	8.91	6.69	6.37	14.72	12.20	3.94
2013	30.13	8.41	23.26	6.11	12.53	10.75	6.14	2.65
2014	30.05	8.14	22.49	6.17	13.21	10.73	6.54	2.67
2015	29.73	7.95	22.09	6.11	13.53	11.14	6.74	2.70
2016	29.32	7.53	22.16	6.18	13.75	11.43	7.07	2.58

注：数据来源于历年《中国统计年鉴》，经整理计算得到。

5.3 动态面板回归实证模型的建立

5.3.1 实证模型的构建

根据消费理论，由于“棘轮效应”的存在，将表征消费水平的被解释变量

Y_{it} 的滞后一期 Y_{it-1} 作为解释变量，因此本实证模型是动态面板模型。根据前期文献的研究，房价水平与收入水平之间存在内生性（Glaser et al., 2009;郑思齐等，2008；高波等，2012；踪家峰，2015），因此，将表征房价水平的房价收入比变量 HP_{it} 与表征收入水平的 Rsit 设为内生解释变量，采用系统 GMM 方法进行估计。本实证主要研究房价对其他消费的挤出效应，实证回归模型设定如下：

$$Y_{it} = \alpha_0 + \beta_0 Y_{it-1} + \beta_1 HP_{it} + \beta_2 Rs_{it} + \beta_3 Rsy_{it} + \beta_4 Rxd_{it} + \beta_5 Rgov_{it} + \varepsilon_{it} \tag{5-1}$$

其中，ε_{it}表示随机误差项。式中Y_{it}表示第i个城市第t年的城镇居民人均消费率，是本章实证的被解释变量，Y_{it-1}是其滞后一期。本书实证模型中采用消费率来代表消费水平的原因在于，1978年改革开放以后，我国城镇居民人均生活水平不断提高，因此人均消费支出也呈现上涨趋势，而消费率下滑则能较好地表征消费需求是否被挤出。因此本书借鉴前期文献（刘生龙等，2011；叶德珠等，2012；傅东平，2017）的做法，选取城镇居民人均消费率，其计算方法为城镇居民人均消费支出除以人均GDP计算得到，其中，城镇居民人均消费支出是指用于最终商品与服务的支出，不包含购房支出、不包含非消费性支出和政府支出。

HP_{it} 是本章实证的主要解释变量，表示第 i 个城市第 t 年的房价收入比。采用房价收入比而不是采用房价水平值的原因在于：房价收入比体现了房价的泡沫化程度（况伟大，2004；杨永华，2006；吕江林，2010），更能准确地表征因购买住房，加重了购房者的负担，使其不得不为了支付高首付或按揭贷款而削减其他方面的开支，对其他消费产生挤出效应。

根据前期文献（方福前，2009；叶德珠和连玉君等，2012；傅东平，2017）提及的可能影响消费率的影响因素，选取相应的控制变量。Rs_{it}、Rsy_{it}、Rxd_{it}、$Rgov_{it}$ 分别代表城镇居民收入水平、商业发达水平、金融市场发达程度、地方政府规模。Rs_{it} 代表城镇居民收入水平，采用城镇居民人均可支配收入占人均 GDP 的比重来表征，收入是消费的基础，是影响消费的主要控制变量。Rsy_{it} 表征商业发达水平，采取城市年度社会商品零售额占 GDP 的比重来表征。Rxd_{it} 表征金融市场发达程度，采用城市年末金融机构贷款余额占 GDP 的比重来表征。$Rgov_{it}$ 表征政府规模，采用城市的年度财政支出占 GDP 的比重来衡量。影响居民消费水平提高有两个重要因素：一是随着经济的发展，人均可支配收入的提高；二是社会提供的医疗、保险、保障性住房等社会保障水平。只有收入提高和社会保障水平的提高，二者相结合，才能确保居民消除后顾之忧，降低居民的预防性储蓄动机，有效提高居民消费水平。但是如果政府规模过大，导致政府支出过高，则会降低社会保障水平的提高（方福前等，2014；傅东平，2017）。

5.3.2 数据来源与基本统计量描述

本书使用 2003—2017 年我国 104 个地价监测城市的面板数据（因拉萨市数据缺失严重，被剔除），数据来源于历年《中国城市统计年鉴》《中国城市（镇）生活与价格统计年鉴》、中经网统计数据库。主要变量的基本统计量如表 5–8 所示。

表 5–8 样本变量的统计性描述

变量名称	平均值	标准差	最小值	最大值	样本数量
Y	0.3033	0.1390	0.2273	0.7395	1560
HP	7.8752	4.3265	5.0336	26.1452	1560
Rs	0.4245	0.3623	0.0890	0.8258	1560
Rsy	0.4120	0.1474	0.0023	2.5062	1560
Rxd	1.3192	0.7380	0.0895	8.8948	1560
Rgov	0.2260	0.0908	0.0521	0.7256	1560

5.3.3 单位根检验

单位根是处理面板数据时必须进行的稳定性检验，目的是防止出现伪回归。采用 LLC 检验方法检验是否存在共同根，采用 IPS 检验是否存在异质根，单位根检验结果如表 5–9 所示。从表 5–9 的数据可以看出，本章实证所使用的数据均通过了平稳性检验。

表 5–9 面板数据单位根检验结果

检验方法	IPS	LLC
Y	–13.175**	–26.712***
HP	–8.670**	–8.284***
Rs	–12.852**	–2.292**
Rsy	–4.788***	–11.139***
Rxd	–5.922**	–18.625***
Rgov	–7.408**	–10.613***

注：*、**、*** 分别表示在 1%、5%、10% 的水平上显著，下表 5–10、5–11、5–12 与此同。

5.4 回归结果及分析

5.4.1 研究设计：基于人均 GDP 划分子样本

前期文献在实证检验房价上涨是给居民带来财富效应还是挤出效应时，研究设计还存在不足，对我国房地产市场区域异质性的划分标准尚须改进。我国住房市场存在明显的分异现象。一线及热点城市明显供不应求，房价持续上涨，而大量的三线城市和部分二线城市却存在着供大于求，需要去库存。因此单纯从全样本回归结果讨论房价上涨对居民消费的财富效应与挤出效应，可能结论有偏。大量文献在讨论区域差异时，基于地理区划的东中西，或沿海和内陆。然而，房价上涨带来的财富效应与挤出效应并非完全地理意义上的，简单的地理划分得到的结论往往有偏。本书根据城市人均 GDP 的取值进行系统聚类分析，将样本划分为经济发展水平高的子样本和经济发展水平低的子样本，进而研究房价上涨对两类城市居民消费总效应的影响差异。

5.4.2 全样本回归结果及分析

首先，基于 104 个地价城市的动态面板数据进行全样本回归，其结果见表 5–10。

表 5–10 房价收入比变化影响消费率的回归结果

	（1）	（2）	（3）	（4）
$L_1.Rc$	0.325^{***}	0.322^{***}	0.336^{***}	0.367^{***}
	（0.0028）	（0.0232）	（0.0227）	（0.0233）
HP		-0.0034^{**}	-0.0037^{**}	-0.0042^{**}
		（0.0018）	（0.0019）	（0.0019）
Rs			0.0442^{**}	0.031^{***}
			（0.0044）	（0.0020）
Rsy				0.075^{**}
				（0.0349）
Rxd				−0.008
				（0.0038）
$Rgov$				-0.035^{***}
				（0.0072）

续 表

	（1）	（2）	（3）	（4）
Constant	0.173***	0.209***	0.192***	0.157***
	（0.0095）	（0.0156）	（0.0188）	（0.0245）
Sargan	0.164	0.232	0.623	0.323
AR（2）	0.183	0.195	0.916	0.661

注：Sargan 为工具变量过度识别的 Sargan 检验统计量 P 值，原假设：不存在工具变量的过度识别，备择假设存在过度识别；AR（2）为二阶序列相应统计量的 P 值。下文表 5–11、表 5–12 与此同。

从表 5–10 可以看出，从 *Sargan* 统计量和 *AR*（2）的统计量来看，呈现出良好的稳健性。模型（1）～（4）中房价收入比的回归系数在 5% 的显著性水平上为负数，说明随着房价持续上涨速度超过收入的增长速度，房价收入比的提高对消费存在挤出效应。根据模型（4）的回归结果表明，房价收入比每提高一个单位，城镇居民消费率就减少 0.0042 个单位。

从控制变量的系数来看，表征收入水平的 *Rs* 系数显著为正，与凯恩斯的绝对收入假说预期一致，与前期文献的结论一致（方福前，2009），即收入水平的提高可以促进消费。表征商业发达水平 *Rsy* 的系数通过了显著性检验且为正，这说明良好的商业环境对居民消费的提高有促进作用。但是表征金融发达程度的 *Rxd* 的系数为负，但不显著，这说明金融发达程度不能很好地解释城市间消费率的差异，这可能的原因是：近年来，我国金融机构大量的信贷流向房地产企业和个人按揭贷款，从某种程度上抑制了个人消费。表征地方政府规模的 *Rgov* 的系数为负，与预防性储蓄理论一致，与前期的文献（方福前等，2014；傅东平，2017）的实证结果一致，即地方政府财政支出水平高，一方面可能导致挤出社会保障性投入，促使居民预防性储蓄动机增强；另一方面挤出居民消费，因而对消费产生抑制作用。

5.4.3 经济发展水平高的子样本回归结果及分析

为了考察在经济发展水平高的城市中，房价收入比对消费率的影响，我们对经济发展水平高的子样本进行了回归。回归结果如表 5–11 所示。

表 5-11　经济发展水平高的子样本回归结果

	(1)	(2)	(3)	(4)
$L_1.Rc$	0.363***	0.352***	0.341***	0.346***
	(0.0155)	(0.0132)	(0.0117)	(0.0106)
HP		−0.0037**	−0.0048**	−0.0047**
		(0.0016)	(0.0015)	(0.0014)
Rs			0.038**	0.022**
			(0.003)	(0.004)
Rsy				0.087**
				(0.0017)
Rxd				−0.005
				(0.0004)
Rgov				−0.025***
				(0.0087)
Constant	0.222	0.238***	0.216**	0.159**
	(0.0133)	(0.0146)	(0.0118)	(0.0185)
Sargan	0.154	0.198	0.569	0.567
AR(2)	0.310	0.216	0.675	0.542

表中模型（1）～（4）分别代表在经济发展水平高的子样本中，加入控制变量前后的回归结果。从表 5-11 的回归结果可以看出，在经济发展水平高的城市，房价收入比的系数在 5% 的水平上显著为负，这与全样本回归结果是一致的。但是，与全样本回归结果相比，在经济发展水平高的子样本中，房价收入比每增加 1 个单位，就使消费率降低 0.0047 个单位，对消费的挤出效果更大。通过对样本城市房价收入比的数值分析，在经济发展水平高的城市中，房价收入比高，泡沫化程度严重，对居民消费的挤出程度加剧。这进一步验证了假说Ⅱ：房价收入比越高，对消费需求的抑制作用越大。

5.4.4　经济发展水平低的子样本回归结果及分析

为了考察在经济发展水平低的城市中，房价收入比对消费的挤出程度，我们在经济发展水平低的子样本上进行了回归检验，回归结果见表 5-12。

表 5-12 经济发展水平低的子样本回归结果

	(1)	(2)	(3)	(4)
$L_1.Rc$	0.331***	0.327*	0.325***	0.316***
	(0.0145)	(0.0167)	(0.0145)	(0.0036)
HP		−0.0022**	−0.0026**	−0.0028**
		(0.0006)	(0.0004)	(0.0005)
Rs			0.032***	0.038***
			(0.006)	(0.005)
Rsy				0.041**
				(0.0006)
Rxd				−0.007
				(0.0005)
Rgov				−0.023***
				(0.004)
Constant	0.219**	0.182**	0.197**	0.143**
	(0.0128)	(0.0214)	(0.0192)	(0.0043)
Sargan	0.186	0.179	0.185	0.343
AR(2)	0.240	0.168	0.152	0.266

模型（1）～（4）分别代表在经济发展水平低的子样本中加入控制变量前后的回归结果。从表 5-12 的回归结果可以看出，房价收入比的系数在 5% 的显著性水平上为负，这与全样本的回归结果是一致的。从模型（4）的回归结果可知，在经济发展水平低的子样本中，房价收入比每增加 1 个单位，消费率就减少 0.0028 个单位。与全样本的回归结果比较，房价收入比的提高对消费的挤出程度较弱。这背后的原因在于：在经济发展水平低的子样本中，房价收入比较低，房价泡沫化程度较轻，因此对消费的挤出程度减弱。

5.5 结果的进一步解释

结合第 3.3 节的理论分析及全样本与两个子样本的回归结果，从整体上看，我国大中城市房价持续上涨，房价增速快于居民收入增长速度，因此抑制了居民消费的提高。虽然房价上涨可以通过实现的财富效应、未实现的财富效应、流动性约束效应促进消费，但是房价的持续上涨，使抑制消费的替代效应和预算约束效应大大增强，尤其是“买房置地，有房才有家”的中国传统住房文化对中国居民家庭购房行为的影响，在房价持续上涨时产生认知偏差导致自控力不足，产生住房消费过度，大大强化了替代效应，挤出了居民的其他消费。其次，由于高收入阶层有能力多购房，甚至出现大量的投机性购房，房价上涨带来的财富效应主要集中在高收入阶层，但是根据边际消费递减规律，高收入阶层的边际消费倾向低。而大量的中低收入阶层因无力购房，在房价上涨过程中因替代效应、预算约束效应而减少当期消费。因此，房价持续上涨带来的财富再分配效应导致从宏观层面来看，居民整体边际消费倾向低，从而抑制消费率的提升。最后，根据预防性储蓄假说，房价持续上涨，增强了居民的储蓄动机，加大了储蓄力度，减少了当期消费。

从经济发展水平高的子样本和经济发展水平低的子样本回归结果分析，我国经济发展水平高的城市房价上涨幅度很高，尤其是一线及热点城市，房价收入比远远超过居民可支付能力，再加上利用杠杆的投机行为进一步加剧了财富再分配效应，实证结果也验证了在经济发展水平高的子样本中房价收入比的提高对消费的挤出程度更大，约是经济发展水平低的子样本的 1.68 倍。在经济发展水平较低的城市，房价上涨幅度略小，因此房价收入比低于经济发展水平高的城市，对居民消费的挤出程度略弱。

纵观我国 1998 年住房制度改革后，房价从温和上涨到持续上涨，使住房消费在居民收入中所占比重持续提高。从微观上来看，房价持续上涨挤出了居民其他消费，使其在教育、医疗、保健等方面的投入减少，尤其在教育投入上的减少将直接导致人力资本投入不足，难以提升技能水平，将固化这部分群体的弱势地位；从宏观层面来看，对居民消费的挤出，抑制了居民消费结构的升级，进而从需求侧抑制了产业结构向高级化演进。

5.6　本章小结

本章主要实证检验房价上涨对居民消费的综合影响效应。首先，基于行为经济学时间偏好理论，在第 3.3.1 节构建的包含住房消费和其他广义消费品的双曲线贴现模型的理论分析基础上，对我国住房市场高房价与高交易量并存的现象进行了解释。之后，利用 2003—2017 年我国 104 个地价监测城市的面板数据，检验房价变动对居民消费总的影响效应，与前期文献不同的是：已有的文献主要研究房价上涨的水平值对居民消费水平值的影响，本书采用表征房价泡沫化程度的房价收入比作为解释变量，更能体现房价持续上涨速度超过收入增长速度后，泡沫化程度对居民消费挤出的程度。基于系统聚类方法，采用人均 GDP 指标，将全样本分为经济发展水平高的子样本和经济发展水平低的子样本，进一步检验房价不同上涨程度对消费挤出的差异。得到的相关结论如下：

（1）基于行为经济学的分析框架，“买房置地，有房才有家”的中国传统文化使我国居民在住房消费上存在认知偏差，在房价持续上涨背景下消费者自控力不足，双曲线贴现模型中的关键参数 $\beta<1$，形成短期高长期低的贴现因子结构，使实际消费的住房数量大于最优数量，导致住房消费过度，对居民其他消费产生替代效应。

（2）不论是从 104 个地价监测城市的全样本回归结果，还是基于人均 GDP 水平聚类后的子样本回归结果来看，房价的持续上涨超过收入的增长速度，不断推高房价收入比，显著地抑制了消费率的提高。从全样本回归结果来看，房价收入比每提高一个单位，城镇居民消费率就减少 0.0042 个单位；从分样本回归结果来看，由于经济发展水平高的城市房价收入比较高，因此经济发展水平高的城市挤出效应是经济发展水平低的城市的 1.68 倍。回归的实证结果充分验证了 3.3.2 节提出的假说Ⅱ：

房价收入比越高，对消费需求的抑制作用越大。

第 6 章　房价、城市宜居性对劳动力流动的影响分析

根据第 3.4 节的理论分析，房价持续上涨，推高住房支出占比，高房价是劳动力集聚的重要分散力，根据消费者效用函数，高宜居性能提高劳动力的效用水平，因而对高房价有抚平效应，是城市吸引劳动力流入的一种重要集聚力。具体而言，本章主要验证的基本假说为：

假说Ⅲ：在工资等条件保持不变的情况下，城市间相对房价的提高对劳动力的流入有抑制效应，但是城市间相对宜居性的提高对高房价有抚平效应。

本章首先通过梳理前期文献关于城市宜居性的研究，构建了用于本书实证的城市宜居性指标；其次，通过 104 个地价监测城市的面板数据检验了相对房价、相对宜居性对劳动力流动的影响。

6.1　新经济地理学视角下的房价、城市宜居性与劳动力流动

在过去的 10 多年里，中国的商品房整体销售价格持续上涨。北上广深四个一线城市更是涨幅惊人，房价年均增幅超过 10%。房价的持续上涨引发广泛的“逃离北上广”的讨论。

众多学者都支持房价是抑制劳动力流入的重要分散力（李斌，2008；高波等，2014；张平等，2016；邬思怡，2017），但是，从我国城镇化率逐年提高可以看出，城市依然是吸引劳动力的重要集聚地。虽然一线及热点城市房价高是大家的共识，且在户籍制度等严格管控方式下，但是常住人口仍然持续攀升（陆铭等，2014；踪家峰等，2015）。在房价上涨速度远超工资增长速度的情况下，除了房价，还有什么因素与房价共同影响劳动力的城市选择决策呢？本章基于第 3.4.1 节的理论分析，在高波等（2012）的实证模型基础上，构建了以城市第三产业相对就

业率为被解释变量，房价、工资、城市宜居性为解释变量的实证模型，检验房价、工资、城市宜居性影响第三产业就业率的影响机理。

1. 新经济地理视角下的房价与劳动力流动

对于劳动力流动的研究，国内外学者展开了丰富的理论研究和实证检验。新经济地理学 CP 模型通过本地市场效应、生活指数效应、市场拥挤效应从理论上阐述了劳动力流动的动因以及循环累积因果机制。假设经济系统只有两个区域，北部和南部；两个部门，即工业部门和农业部门；两种劳动力，工人和农民。广义工业品在区域内交易无成本，在区域间交易存在冰山成本；农产品在区域内和区域间交易均无成本；农民不可以流动，工人可以在区域间自由流动。由于随机的外部干扰，假设工人向南部集聚，就会扩大南部市场规模；由于广义工业品在区域间贸易存在冰山成本，因此企业在追求利润最大化的动机下向市场规模大的南部集聚，产生本地市场效应。企业在南部的集聚，增加了差异化产品的种类，降低了广义工业品的价格指数，在农产品价格保持不变的情况下，相当于降低了南部市场的生活成本指数；在工资保持不变的情况下，工人在外部干扰消失的情况下，在追求效用最大化的动机下进一步向南部集聚，加大南部市场规模。南部市场规模的扩大，进一步强化本地市场效应，吸引企业集聚；而企业集聚进一步降低南部的广义工业品的价格指数，生活成本指数效应增强，吸引更多工人集聚。本地市场效应和生活成本指数效应互相作用，形成循环累积因果机制。

新经济地理学CP模型在解释劳动力流动时的欠缺在于没有考虑影响劳动力流动的一个重要因素，即住房因素。Helpman（1998）将住房部门植入CP模型，取代了农业部门，构建了krugman–Helpman模型。该模型中，在外部干扰作用下，工人向北部集聚将产生两种效应：一是吸引企业集聚的本地市场效应；二是在住房供给受限的情况下，推高住房价格，产生住房拥挤效应。本地市场效应吸引更多的企业集聚，增加差异化产品的种类，降低广义工业品价格指数，但是住房拥挤效应推高房价，因此北部市场的完全价格指数的升降由广义工业品价格指数和住房价格共同决定。Helpman由此得出，偏好多样性差异化产品的工人留在大城市但是需要忍受高房价，不能忍受高房价的工人则搬到房价低的中小城市。Helpman通过构建krugman–Helpman模型，从理论上分析了房价与工人流动之间的关系。后来的学者进行了大量的实证研究验证了这一结论（Hanson et al.,

1999；Monk，2000；Rabe&Taylor，2012）。而且后续学者的研究发现，适宜的气候、好的教育资源和医疗设施、更匹配的工作机会也是吸引劳动力流动的重要因素（Gyourko and Tracy，1991；Gabriel and Rosenthal，2004；Glaser et al.，2009；踪家峰等，2015）。

2. 城市经济学视角下的劳动力空间均衡

空间无套利均衡理论是城市经济学的理论基石（Glaser et al.，2009）。根据空间无套利均衡理论，空间位置对劳动力是无差异的，因此从长期均衡视角来看，劳动力的工资和空间位置的便利性，在扣除房价后，每个区位对劳动力是无差异的。Rosen&Roback（1982）基于空间无套利均衡理论，构建了特征性定价理论，得出城市住房价格中隐含了城市宜居性，也就是说城市的住房价格不仅包含了自身属性，如建筑结构、装修、楼层、朝向等，还包含了城市的宜居性。Glaser（2009）在 Rosen&Roback 的模型基础上，构建了包含劳动力、厂商、住房部门的城市体系的一般均衡模型，在城市宜居性、住房数量、其他产品数量的基础上构建消费者效用最大化的目标函数；在这个模型中，城市宜居性、房价、劳动力工资三者之间存在内生性关系，房价与实际工资之间的差异体现在城市的宜居性上。我国学者基于中国数据的研究也得到了类似的结论，发现居民对高的城市质量有显著的支付意愿（郑思齐等，2008）、城市房价与宜居性正相关（踪家峰等，2015）。

3. 将城市宜居性植入 CP 模型

基于城市经济学的研究成果，城市宜居性是影响消费者效用的重要影响因素，忽略城市宜居性的影响得到的结论可能是有偏颇的。因此，在第 3.4.1 节的理论分析中，将城市宜居性植入 CP 模型，发现由劳动力效用函数决定的两个城市的相对就业人数与相对房价之间存在着稳定的反向关联（高波等，2012），但是与城市相对宜居性之间存在稳定的正向关联。也就是说，高的城市宜居性有助于劳动力的流入，对高房价有抚平效应，即高房价对劳动力流入的抑制作用部分被城市高宜居性所抵消。高宜居性一方面提高了适于居住的环境和良好的公共服务，另一方面隐含着更多的就业机会、更好的发展空间，对劳动力的流入产生很大的吸引力。通过理论推导得到假说Ⅲ：

在工资等条件保持不变的情况下，城市间相对房价的提高对劳动力的流入有抑制效应，但是城市间相对宜居性的提高对高房价有抚平效应。

6.2 城市宜居性指标的构建

6.2.1 城市宜居性内涵

2015年中央城市工作会议上把“建设和谐宜居城市”作为城市发展的主要目标，宜居性城市建设上升到战略高度。目前关于宜居性与宜居性城市的定义仍未统一，根据世界卫生组织（WHO）提出的基本理念，一个城市应当满足以下四个方面要求：一是保证居民人身财产的安全，不发生大的灾难性事件；二是提供健康的环境、良好的医疗条件；三是在交通设施方面，能够提供快捷舒适安全的出行方式；四是提供舒适、便利的生活条件。进一步的研究增加了城市宜居性应包含可持续性（Mcdonald et al.，2002；张文忠，2007）。开展宜居性研究的相关理论基础主要有城市人居环境理论、生态城市理论、可持续发展理论、和谐社会理论、安全城市理论和学习型城市建设理论。很多学者认为，对城市宜居性的内涵理解还是一个不断发展完善的过程。根据马斯洛的需求层次理论，处在不同需求阶段的居民，对于城市宜居性有着不同的定义与要求，随着需求层次的提高，对城市宜居性的要求也会不断提升。从最初的保证基本生活的吃穿住行，发展到环境友好、和谐、可持续，因此城市宜居性的内涵不断得到丰富。根据马斯洛的需求原理，当经济水平提高，人们在满足基本衣食住行的条件后，更加重视城市的生态环境，追求人与自然的和谐，追求更高品质的生活。

宜居性研究的对象，可以是城市内部的社区、单个城市、城市群。根据本书的研究内容，本书的研究对象界定为单个城市的宜居性。梳理国内外文献，众多学者对城市宜居性的内涵作了比较全面的研究，归纳起来主要包括七个方面（田银生等，2000；李丽萍等，2006；张文忠，2016）：一是健康性，能够远离污染，不能用绿地和新鲜空气换高工资（Mcdonald et al.，2002）；二是安全性，具备完善的防灾预警系统，完善的法治秩序；三是自然宜人性，有绿地、可接近的水域等；四是包容性，尊重历史和文化；五是生活便利性，公共服务设施健全，医疗、教育、购物等生活设施齐全（Arifwidodo et al.，2011）；六是交通通达性，道路系统完善，通行便利；七是发展性，为个人的就业学习提供发展机会（Karsten et al.，2003；张文忠，2006）。

6.2.2　宜居性指标的构建

随着经济的快速发展，劳动力在进行城市选择时，越来越关注城市应具备居民个人发展的公共服务、基础设施、人文条件等。根据对前期文献的梳理（Mcdonald et al.，2002；赵华平，2014；张文忠，2016），本书城市宜居性指标的构建从以下几个方面的因素进行考虑。

医疗条件　是居民身体健康的基本保证，随着生活水平的提高，对医疗条件的重视程度逐渐加强。前期文献中表征医疗条件的变量主要有医院、卫生院的个数、每万人拥有的床位数、每万人拥有的医生数量。本书选择每万人拥有的医生数量，因其与医院、卫生院个数，床位数这些硬件条件相比，更能体现一个城市的医疗服务水平。

教育水平　是我国居民进行定居城市选择的一个重要条件。具有高的教育水平，意味着高素质人才的集聚，其产生的知识共享、知识外溢性是一种无形资产。前期文献中表征教育水平的变量主要有普通高等学校数量、教师数量、在校学生数。本书选取了每万人中普通高等学校在校学生数，不仅因为它可以表征城市的教育水平，而且从一个侧面表现了家长和学生对城市的选择。

集聚效应　根据新经济地理学 CP 模型的结论，人口集聚通过本地市场效应带动产业集聚，产业集聚通过降低本地市场的生活成本指数促进人口的集聚，通过循环累积因果机制，促进人口和产业的进一步集聚，推动本地经济发展。用人口密度指标来表征人口和产业集聚效应。人口密度越大，表征城市经济实力越强，就业机会越多，劳动力能获得更匹配的工作机会、更好的发展空间和更大的财富增长空间。

文化资源　是反映一个城市整体文化氛围的重要因素，也是一个城市居民文化素质水平的表征。根据前期文献中表征文化设施的指标主要有每万人拥有影剧院的数量、每百人图书馆藏书（册、件）等。随着互联网和计算机技术的发展，在线影院的发展，实体影剧院的数量不足以表征文化的发展，因此本书选择每百人图书馆藏书（册、件）来表征文化资源。

交通条件 是一个城市必备的基础设施，畅通便捷的交通条件是城市宜居性的重要组成部分。良好的交通条件，一方面提高了城市内部的通达性，另一方面节约了居民出行的时间成本。与前期多数文献相同，本书采用人均道路面积表征交通条件。

生态环境 是适宜居住的重要条件。随着经济发展水平的提高，居民在进行城市选择时，良好的生态环境是一个重要的影响因素。与前期多数文献相同，本书采用人均绿地面积表征生态环境。

城市宜居性的内涵是一个不断完善和发展的过程。随着我国经济的快速发展，粗放型增长模式在促进经济增长的同时了带来了各种污染。环境污染从短期看，直接危害居民的身体健康，从长期看，将制约经济的可持续发展。根据我国城市数据的可得性，表征城市负宜居性的指标有两个：分别是水的质量和空气质量。选取废水排放量来表征水的质量，选取二氧化硫的排放量来表征空气质量。

基于前期文献使用的指标（Glaeser，et al.，2009；郑思齐等，2011；踪家峰等，2015；赵华平，2013；张文忠，2016）及我国数据的可得性，同时考虑本书的研究目的，把城市宜居性分为正、负两类宜居性指标，如表 6–1 所示。

表 6–1 城市宜居性指标

宜居性类别	指标名称	变量定义
正宜居性	教育水平	lnPstudent：每万人中普通高等学校在校学生数取对数值
	医疗条件	lnPdoctor：每万人拥有的医生数取对数值
	人口密度	lnPdensity：人口密度（万人 / 平方公里）取对数值
	文化资源	lnPbook：每百人公共图书馆藏书（册）取对数值
	交通条件	lnProad：人均道路面积（平方米 / 人）取对数值
	生态环境	lnPgreen：人均绿地面积（平方米 / 人）取对数值
负宜居性	水的质量	lnPwater：每百亿元 GDP 废水排放量（万吨 / 百亿元）取对数值
	空气质量	$lnPso_2$：每亿元 GDP SO_2 排放量（吨 / 亿元）取对数值

其中正的宜居性指标概括为教育水平、医疗条件、文化资源、人口密度、交通条件、生态环境。正的宜居性意味着更多的就业机会，更好的职业发展前景和更大的财富增长空间，同时还带给劳动力更好的公共服务和基础设施，因此能够吸引人才集聚。负的宜居性指标概括为水的质量、空气质量。一个城市的宜居性是正宜居性与负宜居性的综合结果。由于气候条件仅与城市所处的地理位置有关，因此在本书的实证中将其作为控制变量。

6.2.3　宜居性指标的主成分分析

本书选取了 6 个正宜居性指标和 2 个负宜居性指标，由于评价指标较多会出现指标间有一定的相关性，或者指标所代表的信息存在重复和交叉的情况，如果把所有的指标分别代入计量检验模型，会产生严重的共线性问题。解决这一难题的处理方法主要有主成分分析法。因此，本书采用主成分分析方法对城市宜居性指标提取主成分达到降维的目的。主成分分析的理论基础是线性代数相关性理论，其基本思想是将众多的初始变量通过相关性分析，整合成由少数原始指标的线性组合，让这些新变量尽可能地包含原始信息，然后用新指标代替原指标，达到降维的目的。

主成分分析一般提取累积贡献率大于等于 85% 的前 N 个主成分，因为这已足以反映大部分的原始信息数据信息量。根据主成分分析，我们只提取了第一个主成分，因为其方差贡献率达到了 0.8623。利用主成分分析法通过挖掘数据内部关系得到宜居性指标 Ame 的计算公式如下 ：

$$\begin{aligned} Ame = & 0.3179 \times \ln Proad + 0.3034 \times \ln Pgreen + 0.3721 \times \ln Pstudent \\ & + 0.2977 \times \ln Pdensity + 0.3149 \times \ln Pdoctor + 0.4049 \times \ln Pbook \\ & - 0.3973 \times \ln Pwater - 0.3986 \times \ln Pso_2 \end{aligned} \quad (6\text{-}1)$$

6.3　动态面板回归实证模型的建立

6.3.1　实证模型的构建

根据前期文献的研究（Roback，1982 ; Glaser et al.，2009 ; 郑思齐，2011 ; 踪家峰等，2015 ; 高波等，2012），城市房价、劳动力工资、城市宜居性之间存在一定的内生性。解决内生性的方法主要是选取工具变量。根据动态面板数据模型的特征，将第三产业相对就业率设定为被解释变量，而将城市房价、劳动工资、城市宜居性设定为内生解释变量，通过其滞后变量作为工具变量，以保证估计结果的无偏性和一致性。为了克服被解释变量的滞后项及其他解释变量可能存在的内生性，使用系统 GMM 方法进行估计。下文分别对城市相对房价变化、城市相对宜居性影响第三产业相对就业率的效应进行计量检验。在本书的实证过程中，主要考察城市相对房价、城市相对宜居性对劳动力流动的影响效应。

在第 3.4.1 节的理论分析和高波等（2012）模型基础上设定本节实证模型如下：

$$TRemp_{it}=\alpha_0+\beta_0 TRemp_{it-1}+\beta_1 RHP_{it}+\beta_2 Rame_{it}+\beta_3 RW_{it}+\beta_4 X_{it}+\varepsilon_{it} \quad (6\text{–}2)$$

其中，$TRemp_{it}$ 是被解释变量，表示第 i 个城市第 t 年的第三产业相对就业率，$TRemp_{it-1}$ 为其滞后一期的数值。第三产业相对就业率的计算，第一步，城市的第三产业就业率 = 第三产业的从业人员数量 /（第一、二、三产业的从业人员数量之和）；第二步，第三产业的相对就业率 = 某城市的第三产业就业率 /（其余样本城市的第三产业就业率的平均值）。根据劳动力流动理论，劳动力的流动具有一定的内生惯性。因此，用第三产业相对就业率的滞后一期作为解释变量来解决这一问题。

RHP_{it} 是本书的主要解释变量，表示第 i 个城市第 t 年的相对房价，城市的相对房价等于城市住宅商品房平均房价除以其余样本城市住宅商品房房价的平均值。

$Rame_{it}$ 表示第 i 个城市第 t 年的相对宜居性，城市的相对宜居性等于城市宜居性除以其余样本城市宜居性的平均值。

RW_{it} 是表示第 i 个城市第 t 年的工人年平均工资的相对值，简称相对工资，城市的相对工资等于城市在岗工人年平均工资除以其余样本城市在岗工人年平均工资。

X_{it} 表示其他控制变量。第一个控制变量为贸易自由度，记为 *Lntrade*。根据新经济地理学的基本理论，贸易自由度是影响劳动力流动和产业集聚的重要变量。本书的贸易自由度由两个基本指标合并而成，首先计算城市客运总量和货运总量的对数，再取二者的平均值；第二个控制变量为科技环境，记为 *Rscientific*，采用城市年度科技投入占 GDP 的比重；第三个控制变量为商业环境，记为 *Rsy*，采用城市年末社会消费品零售总额占 GDP 的比重；第四个控制变量为自然气候，记为 *Lntemp*，取城市年度平均气温的对数。ε_{it} 表示误差项。

6.3.2 数据来源与基本统计量描述

本书使用 2003—2017 年我国 104 个地价监测城市的面板数据（因拉萨市数据缺失严重，被剔除），数据来源为《中国城市统计年鉴》《中国气象年鉴》等。本实证模型中要应用到负宜居性指标工业 SO_2 和工业废水排放量，城市统计年鉴中从 2003 年开始统计，因此实证数据的选取从 2003 年开始。表 6–2 列出了文中主要变量的基本统计量。我国目前的统计年鉴中只有 70 个大中城市的房价数据，因此，本书的关键解释变量房价的代理变量的选取是关键问题。相关文献中对房价代理变量的选取并不唯一。本书首先通过计算住宅商品房的销售额与其销售面积的比值，得到住宅商品房平均销售价格，再计算城市的相对房价。本实证所使用数据的基本统计量如表 6-2 所示。

表 6-2　样本变量的统计性描述

变量名称	平均值	标准差	最小值	最大值	样本数量
TRemp	1.0000	0.2235	0.3265	1.6187	1560
RHP	1.0000	0.7182	0.2036	6.1442	1560
RW	1.0000	0.4586	0.1911	3.0723	1560
Rame	1.0000	0.2868	0.2974	1.9592	1560
lntrade	9.1706	0.8203	6.1293	11.7890	1560
rscientific	0.0028	0.0024	0.0017	0.0218	1560
Rsy	0.4116	0.1483	0.0021	2.5065	1560
Lntemp	2.6129	0.4126	0.3913	1.5329	1560

6.3.3　单位根检验

单位根检验是处理面板数据时必须进行的稳定性检验，目的是防止出现伪回归。采用 LLC 检验方法检验是否存在共同根，采用 IPS 检验方法检验是否存在异质根，单位根检验结果如表 6-3 所示。根据检验结果，本实证采用的数据指标都通过了面板单位根检验，是平稳的。

表 6-3　面板数据单位根检验结果

检验方法	IPS	LLC
TRemp	−4.8558***	−13.1811***
RHP	−2.6532***	−8.5634***
RW	−2.2409***	−6.8985***
Rame	−3.2021***	−7.4166***
Lntrade	−4.6863***	−12.5838***
Rscientific	−2.1868***	−5.9152***
Rsy	−4.7825***	−11.1433***
RHP	−2.6529***	−8.5616***
Lntemp	−3.9818***	−14.6120***

注：*、**、*** 分别表示通过了 1%、5%、10% 的显著性水平检验。下表 6-4、6-5、6-6 与此同。

6.4 回归结果及分析

6.4.1 研究设计：基于产业结构软化度指标划分子样本

由于我国各城市经济发展水平相差较大，所处的经济发展阶段并不一致，为了进一步检验相对房价与相对宜居性对第三产业相对就业率的影响是否存在异质性，即是否对处于不同产业结构发展阶段的城市的影响存在异质性，需要对全样本进行划分。前期文献多采取地理位置上的东、中、西分类方式，但是这种以地理位置的划分没有考虑到位于同一区域内的城市所处的经济发展阶段也存在较大差异。因此本书采用城市产业结构软化度指标将样本进行系统聚类分析，分成以服务业为主导的子样本和以工业为主导的子样本，目的是检验房价与宜居性对处于主导产业不同的城市影响的异质性。下面的回归检验分别进行全样本回归检验和以工业为主导、以服务业为主导的两个子样本的回归检验。

6.4.2 房价与宜居性对第三产业就业率的全样本回归结果及分析

城市相对房价及相对宜居性变化影响第三产业就业率的效应分析，采取第三产业就业率的相对就业率 T*Remp* 作为被解释变量，考虑到内生惯性，将其滞后一期 *L1.TRemp* 作为解释变量纳入实证模型，回归结果如表 6–4 所示。模型（1）～（4）分别显示了逐一加入控制变量的回归结果。从 Sargan 统计量与 AR（2）的统计量来看，具备良好的稳健性，既不存在工具变量过度识别问题，也不存在二阶序相关问题。从表 6–4 的回归结果可以看出，当充分考虑控制变量后，以第三产业相对就业率 T*Remp* 作为被解释变量的回归结果十分显著。

表 6–4 相对房价、相对宜居性影响第三产业相对就业率的回归结果

	（1）	（2）	（3）	（4）
L1. TRemp	0.938***	0.855***	0.843**	0.821***
	（0.012）	（0.005）	（0.005）	（0.004）
RHP	–0.014***	–0.020**	–0.027**	–0.036***
	（0.002）	（0.005）	（0.007）	（0.009）
RW	0.026***	0.031**	0.033***	0.040***
	（0.003）	（0.002）	（0.005）	（0.007）
Rame		0.008***	0.012**	0.014***

续 表

	（1）	（2）	（3）	（4）
		（0.002）	（0.002）	（0.005）
Lntrade			-0.057^{***}	-0.039^{**}
			（0.015）	（0.004）
Rscientific				0.076
				（0.005）
Rsy				0.045^{***}
				（0.007）
Lntemp				0.015
				（0.016）
常数项	0.072^{***}	0.103^{***}	0.134^{***}	0.116^{***}
	（0.013）	（0.004）	（0.019）	（0.017）
Sargan	0.206	0.635	0.646	0.684
AR（2）	0.643	0.472	0.440	0.489

注：Sargan 为工具变量过度识别的 Sargan 检验统计量 P 值，原假设：不存在工具变量的过度识别，备择假设存在过度识别；AR（2）为相应统计量的 P 值。下表 6-5、表 6-6 此同。

表 6-4 的回归结果表明，第三产业相对就业率的滞后期系数显著为正，并通过显著性水平检验，这说明第三产业相对就业率存在路径依赖，即存在内生惯性。从模型（1）~（4）的回归结果可知，加入控制变量前后，相对房价的回归系数均在 5% 的显著性水平上为负，这说明相对房价的提高是劳动力挤出的重要分散力，这与前期文献的研究结论是一致的（高波等，2012；刘志伟，2013；邬思怡，2017）。根据模型（4）的回归结果可知，相对房价每增加 1 个单位，将挤出第三产业相对就业率 0.036 个单位，可见高房价是劳动力集聚的重要分散力。

模型（2）~（4）中城市相对宜居性的回归系数在 1% 的显著性水平上为正，这说明城市相对宜居性的提高，有力地促进了劳动力集聚，提高了第三产业相对就业率。从模型（4）的回归结果可知，城市相对宜居性每增加 1 个单位，就能促进 T*Remp* 提高 0.014 个单位，可见高宜居性是吸引劳动力流入的一种重要的集聚力。

结合城市相对房价与城市相对宜居性的回归结果，充分验证了我们在 3.4.1 节提出的假说Ⅲ：在工资等条件保持不变的情况下，城市间相对房价的提高对劳动力的流入有抑制效应，但是城市间相对宜居性的提高对高房价有抚平效应。

从控制变量的系数来看，表征相对工资 *RW* 的系数通过了显著性检验，始终为正，与前期文献的结论一致（范剑勇等，2011；高波等，2012；邬思怡，2017）。表征商业水平的 *Rsy* 的系数通过了显著性检验且为正，说明良好商业环境有利于提高第三产业相对就业率。但是表征科技进步的 *Rscientific* 的系数没有通过显著性检验，这可能的原因是科技投入不足，对第三产业就业率的促进作用还未显现出来。表征贸易自由度的 *Lntrade* 系数显著为负，这可能的原因，本检验中贸易自由度指标主要采用的是城市间交通运输的货运量和客运量来衡量，而随着第三产业的发展，第三产业的劳动力，特别是高技能劳动力更注重的是城市内部的交易成本的下降（陈建军等，2010；范剑勇等，2011），而不是城市间的交通成本。

6.4.3 以服务业为主导的城市子样本回归结果及分析

表 6–5 给出了以服务业为主导的城市子样本回归检验结果，以第三产业相对就业率的回归结果非常显著，并且具备良好的稳健性。

根据计量检验，模型（1）~（4）的城市相对房价的回归系数均通过了 5% 的显著性水平检验，系数为负。从模型（4）的回归结果来看，相对房价每提高 1 个单位，就能使 T*Remp* 减少 0.048 个单位。与全样本回归结果比较可以发现，以服务业为主导的城市子样本，城市相对房价对第三产业相对就业率的挤出效应更大。这背后的原因是，以服务业为主导的子样本中，城市经济发展水平一般比较高，城市相对房价比较高，因而挤出效应更大。

模型（2）～（4）的回归结果表明，城市相对宜居性的回归系数分别在 5% 和 1% 的显著性水平上为正，这与全样本的回归结果一致。模型（4）城市相对宜居性的系数表明，城市相对宜居性每提高 1 个单位，就能促进 T*Remp* 提高 0.018 个单位。与全样本回归结果对比，可以发现，以服务业为主导的城市子样本，城市相对宜居性的提高对第三产业相对就业率的提高促进作用更大。这背后的原因是：以服务业为主导的子样本中，一方面城市集聚了大量的公共资源、公共服务水平高，表现为正的宜居性高；另一方面以服务业为主导的城市，大力发展第三产业，环境污染小，城市负的宜居性小，因此城市的综合宜居性高。从样本数据的分布来看，以服务业为主导的城市子样本中宜居性普遍高于以工业为主导的城市子样本的宜居性。

表 6–5　服务业为主导的子样本上第三产业相对就业率的回归结果

	(1)	(2)	(3)	(4)
L1. STemp	0.863***	0.850***	0.614***	0.752***
	(0.025)	(0.032)	(0.023)	(0.034)
RHP	−0.015**	−0.025**	−0.025***	−0.048***
	(0.001)	(0.002)	(0.004)	(0.005)
RW	0.030***	0.044**	0.048**	0.059**
	(0.003)	(0.005)	(0.005)	(0.008)
Rame		0.008**	0.012***	0.018***
		(0.003)	(0.005)	(0.002)
Lntrade			0.045	0.049
			(0.055)	(0.063)
Rscientific				0.048***
				(0.017)
Rsy				0.057***
				(0.014)
Lntemp				0.012
				(0.006)
常数项	0.147**	0.105**	0.062**	0.077*
	(0.035)	(0.035)	(0.027)	(0.029)
Sargan	0.327	0.353	0.217	0.283***
AR(2)	0.796	0.861	0.898	0.959

6.4.4　以工业为主导的城市子样本回归结果及分析

表 6–6 给出了以工业为主导的城市子样回归结果。从回归结果可知，以第三产业相对就业率 TRemp 为被解释变量的回归结果显著，而且不存在二阶序列相关、工具变量过度识别问题。

根据模型（1）~（4）的回归结果，除模型（2）城市相对房价的回归系数在 10% 的显著性水平上为正，其余（1）（3）（4）的城市相对房价的回归系数都通过了 5% 的显著性水平检验，系数为负，与全样本回归结果一致。从模型（4）的回归系数来看，城市相对房价每提高 1 个单位，将促使第三产业相对就业率减少 0.022 个单位。与全样本回归结果比较，城市相对房价对第三产业相对就业率的挤出较弱。通过对样本城市相对房价数据的分析，以工业为主导的子样本中相对房价的均值低于以服务业为主导的城市子样本的相对房价均值。因此，对第三产业就业率的挤出效应弱是合理的。

根据模型（2）~（4）的回归结果，城市相对宜居性的系数为正，且通过显著性水平检验。根据加入相关控制变量后模型（4）的回归系数，相对宜居性每增加 1 个单位，将促使第三产业相对就业率提高 0.010 个单位。与全样本回归结果比较，城市宜居性对第三产业就业率的促进作用减弱。这背后的原因可能是，以工业为主导的子样本中，城市废水排放量、SO_2 的排放量较高，城市负的宜居性较大，与部分正的宜居性相互抵消。通过对子样本数据的观察，以工业为主导的子样本中城市宜居性的普遍低于以服务业为主导的子样本中城市宜居性，这与我们观察到的现实情况是吻合的。

表 6-6　工业为主导的子样本上第三产业相对就业率的回归结果

	（1）	（2）	（3）	（4）
L1. TRemp	0.755***	0.730***	0.749***	0.771***
	（0.017）	（0.030）	（0.032）	（0.029）
RHP	−0.017**	−0.025*	−0.019**	−0.022**
	（0.003）	（0.007）	（0.007）	（0.004）
RW	0.027***	0.025**	0.022**	0.027**
	（0.004）	（0.009）	（0.003）	（0.009）
Rame		0.015**	0.015***	0.010***
		（0.002）	（0.005）	（0.004）
Lntrade			−0.127	−0.142
			（0.055）	（0.028）
Rscientific				0.082***
				（0.006）
Rsy				0.057***
				（0.017）
Lntemp				0.007
				（0.006）
常数项	0.286**	0.298**	0.359**	0.356*
	（0.016）	（0.019）	（0.016）	（0.014）
Sargan	0.582	0.558	0.517	0.610***
AR（2）	0.365	0.723	0.735	0.593

综合全样本和两个子样本的回归结果，我们可以发现，城市间相对房价高低，在一定程度上代表了劳动力选择在不同的城市居住其住房成本的高低，在工资保持不变或者工资上涨速度低于房价上涨速度时，由于预算约束，促使劳动力流向房价低的城市。但是，除了工资、房价外，城市宜居性也是一个影响劳动力效用水平的重要因素。劳动力在选择就业城市时，越来越重视一个城市的人文环境和生态环境。包含在人文环境中的公共服务水平、集聚产生的知识外溢、就业的发展空间对劳动有很大的吸引力；包含空气、水等质量的生态环境对人的身体健康产生影响，也越来越受到重视。因此，城市宜居性的相对提高，对高房价起到一定的抚平效应。这可以解释我国北上广深四个一线城市，虽然房价很高，但仍然有大量的外来人口涌入的现象。因此，在分析高房价对劳动力流动和产业转移作用效果时，要考虑城市宜居性对高房价的抚平效应。对比全样本、以服务业为主导的子样本、以工业为主导的子样本的回归结果，发现相对房价与相对宜居性对第三产业相对就业率的影响存在异质性。至此，实证检验支持了第 3.4.2 节理论模型推导出来的假说Ⅲ：在工资等条件保持不变的情况下，城市间相对房价的提高对劳动力的流入有抑制效应，但是城市间宜居性的提高对高房价有抚平效应。

6.5 本章小结

本章首先构建了城市宜居性的指标，并在 104 个地价监测城市的面板数据基础上，定量研究城市相对房价变动、与城市相对宜居性对第三产业相对就业率的影响方向和程度。在控制了房价、城市宜居性、工资的内生性后，实证检验了城市相对房价提高将降低第三产业相对就业率，高房价是劳动力集聚的主要分散力，同时，高宜居性是吸引劳动力流入的重要集聚力，因而城市宜居性对高房价有抚平效应。从全样本回归结果来看，相对房价增加 1 个单位，促使第三产业相对就业率降低 0.036 个单位，相对宜居性增加 1 个单位，可以提高第三产业相对就业率 0.014 个单位。

进一步采用产业结构软化度指标进行聚类分析，将全样本分成以工业为主导的城市子样本和以服务业为主导的城市子样本。基于子样本的实证检验，我们发现，城市相对房价与城市相对宜居性对第三产业相对就业率占比的影响存在异质性，以服务业为主导的子样本中多数城市经济发展水平高，房价相对较高，相对房价增加 1 个单位，使第三产业相对就业率减少 0.048 个单位；同时城市的宜居性高，相对宜居性增加 1 个单位，使第三产业相对就业率增加 0.018 个单位。以工业为主导的子样本中城市的房价相对较低，相对房价增加 1 个单位，第三产业相对就业率减少 0.022 个单位，与服务业为主导的子样本相比，挤出效果减弱；同时由于以工业为主导，工业排放的废水、废气导致城市的负宜居性大，部分抵消了正的城市宜居性，因而城市宜居性对劳动力的吸引力减小，相对宜居性增加 1 个单位，使第三产业相对就业率提高 0.010 个单位。本章的实证检验结果充分验证了理论分析中的假说Ⅲ：

在工资等条件保持不变的情况下，城市间相对房价的提高对劳动力的流入有抑制效应，但是城市间宜居性的提高对高房价有抚平效应。

第 7 章　房价影响产业结构高级化的总体效应分析

通过第 3 章的理论分析，我们发现房价影响产业结构高级化的三条主要路径，即消费路径、投资路径、成本路径。第 4 章、第 5 章、第 6 章分别分析了房价变动对其他产业投资挤入、挤出效应、房价对居民消费挤出效应、高房价抑制劳动力流入而高宜居性对高房价具有抚平效应。本章在理论分析和相关实证检验的基础上，主要检验房价影响产业结构高级化的总体效应。本章研究的第一个基本假说为：

假说Ⅳ -1：房价上涨对产业结构高级化的影响存在非线性关系，在临界点之前，房价上涨有利于促进产业结构高级化；反之，则抑制产业结构高级化。

根据 3.4.1 节的理论模型推导可知，高宜居性对高房价有抚平效应，即在相对工资、相对房价等不变的情况下，高宜居性提高了劳动力的效用水平，基于劳动力追求效用最大化准则，因此高宜居性成为劳动力流入的重要集聚力。根据 3.5.2 节的理论分析，根据循环累积因果机制，该城市劳动力集聚，本地市场效应发挥正向作用，促进产业集聚，为保持产品的差异性，企业不断加大创新投入，进而促进产业结构高级化。因此，本章研究的第二个基本假说为：

假说 IV-2：在城市间相对工资、相对房价等一定条件下，城市相对宜居性的提高，意味着劳动力效用水平提高，有利于劳动力和产业的集聚，对产业结构高级化有促进作用。

本章的研究内容，在前面理论分析和实证检验的基础上，进一步通过计量检验的方法来考察房价影响产业结构高级化的总体效应。第一，在第 3 章理论分析和第 4、5、6 章实证检验基础上总结了房价影响产业结构高级化的传导路径；第二，定性分析房价波动与产业结构高级化之间的相关性；第三，通过 104 个地价监测城市的面板数据定量分析房价变动影响产业结构高级化的总体效应；第四，总结本章的主要结论。

7.1 房价变动影响产业结构高级化的路径分析

根据第 2 章的文献梳理与第 3 章的理论分析，房价变动与产业结构之间存在复杂的作用机制。根据产业结构变迁理论，影响产业结构高级化的因素主要有投资变动、需求变动、劳动力流动、科学技术、制度因素、创新等（Ngai&Pissarides, 2005；林毅夫，2010；徐朝阳，2010；宋凌云等，2013）。根据产业经济学的基本原理，在第 3.1 节建立房价影响产业结构高级化演进的动力函数，即公式（3–2）$M_i = f(\Delta S_i, \Delta C_i, \Delta L_i, \Delta R_i | P_{iH})$，据此衡量房价变动导致产业结构高级化的程度。若 Mi 变大，说明房价变动促进产业结构高级化；若 Mi 减小，说明房价变动抑制产业结构高级化；若 Mi 保持不变，则说明房价对产业结构高级化没有影响。对公式（3–2）的两边关于房价求导，则得到$\frac{\partial M_i}{\partial P_{iH}}$的大小，可表示为$\frac{\partial M_i}{\partial P_{iH}} = \frac{\partial M_i}{\partial \Delta S_i} \times \frac{\partial \Delta S_i}{\partial P_{iH}} + \frac{\partial M_i}{\partial \Delta C_i} \times \frac{\partial \Delta C_i}{\partial P_{iH}} + \frac{\partial M_i}{\partial \Delta L_i} \times \frac{\partial \Delta L_i}{\partial P_{iH}} + \frac{\partial M_i}{\partial \Delta R_i} \times \frac{\partial \Delta R_i}{\partial P_{iH}}$。

本书第 4 章，通过实证检验验证了房价上涨对其他产业固定资产投资存在挤入、挤出效应，即 $\frac{\partial \Delta S_i}{\partial P_{iH}}$ 可能大于 0 或小于 0。第 5 章，通过实证检验验证了在样本期间内，$\frac{\partial \Delta C_i}{\partial P_{iH}}$ 小于 0，即房价上涨对居民消费存在挤出效应。第 6 章，通过实证检验验证了在样本期间，房价上涨将抑制劳动力集聚，$\frac{\partial \Delta L_i}{\partial P_{iH}}$ 小于 0，同时发现高宜居性对高房价有抚平效应。通过对前期文献的梳理，假定房价变动与 ΔR_i 无关，因此可认为 $\frac{\partial \Delta R_i}{\partial P_{iH}} = 0$。

基于第 3.5.2 节的数值模拟分析，房价差异是抑制劳动力集聚的重要分散力，房价支出占比的提高，导致广义工业品部门在整个经济体中的所占份额减少，导致产业发展受限，不利于产业结构向高级化演进；同时，住房支出占比的提高，使消费者用于广义工业品消费占比的下降，导致差异化产品数量下降，从需求侧抑制广义工业品部门的发展，从而阻碍产业结构高级化进程。

下面，在第 3 章的理论分析和第 4 章、第 5 章、第 6 章实证检验的基础上，进一步分析投资变动、消费变动、劳动力流动影响产业结构高级化的传导机制。

7.1.1 投资变动影响产业结构高级化的传导机制

投资在产业间的合理流动，达到资源配置的最优是促进产业结构向高级化演进的动力。投资结构的变动是推动产业结构变动的关键因素（顾海峰，2010；于泽等，2014）。房价上涨导致了房地产投资的增加，对其他产业投资存在挤入、挤出效应，因此必然引起产业结构产生相应变动。

根据第 4 章的实证检验，房价上涨对其他产业投资存在挤入、挤出效应，即在房价涨幅程度不同时，即 $\frac{\partial \Delta S_i}{\partial P_{iH}}$ 可能大于 0 或小于 0。在低房价收入比的子样本中，房价上涨通过关联带动效应拉动了其他产业投资的增加，对其他产业投资产生挤入效应，此时 $\frac{\partial \Delta S_i}{\partial P_{iH}}>0$，促进了其他产业的发展。在高房价收入比的子样本中，房价上涨带来的资源错配效应占主导地位，其资源错配效应远大于关联带动效应，对其他产业固定资产投资产生明显挤出效应，此时 $\frac{\partial \Delta S_i}{\partial P_{iH}}<0$，使其他产业因"失血"而难以改造升级。因此，房价在不同的涨幅阶段，对其他产业投资的影响存在异质性。而房地产行业属于传统行业，其创新空间有限，同时房地产集聚商品属性与投资品属性，吸纳过多的资金累积泡沫，对生产性投资产生较大的负向影响，制约了生产部门扩大规模，进而对产业结构向高级化演进产生阻碍作用（Miao&Wang，2012；王文春等，2014；陈斌开等，2015；余静文等，2017）。

综合理论分析和实证检验，房价变动经由投资路径对产业结构向高级化的演进存在着非线性关系，起着先促进后抑制的作用。

7.1.2 消费变动影响产业结构高级化的传导机制

消费需求的变动是产业结构调整的最直接的诱因。消费规模与消费结构的变动必然要求与之配套的产业结构做出相应的调整。在利润最大化的目标下，企业必然增加需求量大的产品的生产规模，扩大生产，从而提高该产业的发展速度，增加该产业产出增加值在产业结构中的占比；反之亦然。消费结构的优化会淘汰掉过时的产品及其相关产业，刺激创新产品及其相关产业的发展。消费品产业结构的升级引起生产消费品的生产资料的部门得到调整优化，资源要素在各个部门之间进行合理流动，从而推动产业结构高级化。

根据第 5 章的分析，房价的持续上涨超过收入的增长速度，不断推高房价收入比，显著地抑制了消费率的提高，即在样本期间，$\frac{\partial \Delta C_i}{\partial P_{iH}}$小于 0。在经济发展水平高的子样本中对消费的挤出程度是在经济发展水平低的子样本的 1.68 倍。这背后的原因是，在经济发展水平高的城市房价收入比远高于经济发展水平低的城市。房价上涨带来的多种效应的叠加结果共同影响居民消费规模和消费结构。房价上涨对居民消费的挤出，从宏观上看，制约了居民消费规模的增加和消费结构的优化，进而影响到与之相关的产业的生产规模的扩大和发展速度。

综上分析，经由消费路径，在房价涨幅程度不同时，房价上涨对消费的挤出程度不同，因此对产业结构高级化的影响存在阶段异质性。

7.1.3 成本效应影响产业结构高级化的传导机制

房价上涨，促进低技能劳动力、低端产业向产业梯度较低的区域转移，带动转入地产业升级，通过倒逼机制促使留下来的企业加大创新投入，改造升级，向产业价值链高端攀升，提高劳动力生产率。同时，低端产业的转移释放了相关生产要素，为高端产业的发展提供了空间，因此，加快了转入地与转出地的产业结构向高级化演进。但是，房价持续上涨也从三个方面抑制产业结构向高级化演进：第一，房价持续上涨加大了劳动力生活成本，产生“房奴”效应，导致劳动力人力资本投入不足，技术水平固化，从宏观角度来看，创新人才储备不足；第二，房价持续上涨加重了企业生产成本，利润空间被压缩，研发投入被挤出；第三，一线等热点城市房价持续上涨，对劳动力和产业的过分挤出，导致集聚相对不足，难以产生集聚效应，阻碍产业结构高级化进程。

根据第 6 章的实证检验，房价上涨是劳动力集聚的主要分散力，全样本和子样本的实证检验均发现高房价抑制第三产业相对就业率的提高，即$\frac{\partial \Delta L_i}{\partial P_{iH}}$小于 0。同时，高宜居性是吸引劳动力流入的重要集聚力，因而城市宜居性对高房价有抚平效应。以服务业为主导的子样本中多数城市经济发展水平高，房价相对较高，因而高房价对劳动力挤出效果远大于以工业为主导的子样本。劳动力的流动是产业集聚的基础（Krugman，1991；Dumais et al.，2002；范剑勇等，2011）。因此房价经由成本路径影响产业结构也存在先促进后抑制的作用。第 6 章的实证检验证明了高宜居性促进劳动力的流入。以服务业为主导的子样本中宜居性对劳动力的集聚作用大于以工业为主导的子样本。这说明高宜居性通过促进劳动力的流动和产业集聚，将促进产业结构高级化进程。

房价上涨通过消费、投资、成本三条主要路径对产业结构高级化进程产生影响，并且这些影响是同时发生的，存在着相互影响。因此，下面的实证主要检验三条路径上产生的总体效应的方向和程度。

7.2　房价变动与产业结构高级化

7.2.1　产业结构高级化的内涵

通常用三次产业结构的占比来衡量一个国家或地区经济的发展阶段。产业结构高级化是描述一个国家或地区的产业结构重心沿第一产业→第二产业→第三产业动态演进的过程。从产业结构视角来看，产业结构向高级化的演进过程可以从三次产业占比、生产要素密集度、产品形态三个维度进行分析。从三次产业占比来看，是以第一产业占比为优势依次向第二产业、第三产业占比为优势的动态演化过程；从生产要素密集度来看，经历了劳动密集型产业占优势→资本密集型产业占优势→知识密集型产业占优势的动态演讲过程；从产品形态来看，是从加工初级产品产业占优势依次向以加工中间产品产业占优势，进一步向以加工最终产品产业占优势的发展过程。从高附加值、高技术、高集约化、高加工度化四个维度分析产业结构高级化的程度。从高附加值来看，说明产品中所含相对剩余价值率高，是技术知识密集型产业占优势的必然结果；从高技术来看，说明产品生产过程中普遍应用高新技术；从高集约化来看，说明产业组织合理优化，规模经济效益高；从高加工度化来看，是指从原材料的初加工向深加工、组装演进。

基于城市级面板数据的可得性，本书实证主要采用城市第三产业增加值与第二产业增加值的比值来表征城市产业结构高级化（高波等，2012；储德银等，2014；邬思怡，2017）。

7.2.2 我国产业结构发展历程

世界经济发展历史表明，各国产业结构变迁的主要路径是从以第一产业为主导，过渡到以第二产业为主导，最后演进到以第三产业为主导。从第二产业内部的演进路径来看，主要遵循以轻工业为重心向以重工业为重心，再向先进加工制造业演进。我国产业结构调整，按照大多数学者的研究，主要分成三个阶段（宋泓明，2001；宋瑞礼，2010；邬思怡，2017）：第一阶段，中华人民共和国成立初期至20世纪90年代前期，在政府主导模式下，以“三线”建设为主，在一定程度上推动了中西部工业化水平；第二阶段，20世纪90年代初期至2000年，以“东锭西移”为主要标志，这一阶段产业布局调整的主要目的是改变我国纺织业的亏损局面，将东部沿海的纺织业向中西部转移；第三个阶段，2000年至今，以西部大开发和中部崛起战略为标志，为了缩小区域经济发展差距而推动的区域产业转移。我国经济发展存在很大区域差异，东部沿海地区发达，中西部发展滞后，区域间存在着较大的梯度差。2008年美国次贷危机爆发，世界主要发达国家经济疲软，我国对外贸易受到巨大的冲击。同时，经过多年的快速发展，我国东部发达地区的低成本优势正逐渐弱化，因此，部分产业向我国中西部地区转移，或者向东南亚一些成本更低的国家转移。

我国产业结构的变迁大致经历了三个主要阶段：工业赶超式发展阶段、产业结构全面调整阶段、产业结构深度调整阶段。第一阶段，1952—1979年，在这段时期属于工业赶超式发展阶段。在此期间，我国仍然是传统农业占主导地位，第二产业基础非常薄弱。国家在此期间，采取了重点发展工业的一系列政策措施。第二产业增加值占GDP的比重从1952年的15.3%上升到1978年42.8%。但是在此期间，第三产业基本未发展。第二阶段，1980—2000年，在这阶段主要进行产业结构的全面调整。在此期间，我国逐渐加大改革开放的力度，一边引进外国的资本和先进技术，一边大力发展外向型经济，产业升级速度加快，产业结构向高级化演进取得成效。2000年我国三次产业的比重为15:46:39，不仅工业获得长足发展，第三产业也逐渐发展起来。第三阶段，2000年至今，我国产业结构进入深度调整阶段。随着我国经济快速发展，在引进外国先进技术的同时，自主研发水平也在稳步提高。在此期间，农业占比持续下降，第三产业占比明显上升，到2012年时，第三产业增加值占比赶超第二产业增加值占比，此后一直保持领先地位。但是，我国在经济快速发展过程中还存在很多问题，低成本优势逐渐削弱，粗放型的经济发展模式导致高耗能、高污染严重破坏生态平衡，部分产业的产能严重过剩，原有的粗放型增长模式难以为继，必须对相应的产业结构进行深度调整。

随着我国经济的快速发展，低成本的比较优势正在逐渐减弱。我国产业结构面临深度调整。图 7-1 显示了我国 2000—2016 年三次产业结构的变动趋势。第一产业增加值占比保持明显的下降趋势，从 2000 年 14.7% 下降到 2016 年的 8.6%。在 2000—2011 年间，第二产业增加值占比一直处于领先地位，从 2000 年到 2011 年间，保持在 44.5% ～ 47.6% 之间。第三产业的发展呈平稳上升态势。第三产业增加值占比由 2000 年的 39.8% 上升到 2011 年的 44.2%，在 2012 年，第三产业增加值占比首次与第二产业增加值占比水平持平，占比达到 45.3%，之后一直保持领先地位。

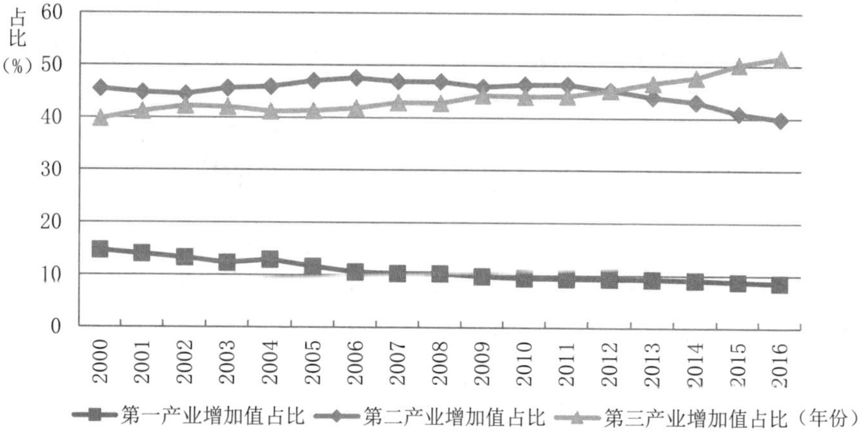

图 7-1 2000—2016 年我国三次产业增加值在 GDP 中占比趋势图

图 7-2 给出了我国 2000—2016 年房地产业增加值占第三产业增加值的比重。从变化趋势上来看，2000 年房地产增加值对第三产业产出的贡献为 10.39%，之后呈波动性上升，在 2008 年受全球金融风暴的影响有所回落后，达到 10.77%。之后，在我国政府一系列稳定宏观经济政策支持下，2011 年占比达到近几年的最高点 13.03%，从 2012 年开始呈现波动性下滑趋势。从总体占比趋势来看，2009—2016 年的占比均保持在 12% 以上，2000—2016 年期间的年平均占比为 11.6%。房地产行业属于第三产业，房地产行业的繁荣为第三产业做出了很大贡献。

但是，从第三产业内部结构来看，我国第三产业尤其是现代服务业发展不足。需要注意的是，房地产行业受人口因素制约不可能长期持续增长，其对第三产业的贡献将呈缓慢下降趋势，如果我们不能大力发展高端生产性服务业，过度依赖房地产行业，必造成我国第三产业发展不可持续，处于落后的局面。

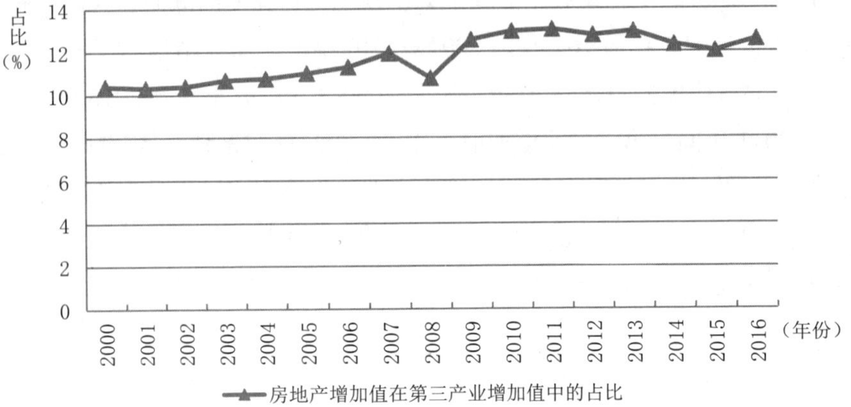

图 7-2　2000—2016 年我国房地产增加值在第三产业增加值中的占比趋势图

7.2.3　房价变动与产业结构高级化的相关性分析

1998 年下半年我国住房制度改革，全面停止实物分房，逐步实行住房分配货币化后，随着城镇化进程的加速以及住房制度改革的不断深化，房地产市场得到了快速发展。房地产行业的蓬勃发展，通过对其他相关产业的关联带动效应极大地推动了我国经济增长，并且在 2003 年被确定为我国经济的支柱产业。但是从 2003 开始，我国房价持续上涨，房价收入比远超合理范围，尤其是一线及热点城市。房价持续上涨，加重了居民的生活负担，挤出了居民的其他消费。房价持续上涨给房地产行业带来高利润率，不仅导致银行信贷大量流向房地产行业，而且大量工业企业偏离主业，甚至放弃主营业务涉足房地产行业（刘秀光，2011；荣昭与王文春，2014）。自 2002 年以来，我国东部沿海发达地区发生了一些看似有转折意义的现象，如珠三角的“民工荒”，阿迪达斯、富士康等纷纷转移至东南亚或者我国内陆城市等，很多学者认为大中城市房价持续高涨是其背后的主要原因，那么接下来关键的问题是产业转移是促进了产业结构高级化还是导致产业结构空心化？房价变动经由投资路径、消费路径、成本路径是促进，还是抑制我国产业结构高级化？总的影响效应如何？这是必须回答的问题。

根据我国 2001—2016 年商品房平均销售价格增长率与我国产业结构高级化变动率的趋势图，做简单的相关性分析。商品房平均销售价格增长率的计算过程：先对每年的商品房平均销售价格做平减处理，第 t 年的商品房平均销售价格减去第 t-1 的商品房平均销售价格后再除以第 t-1 的商品房平均销售价格。产业结构高级化变动率的计算过程：先计算每年产业结构高级化的指标，即第三产业增加值与第二产业增加值的比值；第 t 年的产业结构高级化的变动率等于第 t 年的产业结构高级化指标减去第 t-1 的产业结构高级化指标。结果如图 7-3 所示。从房价波动与产业结构高级化的变动趋势上来看，2001—2002 年、2004—2005 年之间变动趋势相反，而在 2003—2004 年、2006—2015 年之间变动趋于一致。从国家宏观层面的数据来看，房价增长与产业结构高级化变动之间的关系不是简单的线性关系，因此有必要基于城市级的数据做进一步的检验，以检验房价与产业结构高级化之间的非线性关系。

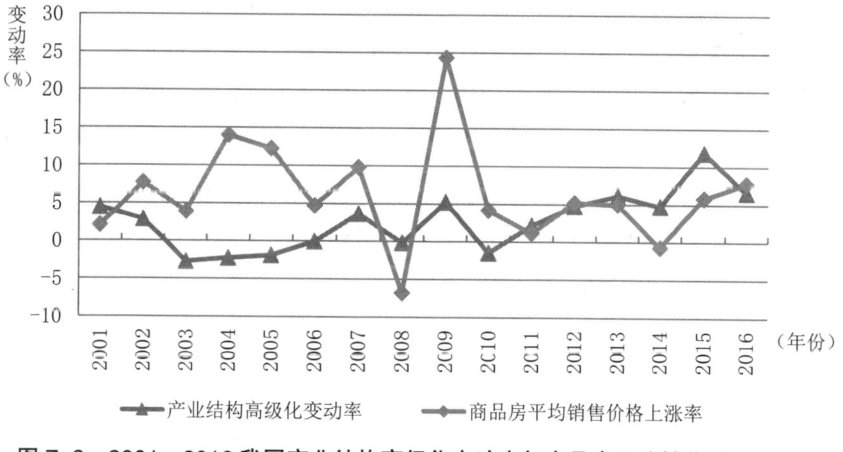

图 7-3 2001—2016 我国产业结构高级化变动率与商品房平均销售价格增长率

7.3 动态面板回归实证模型的建立

7.3.1 实证模型的构建

利用 2003—2017 年全国 104 个地价监测城市的面板数据进行实证检验。根据第 3.4.1 节和第 3.5.2 节的理论分析，产业结构、房价、工资、宜居性之间存在一定的关联性，因此需要将工资、城市宜居性、房价与产业结构高级化指标放在一个框架下进行研究。为了解决产业结构高级化、房价、工资和城市宜居性之间的内生性，将房价、工资和宜居性设为内生解释变量。将表征产业结构高级化指标的滞后一期作为解释变量，控制产业结构自身的内生惯性。由于模型中包含被解释变量的滞后期，因此本实证模型是动态面板模型。以高波等（2012）的模型为基础，建立以下关于房价影响产业结构高级化的计量模型：

$$Y_{it}=\alpha_0+\beta_0 Y_{it-1}+\beta_1 RHP_{it}+\beta_2 RHP^2+\beta_3 Rame_{it}+\beta_4 RW_{it}+\beta_5 X_{it}+\varepsilon_{it} \tag{7-1}$$

本实证中被解释变量有三个：第一个是表征城市产业结构高级化的相对产值 Rts_{it}，第 i 个城市在第 t 年的相对产值通过计算该城市的第三产业增加值与第二产业增加值的比值除以样本中其余城市第三产业增加值与第二产业增加值比值的平均值得到。某城市的相对产值越大，则代表符合产业结构高级化方向。在本书的实证过程中，不仅考察城市相对房价高低对城市产业结构高级化的影响，还通过考察城市相对房价对第二产业和第三产业的影响效应来提供佐证。因此，第二个被解释变量为第二产业增加值的相对占比 $SRgdp_{it}$，通过计算第 i 个城市在第 t 年第二产业增加值占 GDP 的比重除以样本中其余城市第二产业增加值占 GDP 比重的平均值得到。第三个被解释变量为第三产业增加值相对占比 $TRgdp_{it}$，通过计算第 i 个城市在第 t 年第三产业增加值占 GDP 的比重除以样本中其余城市第三产业增加值占 GDP 比重的平均值得到。

RW_{it} 表示第 i 个城市第 t 年的相对工资，RHP_{it} 表示第 i 个城市第 t 年的相对房价。为了刻画相对房价对产业结构高级化影响的非线性轨迹，我们引入了相对房价的二次项 RHP_{it}^2。$Rame_{it}$ 表示第 i 个城市第 t 年的相对宜居性。根据前期文献（高波等，2012；邬思怡，2017），选取相应的控制变量 X_{it} 包括贸易自由度、科技投入占 GDP 的比重、商业条件、气候条件，计算方法同第六章。ε_{it} 表示误差项。

7.3.2 数据来源与基本统计量描述

本实证主要使用 2003—2017 年我国 104 个地价监测城市的面板数据（剔除拉萨），数据来源为《中国城市统计年鉴》《中国气象年鉴》等。本实证的被解释变量是产业结构高级化指标。根据前期文献的研究，表征产业结构高级化的指标有很多。从本书的研究目的和数据的可得性，采用第三、二产业增加值比值来表征产业结构高级化。为了防止单一指标的缺陷性，同时采用第二产业、第三产业增加值占 GDP 的比重来进一步分析城市的产业结构状态（范剑勇等，2011；高波等，2012；邬思怡，2017）。表 7–1 列出了文中主要变量的基本统计量。

表 7–1　样本变量的统计性描述

变量名称	平均值	标准差	最小值	最大值	样本数量
Rts	1.0000	0.5065	0.1221	4.1946	1560
SRgdp	1.0000	0.2053	0.3796	1.7244	1560
TRgdp	1.0000	0.2407	0.2336	1.7618	1560
RHP	1.0000	0.7189	0.2035	6.1444	1560
Rw	1.0000	0.4587	0.1910	3.0723	1560
Rame	1.0000	0.2867	0.2979	1.9593	1560
Lntrade	9.1703	0.8204	6.1292	11.7895	1560
Rscientiifc	0.0025	0.0026	0.0014	0.0215	1560
Rsy	0.4116	0.1485	0.0024	2.5063	1560
Lntemp	2.6127	0.4125	0.3912	1.5324	1560

7.3.3　内生性解决方案

根据第 3.4.1 节、3.5.2 节的理论分析，产业结构、房价、工资和城市宜居性之间存在着关联性，同时产业结构向高级化演进过程中存在自身惯性。因此本章实证采用动态面板模型，系统 GMM 估计方法进行实证检验，尽量避免内生性带来的偏误。为了解决产业结构高级化、房价、工资和城市宜居性之间的内生性，将房价、工资和宜居性设为内生解释变量，采用其滞后期作为相应的工具变量。

7.3.4　单位根检验

单位根是处理面板数据时必须进行的稳定性检验，目的是防止出现伪回归。本书使用 LLC 检验是否存在“共同根”，使用 IPS 检验是否存在“异质根”。检验结果如表 7–2 所示，所有变量在 5% 的显著性水平上通过了显著性检验，不存在单位根，说明数据是平稳的。

表 7-2 面板数据单位根检验结果

检验方法	IPS	LLC
Rts	-3.7411***	-12.2608***
SRgdp	-3.3019***	-10.2866***
TRgdp	-1.7755***	-4.5653***
RHP	-2.6527***	-8.5629***
Rw	-2.2416***	-6.8980***
Rame	-3.2019***	-7.4161***
Lntrade	-4.6857**	-12.5833***
Rscientiifc	-2.1851***	-5.9167***
Rsy	-4.7836***	-11.1432**
Lntemp	-3.9829**	-14.6120***

注：*、**、*** 分别表示在 10%、5% 和 1% 水平上显著。下表 7-3、7-4、7-5 与此同。

7.4 回归结果及分析

7.4.1 城市相对房价影响产业结构高级化的回归结果及分析

采取相对产值 *Rts* 作为被解释变量（高波，2012；刘志伟，2013；邬思怡，2017），*L1.Rts* 表示相应的滞后一期的数值，回归结果如表 7-3 所示。模型（1）~（4）分别给出了加入控制变量前后的回归结果。从 Sargan 统计量与 AR（2）统计量的结果来看，呈现出良好的稳健性，既不存在工具变量的过度识别，也不存在二阶序列相关。

表 7-3 城市相对房价变化影响产业结构高级化的回归结果

	（1）	（2）	（3）	（4）
L1. Rts	0.854***	0.746***	0.757***	0.735***
	（0.002）	（0.002）	（0.003）	（0.005）
RHP	0.145***	0.365**	0.326**	0.348**
	（0.006）	（0.004）	（0.0018）	（0.013）
RHP2	-0.015***	-0.049**	-0.052***	-0.055***
	（0.005）	（0.008）	（0.006）	（0.005）
Rw	0.089***	0.147***	0.147*	0.168**

续 表

	(1)	(2)	(3)	(4)
	(0.002)	(0.006)	(0.007)	(0.005)
Ame		0.085^{***}	0.099^{***}	0.108^{***}
		(0.002)	(0.002)	(0.004)
Lntrade			0.075^{***}	0.111^{***}
			(0.018)	(0.016)
Rscientiifc				−0.026
				(0.007)
Rsy				0.308^{***}
				(0.015)
Lntemp				0.0046
				(0.0037)
常数项	-0.146^{***}	-0.390^{***}	-0.479^{***}	-0.535^{***}
	(0.003)	(0.007)	(0.025)	(0.009)
Sargan	0.517	0.672	0.567	0.668
AR(2)	0.356	0.425	0.637	0.604

注：Sargan 为工具变量过度识别的 Sargan 检验统计量 P 值，原假设：不存在工具变量的过度识别，备择假设存在过度识别；AR（2）为二阶序列相应统计量的 P 值。表 7–4、表 7–5、表 7–6 与此同。

模型（1）给出了被解释变量的一阶滞后项、相对房价的一次项、相对房价的二次项、相对工资对相对产值的回归结果。模型（2）在模型（1）的基础上加入城市宜居性。模型（3）在模型（2）的基础上加入贸易自由度。模型（4）在模型（3）的基础上加入了表征科技环境、商业环境、气候条件的控制变量。回归结果表明，表征产业结构高级化的相对产值除了受自身的冲击因素及其他因素影响外，从模型（1）~（4）的回归结果可知，加入控制变量前后，相对房价的一次项和二次项的回归结果均在 5% 的显著性水平上显著。从模型（4）的回归结果可知，相对房价的一次项系数为正，二次项系数为负，说明相对房价对产业结构高级化的影响轨迹呈“倒 U 形”曲线，存在着临界点。经计算在临界点处相对房价的取值为 RHP=3.05。在临界点之前，随着相对房价的提高，促进产业结构向高级化演进。曲线的上升阶段表明，随着房价上涨，从投资路径看，信用缓解效应和关联带动效应占主导地位；从消费路径看，正的财富效应占主导地位，促进消费；从成本路径看，房价上涨，降低了劳动力的效用水平，压缩了企业的利润空间，导致部分低技能劳动力和低端产业的转移，带动转入地产业结构高级化。同时，房价上涨带来的利润空间的压缩迫使留在转出地的企业，通过改良生产工艺、流程再造、加大创新投入等方式，提高生产效率，促进产业结构向高级化演进。因此，房价上涨从三条路径促进了产业结构的高级化。当然，在曲线上升阶段，也可能某条路径上已经存在抑制产业结构高级化的负向效应，但是综合各种效应，总体表现为对产业结构高级化的促进作用。越过临界点之后，曲线呈下降趋势，这说明，随着相对房价的上涨，对产业结构高级化存在抑制作用。从投资路径看，高房价带来的资源错配，使房地产行业投资对其他产业投资存在挤出效应；从消费路径看，对居民消费的挤出效应占主导地位，抑制了消费；从成本路径看，虽然挤出了低技能劳动力和低端产业，但是，使实体企业因利润空间被压缩无力进行创新投入，劳动力陷入房奴境地，人力资本投入不足。因此，越过临界点后，房价上涨抑制产业结构高级化进程。城市相对房价的取值在临界点的左侧，加快产业结构高级化的进程，而落在临界点的右侧，将抑制产业结构高级化水平的提高。对样本中相对房价取值的分析，约有 11.3% 的样本取值越过了临界点。这说明我国一线及热点城市的房价持续增长，对产业结构高级化的抑制作用已经开始显现。房价持续上涨带来的对其他产业投资的挤出效应、消费挤出效应、成本效应，对产业结构高级化从总体上带来了抑制作用。根据计量分析，假说 IV–1 得到了实证的支持，即房价对产业结构高级化的影响存在非线性关系，在临界点的左侧，房价上涨促进产业结构高级化；在临界点右侧，房价上涨对产业结构高级化的总体影响效应将是负向抑制作用。

表征城市相对宜居性指标 *Rame* 的系数在 1% 的水平上显著为正，这说明城市宜居性对产业结构高级化水平的提高有促进作用。高宜居性不仅提供了良好的居住条件，而且有利于人的就业和未来的发展，因而提高了劳动力的效用水平。高的宜居性对人才流入产生集聚力，通过知识的共享、知识的外溢，激发创新和创业，劳动力和产业的集聚增加了本地市场效应，通过集聚效应对产业结构高级化起到促进作用，相对宜居性增加 1 单位，将使相对产值提高 0.108 个单位。根据计量分析，假说 IV–2 得到了实证的支持，即城市宜居性的提高促进产业结构向高级化演进。

从控制变量的回归结果来看，相对工资的回归结果显著为正，说明相对工资的提高能促进产业结构高级化。贸易自由度的回归系数也显著为正，表征商业水平的 *Rsy* 的系数在 5% 的显著性水平上为正，这与前期文献的结论一致（高波等，2012；邬思怡，2017）。但是表征科技进步的 *Rscientific* 的系数为负，但不显著，这可能的原因是，科技投入不足，还没有对产业结构高级化起到促进作用。表征气候环境的 *Lntemp* 的系数在 5% 的显著性水平上不显著。

7.4.2　城市相对房价对第二产业影响效应的回归结果及分析

为了进一步研究房价对产业结构的影响，采取第二产业产出相对占比 *SRgdp* 作为被解释变量，*L1.SRgdp* 表示相应滞后一期的数值。第二产业产出占比的相对值用某一城市的第二产业产出增加值占 GDP 的比重除以样本中其余城市的第二产业产出增加值占 GDP 的比重的平均值。回归结果如表 7–4 所示。从表 7–4 的回归结果可知，以 *SRgdp* 为被解释变量的回归结果都通过了显著性检验，根据 Sargan 统计量和 AR（2）统计量的结果，说明不存在工具变量过度识别和二阶序列相关问题，呈现良好的稳健性。

根据表 7–4 的回归结果，加入控制变量前后相对房价一次项系数和二次项系数都通过了 1% 的显著性水平检验。根据模型（4）的回归结果可知，相对房价的一次项系数与二次项系数分别为 –0.132 和 0.026，这说明城市相对房价对第二产业相对产值的影响轨迹呈“正 U 形”曲线，经过计算在临界点处相对房价的取值 *RHP*=2.45，经过对样本城市相对房价的分析可以发现，样本范围内有约 64% 的样本点位于临界点的左侧。因此我们可以得出城市相对房价升高，对第二产业产出存在挤出效应，但越过临界点后，相对房价的提高将促进第二产业产出相对占比的提高，不利于产业结构高级化。

模型（4）中城市相对宜居性的系数在 1% 的显著性水平上为负，可能的原因是，我国目前大量的工业企业还存在高污染、高能耗的情况，城市宜居性越高，说明城市环境保护政策措施得力，要求降低对空气和水的污染，因此对第二产业产出有抑制作用。

表 7–4 城市相对房价变化影响第二产业产出相对占比的回归结果

	(1)	(2)	(3)	(4)
L1. SRgdp	0.648***	0.643***	0.619***	0.604***
	(0.003)	(0.0035)	(0.005)	(0.002)
Rhp	−0.056***	−0.117***	−0.126***	−0.132***
	(0.003)	(0.0049)	(0.006)	(0.006)
Rhp2	0.008***	0.0169***	0.0178***	0.026***
	(0.000)	(0.0008)	(0.0069)	(0.004)
Rw	0.036***	0.0227***	0.0200***	0.049***
	(0.002)	(0.0014)	(0.0019)	(0.005)
Ame		−0.0348***	−0.0395***	−0.038***
		(0.0007)	(0.0007)	(0.002)
Lntrade			0.0158***	0.003
			(0.0018)	(0.002)
Rscientiifc				0.036
				(0.025)
Rsy				−0.106***
				(0.009)
Lntemp				−0.0026
				(0.0027)
常数项	−0.165***	0.587***	0.504***	−0.396***
	(0.003)	(0.005)	(0.014)	(0.007)
Sargan	0.482	0.557	0.655	0.686
AR(2)	0.336	0.402	0.376	0.375

综上所见，我们发现相对房价对第二产业产出相对占比的影响轨迹呈“正 U 型”曲线，而且通过对样本城市中相对房价的分析，约有 64% 的样本落在拐点的左侧，说明房价对第二产业产出挤出效应明显。同时发现，高宜居性对第二产业产出相对占比的提高有显著的抑制作用。

7.4.3 城市相对房价对第三产业影响效应的回归结果及分析

为了佐证相对房价对产业结构高级化的影响，本小节进一步对城市相对房价影响第三产业产出进行分析。采取第三产业产出相对占比 TRgdp 作为被解释变量，L1.TRgdp 表示相应滞后一期的数值。第三产业产出占比的相对值用某一城市的第三产业产出增加值占 GDP 的比重除以样本中其余城市的第三产业产出增加值占 GDP 的比重的平均值。回归结果如表 7–5 所示。模型（1）~（4）分别显示逐一加入控制变量前后的回归结果。从表 7–5 的回归结果可知，以 TRgdp 为被解释变量的回归结果都通过了显著性检验，根据 Sargan 统计量和 AR（2）统计量的结果，说明不存在工具变量过度识别和二阶序列相关问题，呈现良好的稳健性。

根据模型（4）的回归结果可知，城市相对房价对第三产业产出相对占比的影响轨迹呈"倒 U 形"曲线。城市相对房价的一次项系数和二次项系数分别为 0.173 和 –0.024，经过计算临界点处取值 RHP=3.73。城市相对房价没有越过临界点之前，促进第三产业产出增加，但城市相对房价越过临界点后对第三产业产出存在抑制作用，这说明房价持续上涨，引起的资源错配效应、对居民的消费挤出以及对劳动力集聚抑制的综合效应占主导地位，不利于第三产业产出的提高。通过观察，样本范围内有约 8.6% 的样本点位于拐点的右侧，这说明我国热点城市的高房价已经对第三产业的产出起到了抑制作用。

模型（4）中城市相对宜居性的系数在 5% 的显著性水平上为正，说明城市宜居性的提高显著地促进了第三产业产出水平的提高。城市相对宜居性提高 1 个单位，促进第三产业产出相对占比提高 0.044 个单位。城市宜居性越高，对劳动力的流入和产业的集聚的促进作用越明显，增强本地市场效应，根据循环累积因果机制，进一步推动产业向价值链高端攀升，进而促进第三产业产出相对占比的提高。

表 7–5　城市相对房价变化影响第三产业产出相对占比的回归结果

	（1）	（2）	（3）	（4）
L1.TRgdp	0.545***	0.539***	0.559***	0.542***
	（0.004）	（0.001）	（0.005）	（0.006）
Rhp	0.107**	0.129***	–0.161***	0.173**
	（0.002）	（0.003）	（0.008）	（0.006）
Rhp2	–0.009***	0.015***	0.021***	–0.024***
	（0.002）	（0.005）	（0.002）	（0.002）
Rw	–0.058*	–0.036***	–0.037***	–0.045**
	（0.003）	（0.008）	（0.005）	（0.001）
Ame		0.045***	0.041***	0.044**
		（0.002）	（0.002）	（0.004）
Lntrade			0.046***	0.059***
			（0.003）	（0.005）
Rscientific				0.116***

续 表

	（1）	（2）	（3）	（4）
				（0.027）
Rsy				0.109***
				（0.006）
Lntemp				0.0037
				（0.0024）
常数项	0.129***	0.158***	0.217***	0.368***
	（0.006）	（0.008）	（0.015）	（0.004）
Sargan	0.772	0.767	0.753	0.662
AR（2）	0.635	0.679	0.793	0.790

综上所见，我们发现房价与第三产业产出之间存在“倒U形”曲线关系，在临界点之前，随着房价的上涨，有利于促进第三产业的产出，但是越过临界点后，房价上涨不利于第三产业产出的提高。高宜居性对第三产业的产出有促进作用。

7.5 传导路径的进一步分析

1. 房价对产业结构高级化的影响

房价上涨对产业结构高级化的影响呈现“倒U形”曲线轨迹，存在临界点。在临界点之前，房价上涨有利于促进相对产值的提高，超越临界点，房价上涨抑制产业结构高级化进程。在曲线的上升阶段，房价上涨通过三条路径促进产业结构高级化：从投资路径看，房价上涨，不仅房地产行业本身获得了迅猛发展，而且通过房地产行业与其他产业存在的广泛联系，通过关联带动效应促进其他相关产业的发展，尤其是对其后向关联产业金融业的拉动作用最强（况伟大，2010）；从消费路径看，房价上涨带来的财富效应促进消费；从成本路径看，区域房价差异通过成本效应促进低端产业的转移，一方面带动转入地的产业升级，另一方面促使转出地的产业向价值链的高端攀升。多种效应的合力在这一阶段促进产业结构高级化。但也存在这种可能，某条路径上已经产生抑制产业结构高级化的负向效应，但三条路径上的总体效应仍然保持正向促进作用。在曲线的下降阶段，随着房价的上涨，房价变动通过投资路径、消费路径、成本路径的综合效应抑制产业结构高级化。从投资路径看，由于房地产兼有消费品属性和投资品属性，房价持续上涨带来的高利润率导致资源错配，对其他产业投资存在挤出效应，房地产行业一家独大，其他产业难以升级改造向价值链高端演进；从消费路径看，房价持续上涨，房价收入比远超居民能够承受的合理范围，替代效应、预算约束效应、预防性储蓄性效应、财富再分配效应占据主导地位，对消费形成挤出效应，从需求侧抑制产业结构高级化进程；从成本路径看，房价持续上涨一方面抑制劳动力集聚，使产业过度转移而集聚相对不足。因此，房价持续上涨导致资源错配、消费挤出、劳动力和产业集聚相对不足，多种因素共同作用下，产业结构高级化受阻（林永民等，2017）。

2. 城市宜居性对产业结构高级化的影响

城市宜居性高表明：（1）城市集聚了大量教育资源，为人力资本的提升准备了基础条件；（2）城市的公共服务水平高，在工资相同的情况下，提高了劳动力的效用水平；（3）产生集聚效应，有利于知识共享和知识溢出，有助于个人的就业和未来发展；（4）环境保护措施到位，对低端的高污染、高能耗的工业企业有很强的挤出效应。因此，高宜居性通过提高劳动力效用水平，挤出低端产业，促进高端产业的集聚，有利于促进产业结构高级化进程。

3. 房价对第二产业产出的影响

从投资路径看，房价上涨带来的高利润与第二产业的很多产业的低利润形成鲜明对比，基于资本的逐利性，房地产不仅吸纳了大量本应流向其他产业的资金，使其他产业因"失血"效应难以升级改造，而且导致大量工业企业涉足房地产领域，甚至有些工业企业放弃主营业务；从消费路径上看，房价上涨挤出居民对工业品的需求；从成本路径来看，房价持续上涨加重了工业企业的工资成本以及土地、房屋成本，进一步挤压了企业的利润空间，使企业难以扩大生产。因此，房价的持续上涨不利于第二产业产出占比的提高。但越过临界点后，相对房价提高，促进第二产业产出，不利于产业结构高级化。

4. 房价对第二产业产出的影响

按照我国行业分类标准，房地产行业属于第三产业。当房价上涨，房地产行业本身得到了快速发展，同时通过前向、后向及环侧效应带动金融等行业的发展，从而为第三产业的产出做出了贡献，促进第三产业的发展。但是当房价持续上涨，对其他产业投资产生挤出效应，导致其他产业的发展受阻，难以推动生产性服务业的发展。同时，应当看到，房地产的发展受到人口规模和城镇化进程限制，不可能无限发展。因此，房价持续上涨越过临界点，必然阻碍第三产业的产出。从实证结果可以看出，我国部分一线及热点城市的房价已经越过临界点，应当引起高度的重视。

7.6 本章小结

本章主要考察房价变动影响产业结构高级化的总体效应。基于 2003—2017 年 104 个地价动态监测城市的面板数据，通过构建动态面板模型，在控制了运输条件、商业条件、科技条件、城市气候条件等控制变量的前提下，分别对房价影响产业结构高级化、第二产业产出、第三产业产出的总体效应进行定量测度。得到的相关结论如下：

1. 房价上涨对产业结构高级化的影响呈现“倒 U 形”曲线轨迹，相对房价的一次项系数为 0.348，二次项系数为 –0.055，经过计算存在临界点 RHP=3.05。在样本期间，约有 11.3% 的样本落在拐点的右侧。当相对房价在临界点的左侧，即在曲线的上升阶段，房价上涨，不仅促进了房地产行业自身的发展，而且通过关联带动效应、正的财富效应、促使产业转移或升级等多种效应的合力作用促进产业结构高级化。当相对房价取值在临界点的右侧，即在曲线的下降阶段，房价持续上涨已经对产业结构高级化产生负向作用。房价持续上涨，导致挤出其他产业的投资，挤出居民消费、过度抑制劳动力和产业集聚等多种效应的合力抑制产业结构高级化。从而验证第 3.5.2 节提出的假说 IV–1：

房价上涨对产业结构高级化的影响存在非线性关系，在临界点之前，房价上涨有利于促进产业结构高级化；反之，则抑制产业结构高级化。

2. 城市宜居性是劳动力流入的重要集聚力，城市相对宜居性的提高，在其他条件不变的情况下，提高劳动力的效用水平，促进劳动力和产业的集聚。根据本地市场效应与生活成本指数效应，劳动力的集聚促进企业的集聚，企业集聚带来广义差异化产品数量增加，根据消费者的多样性偏好，广义差异化产品的数量越多，产品之间的替代弹性越小，为保持产品的多样性，企业分工越细，且需要不断保持创新，进而推动产业结构高级化进程。本章实证检验验证了城市宜居性对产业结构高级化有显著的促进作用，相对宜居性增加 1 个单位，促使相对产值增加 0.108 个单位。从而验证第 3.5.2 节提出的假说 IV–2：

在城市间相对工资、相对房价等一定条件下，城市相对宜居性的提高，意味着劳动力效用水平提高，有利于劳动力和产业的集聚，对产业结构高级化有促进作用。

3. 房价上涨对第二产业的产出影响轨迹呈“正 U 形”曲线，相对房价的一次项系数与二次项系数分别为 –0.132 和 0.026，经计算临界点处 RHP=2.45。样本范围内约有 64% 的样本点位于临界点的左侧，因此随着房价的上涨对第二产业产出有显著的抑制作用。但是一旦越过临界点，房价上涨将促进第二产业产出占比的增加，不利于产业结构高级化。在样本期间内，城市宜居性对第二产业产出有抑制作用，相对宜居性增加 1 个单位，第二产业产出相对占比减少 0.039 个单位。

4. 房价上涨对第三产业产出的影响轨迹呈“倒 U 形”曲线，相对房价的一次项系数和二次项系分别为 0.173 和 –0.024，经计算在临界点处 RHP=3.73。房价上涨促进第三产业的产出，样本范围内约有 8.6% 的样本位于临界点的右侧，这说明我国部分热点城市房价持续上涨，已经抑制第三产业的产出水平，不利于产业结构高级化。城市宜居性的提高通过提高劳动力的效用水平，促进劳动力集聚和产业的集聚，对第三产业产出有促进作用，相对宜居性增加 1 个单位，第三产业产出占比增加 0.044 个单位。

第 8 章 研究的主要结论

本章首先根据理论分析与实证检验结果总结了本书的主要结论，其次根据房价影响产业结构向高级化演进的三条主要路径提出相关的政策建议，最后指出本书在模型内在统一、指标选取等方面的研究不足和进一步研究的方向。

8.1 主要结论

1998 年我国住房供给由计划供给转向市场供给，一方面极大地释放了居民对住房的需求，另一方面各项利好政策助推房地产市场的快速发展。随着城镇化水平的不断提高和住房制度改革的深化，房地产行业在极大改善我国居民住房条件的同时，也推动了国民经济的快速发展。我国经过了 40 多年的改革开放，经济发展正面临转方式、调结构的关键时期，但近年来我国房价的持续高涨，对我国产业结构的调整施加了重要影响。本书通过构建产业结构高级化的动力函数，并实证检验了房价对投资结构、消费结构、劳动力流动的影响效应，最后检验了房价影响产业结构高级化的总体效应。

8.1.1 房价变动对其他产业投资存在先挤入后挤出的影响效应

房价上涨，通过信用缓解效应、托宾 Q 效应，不仅自身获得了长足发展，而且通过关联带动效应对其他产业投资存在拉动作用。但是，由于房地产兼有商品属性与投资品属性，当房价持续上涨，使房地产行业保持较高的利润率时，不仅大量信贷资金流向房地产行业，而且大量工业企业兼营房地产开发，有的甚至放弃主营业务。投资在不同产业间的重新分配，必定引起不同产业生产扩张能力出现差异，进而导致发展速度不同。房价持续上涨，导致房地产行业过度繁荣，抑制其他产业的发展，从而制约产业结构向高级化演进。

利用 104 个地价监测城市 2003—2015 年的面板数据，基于房地产投资挤入、挤出效应模型的实证结果表明，房价上涨带动房地产投资的增加，对其他产业固定资产投资存在挤入、挤出效应。从全样本回归结果来看，房价持续上涨带来的资源错配效应使房地产投资过度，对其他产业固定资产投资产生微弱的挤出效应，增加 1 单位的房地产投资，仅带来总投资增加 0.8653 个单位，即挤出其他产业固定资产投资 0.1347 个单位。从分样本回归结果看，在高房价收入比的城市，由于房价持续上涨，房价收入比远超居民可承受范围，房地产投资品属性凸显，大量投资、投机性资金涌入房地产业，其资源错配效应远大于关联带动效应，对其他产业固定资产投资产生明显挤出效应，增加 1 单位的房地产投资，挤出总固定资产投资 4.6417 个单位，即挤出其他产业固定资产投资 5.6417 个单位；在低房价收入比的城市，房价上涨通过关联带动效应对其他产业固定资产投资有一定的拉动作用，增加 1 单位的房地产投资，使总投资增加 1.2213 个单位，即拉动其他产业固定投资 0.2213 个单位。通过分样本的检验结果可知，房价涨幅程度不同时，对其他产业固定投资的挤入、挤出效应存在明显的差异，从而验证了第 3.2.4 节提出的假说Ⅰ：

房价变动对其他产业投资存在挤入、挤出两种效应，房价收入比越高，挤出效果越明显。

因此，一方面要充分利用房地产投资对其他产业的拉动作用，另一方面要重视房价持续上涨带来的危害。从长期来看，房价持续上涨导致大量资金流向房地产行业，对其他产业投资产生挤出效应。实体经济因“失血”导致资本投入不足，创新能力下降，无力转型升级，进而制约产业结构高级化进程。因而，要建立房地产与金融之间的良性循环，遏制大量信贷资金流向房地产行业。

8.1.2　房价收入比越高，对居民消费的挤出效应越大

房价上涨通过实现的、未实现的财富效应、流动性约束效应促进居民消费，同时通过替代效应、预算约束效应、财富再分配效应、预防性储蓄效应抑制居民消费。从宏观上看，房价上涨对消费的影响取决于促进和抑制作用叠加后的综合效应。消费规模的扩大和消费结构的优化将拉动产业结构向高级化演进，而消费

水平的下降将阻碍产业结构高级化。本研究得到的主要结论如下：

1. “买房置地，有房才有家”的中国传统文化对居民其他消费产生替代效应

我国住房市场高房价高交易量并存的现象，传统经济学对这一现象解释乏力。本书基于行为经济学的分析框架，尝试解释我国住房市场高房价、高交易量的双高现象。“买房置地，有房才有家”的中国传统文化使我国居民在住房消费上存在认知偏差，在房价持续上涨背景下消费者自控力不足，双曲线贴现模型中的关键参数 $\beta<1$，形成短期高长期低的贴现因子结构，使实际消费的住房数量大于最优数量，导致住房消费过度，对居民其他消费产生替代效应。本书第 8.2.2 节针对行为经济学的解释给出了相应的政策建议。

2. 房价持续上涨，推高房价收入比，抑制居民消费率的提高，但存在区域异质性

利用 2003—2017 年我国 104 个地价监测城市的面板数据，检验房价变动对居民消费综合影响效应。与前期文献不同点在于，已有文献主要采用房价上涨的水平值作为解释变量，而本书采用表征房价泡沫化程度的房价收入比作为解释变量，更能体现房价持续上涨速度超过收入增长速度后，泡沫化程度对居民消费挤出程度。基于系统聚类方法，采用人均 GDP 指标，将全样本分为经济发展水平高的子样本和经济发展水平低的子样本，进一步检验房价不同上涨程度对消费挤出的差异。得到的相关结论如下：不论是从 104 个地价监测城市的全样本回归结果，还是基于人均 GDP 指标聚类后的子样本回归结果来看，房价收入比的提高，显著地抑制了消费率的提高。从全样本回归结果来看，房价收入比每提高一个单位，城镇居民消费率就减少 0.0042 个单位；从分样本回归结果来看，由于经济发展水平高的城市房价收入比较高，因此经济发展水平高的城市对消费的挤出效应是经济发展水平低的城市的 1.68 倍。从而验证了 3.3.2 节提出的假说Ⅱ：

房价收入比越高，对消费需求的抑制作用越大。

从宏观视角来看，房价持续上涨对居民消费产生挤出效应，使得产业结构向高级化演进来自市场需求侧的拉力不足。但是，经济发展水平不同，房价收入比存在差异，对消费的挤出存在异质性，因此制定相关政策时要因城施策。

8.1.3　高房价抑制劳动力集聚，城市宜居性对高房价有抚平效应

房价持续上涨，推高住房支出占比，高房价是劳动力集聚的重要分散力。根据消费者效用函数，高宜居性通过提高劳动力效用水平，因而对高房价有抚平效应，是城市吸引劳动力流入的一种重要集聚力。区域房价的适度差异，可以通过成本的倒逼机制促进劳动力合理流动、产业转移与产业升级，但是差距过大会使我国大型城市劳动力、产业集聚相对不足，难以发挥集聚经济的效用，不利于企业间的竞争和创新，阻碍产业结构高级化。

本书通过构建包含正宜居性和负宜居性的城市宜居性指标，基于104个地价监测城市的面板数据，定量研究相对房价变动、相对宜居性变动对第三产业相对就业率的影响方向和程度。在控制了房价、宜居性、工资的内生性后，实证检验验证了相对房价提高降低第三产业的相对就业率，高房价是劳动力集聚的主要分散力，相对房价增加1个单位，促使第三产业相对就业率降低0.036个单位；同时，高宜居性促进第三产业相对就业率的提高，是吸引劳动力流入的重要集聚力，相对宜居性增加1个单位，可以提高第三产业相对就业率0.014个单位，因而高宜居性对高房价有抚平效应。

基于子样本的实证检验我们发现，相对房价与相对宜居性对第三产业相对就业率占比的影响存在异质性。以服务业为主导的子样本中多数城市经济发展水平高，房价相对较高，相对房价增加1个单位，使第三产业相对就业率减少0.048个单位，而以工业为主导的子样本中多数城市经济发展水平较低，房价相对也较低，相对房价增加1个单位，使第三产业相对就业率减少0.022个单位。以服务业为主导的子样本中，相对宜居性提高1个单位，促使第三产业相对就业率提高0.018个单位，而以工业为主导的子样本中，工业排放的废水、废气导致城市的负宜居性大，部分抵消了正的城市宜居性，因而城市宜居性对劳动力的吸引力较弱，相对宜居性提高1个单位，仅促进第三产业相对就业率提高0.010个单位。从而验证了第3.4.1节理论分析中提出的假说Ⅲ：

在工资等条件保持不变的情况下，城市间相对房价的提高对劳动力的流入有抑制效应，但是城市间相对宜居性的提高对高房价有抚平效应。

高宜居性通过提高劳动力效用水平，与房价共同作用，影响劳动力的流动，进而影响产业转移与集聚，对产业结构变动施加显著影响。

8.1.4 房价变动对产业结构高级化产生先促进后抑制的“倒U形”影响

基于理论分析和实证检验，房价对我国产业结构高级化、第二产业产出占比，第三产业产出占比的影响轨迹分别呈“倒U形”“U形”曲线。在临界点之前，房价上涨，对产业结构的调整和优化起到一定的促进作用，有利于产业结构向高级化演进。但是，当房价持续上涨，越过临界点后，负向抑制效应凸显。宜居性通过提高劳动力效用水平，促进劳动力和产业的集聚，对产业结构高级化进程有促进作用。

第一，房价上涨对产业结构高级化的影响呈现“倒U形”曲线轨迹，相对房价的一次项系数为0.348，二次项系数为–0.055，经过计算存在临界点RHP=3.05。

当相对房价取值在临界点的左侧，处于曲线的上升阶段，房价上涨促进产业结构高级化。从投资路径看，房价上涨不仅促使房地产行业自身得到快速发展，而且通过关联带动效应对其他产业投资产生挤入效应，从而拉动其他产业的发展；从消费路径上，房价上涨带来正的财富效应处于主导地位，促进居民消费；从成本路径看，房价上涨通过提高成本促进劳动力合理流动和低端产业转移，带动转入地产业升级，同时促使转出地企业加快创新，提高劳动生产率，向产业价值链条高端攀升。多种效应的合力促使产业结构向高级化演进。

当相对房价取值在临界点的右侧，处于曲线的下降阶段。从投资路径看，房价持续上涨导致资源错配，大量资金流向房地产行业，房地产投资对其他产业投资存在挤出效应，导致房地产行业过度繁荣，其他产业因投资不足难以创新发展；从消费路径看，房价持续上涨对居民其他消费产生挤出效应，降低了从需求侧对产业结构向高级化演进的拉力；从成本路径看，房价上涨导致劳动力和产业集聚相对不足。因此，房价持续上涨通过对其他产业投资的挤出，对居民其他消费的挤出、使劳动力和产业集聚相对不足等多种负向作用抑制产业结构高级化。

在样本期间，约有11.3%的样本落在临界点的右侧，这说明近几年我国大型城市及热点城市房价持续高涨已制约我国产业结构高级化进程，从而验证第3.5.2节提出的假说IV–1：

房价上涨对产业结构高级化的影响存在非线性关系，在临界点之前，房价上涨有利于促进产业结构高级化；反之，则抑制产业结构高级化。

第二，高宜居性可以提高劳动力效用水平，促进劳动力集聚和产业集聚，进而促进产业结构高级化。

高宜居性不仅提供了良好的环境、便捷的交通、良好的公共服务，而且为劳动力的就业和未来发展提供了广阔的空间，高宜居性成为劳动力流入的重要集聚力。城市的宜居性越高，环境保护措施越到位，对低端高污染、高能耗的工业企业有很强的挤出效应。因此，高宜居性通过提高劳动力效用水平，挤出低端产业，促进高端产业的集聚，有利于促进产业结构高级化进程。基于 104 个地价监测城市的实证结果表明，相对宜居性增加 1 个单位，促进相对产值增加 0.108 个单位。从而验证第 3.5.2 节提出的假说 IV–2：

在城市间相对工资、相对房价等一定条件下，城市相对宜居性的提高，意味着劳动力效用水平提高，有利于劳动力和产业的集聚，对产业结构高级化有促进作用。

第三，房价上涨对第二产业产出影响轨迹呈“正 U 形”曲线，相对房价的一次项系数与二次项系数分别为 –0.132 和 0.026，经计算临界点处 RHP=2.45。

样本范围内约有 64% 的样本点位于临界点的左侧，因此随着房价的上涨对第二产业产出有显著的抑制作用。我国第二产业中，很多加工制造业企业还处于企业链条的低端，利润率较低，房价上涨一方面对这些产业的投资存在挤出，另一方面增加了这些企业的生产成本，因此对处于低端链条的第二产业的产出有抑制作用。但是一旦越过临界点，房价上涨将促进第二产业产出占比的增加，不利于产业结构高级化。

在样本期间内，城市宜居性对第二产业产出有抑制作用。相对宜居性增加 1 个单位，使第二产业产出相对占比减少 0.039 个单位。这背后的原因是，我国目前大量的工业企业还存在高污染、高能耗的情况，城市宜居性越高，说明城市环境保护政策措施得力，要求降低对空气、水体等的污染，因此对第二产业中这类企业的产出有抑制作用。

第四，房价上涨对第三产业产出的影响轨迹呈“倒 U 形”曲线，相对房价的一次项和二次项系数分别为 0.173 和 –0.024，经计算在临界点处 RHP=3.75。

在临界点之前，房价上涨促进第三产业的产出水平。从投资路径看，房价上涨通过关联带动效应，促进相关产业的发展，特别是对商业、金融等产业的拉动作用较强；从消费路径看，正的财富效应促进了居民对教育、保健、旅游等服务业的需求；从成本路径看，房价上涨对低端产业的挤出，为高端服务业的发展提供了资源。但是，样本范围内约有 8.6% 的样本位于临界点的右侧，这说明我国部分热点城市房价持续上涨，通过对其他产业投资的过分挤出、对居民消费的抑制、对劳动力和产业集聚的抑制，已经降低了第三产业的产出，不利于产业结构高级化。

实证检验表明，城市相对宜居性增加 1 个单位，促进第三产业相对产出占比提高 0.044 个单位。宜居性通过提高劳动力的效用水平，对高污染、高能耗的低端第二产业的挤出，促进劳动力集聚和高端产业的集聚，对第三产业产出有促进作用。

8.2 政策建议

产业结构的优化升级是转型时期中国亟待解决的重大战略问题，而住房作为劳动力的必需生活保障和生产要素，深刻地影响着城市产业结构的调整。本书研究的结果表明房地产市场过度繁荣，特别是房价过快增长通过资源错配、消费挤出、抑制劳动力集聚进而阻碍产业结构高级化进程。本书的研究成果具有丰富的政策性含义，我国下一阶段房地产市场调控的重点将以供给侧改革为重点，这种以供给侧改革为重点的改革才能真正达到供需均衡，而不是当前以限购、限贷为主要手段的短期需求侧管制，围绕房地产市场供给侧结构改革应成为新常态下重要的政策举措。具体而言，本书的研究成果可以提供如下几个方面的政策建议：第一，构建房地产市场与金融之间的良性循环；第二，引导住房消费新理念，大力培育住房租赁市场；第三，加强城市宜居性建设，促进劳动力合理流动；第四，构建房地产市场与产业结构高级化之间的良性循环。

8.2.1 构建房地产市场与金融之间的良性循环

1. 严控信贷资金违规流入房地产，打破房地产市场与金融之间的恶性循环

银行是我国金融核心，房价上涨吸纳大量银行信贷资金流入，进一步推高房价，房价持续上涨吸引更多的金融资金流入，如此循环使房价与金融牢牢绑定在一起。房地产市场与金融之间的恶性循环，一方面累积金融风险，另一方面对其他产业投资产生挤出效应，导致其他产业因“失血”而难以创新升级，产业结构

向高级化演进受阻。因此，要构建房地产市场和金融之间的良性循环，必须打破房地产市场与金融之间的恶性循环。

银行信贷通过供需两侧流向房地产，助长房地产泡沫。因此，严控信贷资金违规流入房地产也需要从供需两侧发力。从需求侧，实行差异化信贷政策，支持刚性需求和改善性需求，坚决遏制投机性需求。同时，要防止居民非住房贷款违规流入楼市。从供给侧加大查处力度，严禁向不符合条件的房地产开发企业提供银行信贷，打击各类非法房地产融资行为。

2. 引导金融机构支持租赁性住房市场的发展

有序打破房地产市场与金融之间的恶性循环只是第一步，重要的是要引导金融机构加大力度支持租赁性住房市场的发展，建立金融与房地产市场之间的良性循环。从金融一味支持房地产开发商开发商品房，转向支持租赁性住房的开发；从支持购房者按揭贷款，转向为一线等热点城市刚性需求者的长期租房提供信贷服务。通过引导金融机构支持租赁性住房市场的发展，促进了住房市场供给结构的优化，满足不同区域、不同收入层次居民的住房需求，使住房回归居住属性。房地产投资品属性的弱化，将进一步促进金融与房地产市场之间的良性循环，为金融支持实体经济的发展奠定基础，进而促进各产业协调发展。

8.2.2 引导住房消费新理念，大力培育住房租赁市场

根据本书在 3.3.1 节的理论分析，根植于中国人心中的“买房置地，有房才有家”的中国传统文化是影响我国住房市场高房价与高交易量并存的一个理论解释。因此从改变传统文化进行政策设计视角出发，要引导居民树立住房消费新理念，大力培育住房租赁市场，是降低高房价对居民消费挤出的有效路径。

1. 建立梯级消费的住房消费理念

“买房置地，有房才有家”的中国传统文化是我国住房自有率高于世界上其他国家的一个很重要的原因。因此，在文化宣传方面，应通过各种途径加强对居民理性住房消费观的培养，引导居民树立与我国经济发展水平、劳动力流动现状相适应的现代住房消费理念，即根据收入水平，形成“租房—购小房—购大房—购好房”的梯级消费路径。

2. 在制度层面建立“租售同权”制度体系

降低自有产权房的一个解决方案就是在制度层面要建立“租售同权”的制度体系。由于过去有太多的福利，例如孩子入学、医疗保险等与住房捆绑在一起，致使很多人宁愿背上沉重的按揭贷款负担也要买房，而不是采取理性行为选择租房。因此，要培育租赁房市场，首先要从制度上解决这一问题。只有租房和购房带来的子女入学、社会保障等福利差别得到有效解决，才能培育出租赁房市场的消费群体。

3. 建立专业化和规模化的住房出租产业

只有将租赁性住房市场发展到一定规模，才能提供满足不同层次人群租赁住房的各种需求。因此，培育专业化和规模化的住房出租产业是首要任务。要多渠道、多主体地供给，确保提供适合民众各类需求的租赁性住房。同时，通过建立完善的法律制度，规范租房市场秩序，保护租房合约，稳定双方的合理预期，保护出租方和租赁方的双方利益。租赁性住房产业的发展，一方面实现了居者有其屋的目标，另一方面可以将劳动力从高首付、高月供的按揭贷款的房奴困境中解放出来，有利于促进劳动力的合理流动。

货币与信贷政策对房地产市场的调控还属于短期调控手段，要建立房地产市场的长效机制需要从购房者需求角度出发，引导居民形成住房消费的理性观念，从传统的购房需求转向理性租房需求，形成住房消费梯度理念。

8.2.3 加强城市宜居性建设，推动公共服务均等化

根据理论分析和实证检验，城市宜居性的提高，通过提高劳动力的效用水平，对高房价有抚平效应，可以吸引劳动力的流入，促进产业集聚。城市宜居性水平的高低将影响聚集力和分散力的大小，进而改变均衡结果。在工资和房价保持不变的条件下，边缘区可能凭借提高城市宜居性吸引劳动力的流入，引发产业集聚，核心区也可能因为城市宜居性的下降而导致劳动力的流失和产业过度转移。随着交通运输和贸易成本的下降，广义运输成本逐渐接近成本临界点，劳动力更加重视充分的、均等化的公共资源配置（郑思齐等，2011；陆铭等，2011）。而在我国城市建设与公共资源的配置是以政府为主导的，城市规模越大、级别越高，越

容易获得大量的公共资源配置，越能集聚人口。因此，加强中小城市宜居性的建设是促进劳动力合理流动，改变城市劳动力供给结构，进而促进产业结构向高级化演进的重要手段。

1. 合理配置公共资源、推动公共服务均等化

从公共服务供给角度，要合理配置公共资源，推动城市群内公共服务均等化。大城市在教育、医疗、文化、就业发展机会等方面明显优于中小城市，这种公共资源分配非均等化是大型城市房价过度上涨的一个关键因素。因此，推动公共服务均等化，逐步取消对大型城市的倾斜与优惠政策，是解决大城市房价持续上涨的一个重要举措。改变过去各种资源过度集中于大型城市的配置结构，将公共资源合理布局，形成网络型城市群。以劳动力集聚进一步促进产业集聚，形成集聚经济的循环累积因果机制，推动产业结构向高级化演进。

2. 加强环境污染治理、大力推进绿色产业

城市宜居性是正宜居性与负宜居性的一个综合。在提高城市正宜居性的同时，还要加强环境污染治理、维护生态平衡，大力推进绿色产业，降低城市负的宜居性。我国多年粗放式发展方式，在推动经济增长的同时，高能耗、高污染、高排放对城市环境的破坏必须加强治理。同时要制定严格的环保制度，倒逼企业转型升级，推动绿色产业的发展。

8.2.4 构建房地产市场与产业结构高级化之间的良性循环

根据本书的主要研究结论，房价变动对产业结构高级化的影响呈“倒 U 形”曲线轨迹，房价对产业结构高级化是促进还是抑制存在临界点。我国房地产市场区域差异较大，供需结构性矛盾突出。一线及热点城市房价持续上涨，而其余城市大量商品房积压，沉淀了大量资金。因此，要保持房地产市场的长期稳定，必须短期调控与长效机制建立并重，弱化房地产投资品属性，进行土地供给制度与人口流动方向联动改革，加大人口流入地土地与住房供给，从供给侧降低房价上涨，构建房地产市场与产业结构高级化之间的良性循环。

1. 抑制投机、投资性需求，弱化房地产投资品属性

房价上涨越过临界点，通过改变投资流向、挤出居民消费，过分阻碍劳动力流入等综合作用对产业结构高级化起到抑制作用。针对一线及热点城市房价持续上涨的现实情况，一方面，加大保障性住房供给，支持刚性需求和改善性需求家庭的购房或租房，保证安居乐业；另一方面，通过信贷政策、税收政策加大投机、投资性购房和交易环节的成本，进一步弱化房地产投资品属性。

2. 土地供给制度与人口流动方向联动改革，促进产业集聚与产业结构调整

从长效机制建立着手，应逐步实施农村集体建设用地与国有建设用地在同等条件下入市，实现跨区域流动。非农用地指标能够流向效率更高的区域或城市，既兼顾了效率又兼顾了公平，其直接结果是增强了经济增长质量与效率，有利于产业结构的调整与升级。统筹城乡建设用地市场，将从土地供给侧对稳定地价、房价起到基础性作用。引致需求原理表明，土地需求源于对住房服务和住房资产的需求，房地产市场调控的源头在于通过增加土地供给，增加住房服务供给，抑制投资、投机性需求。土地的供给应与劳动力流动、产业集聚方向一致，才能促进产业结构优化调整。增加人口流入地的土地供给，减少人口流出地的土地供给，才能提高土地的利用效率，进而推动产业结构向高级化演进。

8.3 研究不足与展望

虽然本书的研究表明，房价对产业结构高级化的影响轨迹呈"倒 U 形"曲线。在临界点之前，促进产业结构向高级化演进，越过临界点，由于房价持续上涨，累积房地产泡沫，对居民消费和其产业投资产生挤出效应，区域房价差异过大抑制劳动力合理流动，可能导致产业集聚相对不足，房价持续上涨通过投资路径、消费路径、成本路径对我国产业结构向高级化演进产生显著影响。但是，本研究还存在以下不足：

1. 框架内在的统一性还需要加强。目前实证检验得到的是房价对产业结构高级化的总体效应，房价通过每条路径影响产业结构高级化的定量程度还须通过数据和模型做进一步的研究，这样才能够更好地从政策上做出应对。

2. 其次，在指标的选取上，存在不全面性。由于数据获得的局限性，本研究中表征产业结构高级化的指标主要采用的是第三产业增加值与第二产业增加值的比重，侧重的是产业间的升级。但是，产业结构的高级化不仅是指产业间，还指产业内部结构的优化，因此单纯的产业间的高度化可能不能有效且全面地代表一个城市产业结构高级化的真实水平，这也是后期要加强研究的方向。

后续的研究将进一步弥补上述的不足。

第四篇　对策研究

第 9 章　基于住房属性的住房供给侧改革路径研究

1998 年国务院发布《关于进一步深化城镇住房制度改革加快住房建设的通知》是我国住房制度改革的分水岭，福利实物分房被全面取消，住房分配货币化开始实施，同时发展住房金融，从此房地产行业进入快速发展的轨道。2003 年，房地产业被国务院确认为我国国民经济的支柱产业，进一步推动了我国房地产行业的蓬勃发展。我国房地产业增加值占 GDP 的比重从 1998 年的 4.1% 上升到 2017 年的 6.5%。然而在推动经济增长、改善住房条件的同时，也逐渐暴露出一系列问题。首先是房价收入比过高，低收入人群的住房居住权难以保障。其次，房地产泡沫不断累积，金融风险进一步加剧。最后，房地产市场供需结构严重失衡，两极分化严重，在人口集中的一线大城市和热点城市房价暴涨，供不应求，而三四线城市供大于求，大量库存积压。2016 年 12 月中央经济工作会议明确提出“房子是用来住的，不是用来炒的”定位，为未来房地产相关政策的制定指明了方向。2019 年中央经济会议明确提出，长期坚持“房子是用来住的，不是用来炒的”定位，不把房地产作为短期刺激经济的手段，继续稳妥实施房地产市场平稳健康发展长效机制方案，着力建立和完善房地产调控的体制和机制。长期的含义是指“房住不炒”定位不受市场变化的影响。

研究住房问题必须首先明确住房是集多重属性于一身的特点，片面强调某个属性，而忽视其他属性，必然导致制度设计与调控措施的效用大打折扣，甚至适得其反。住房同时具有社会属性、消费品属性、财产属性、投资品属性等多重属性，住房多重属性并存的特征决定了我国住房市场政策制定的复杂性和长期性，必须把投资、消费、民生综合起来分析，在制度设计中做到对住房属性的统筹兼顾。保持房地产市场健康稳定发展是我国经济发展要保持“稳中求进”的一个重要方面。基于对住房多重属性的分析，我国房地产市场调控应进一步加强从供需两端发力，以住房供给侧结构性改革为主，着力点放在土地供给侧改革、住房供给结构的调整、资金管控等长效机制的建立上。

9.1　住房多重属性的分析

随着我国经济社会的快速发展，住房体制的深化改革，住房的属性也在不断地演化着，理论上可以定性辨析住房具有社会属性、消费品属性、财产属性、投资品属性等多重属性，多重属性共同作用影响家庭的消费与投资决策（孙继伟，2009；郭玉坤，2010；陈彦斌等，2011）。因此，在制定住房制度和调控措施时要充分考虑住房的多重属性，防止片面性。

1. 住房的社会属性决定政府是为低收入人群提供住房保障的责任主体

衣、食、住、行是人的基本权利，“居者有其屋”是关系人们居住权的重大民生问题，住房因而具有社会属性。低收入人群的住房居住权利是否能够有效地被保证关系到社会的稳定和经济的健康发展，因此住房保障制度是一个国家社会保障制度的重要组成部分。实行住房保障制度的理论基础是提高社会总福利水平，即不仅是保护社会低收入群体的居住权利，而且也是其他人福利最大化的必要保证，因为只有社会稳定才可以使全体社会成员以较低的代价获得最大的利益。长期、稳定的住房保障供给体系的良好运转是社会不断走向公正和谐的必要保证。但是，我国住房制度改革中出现的部分地方政府只关注住房的商品属性，过度依赖房地产行业对当地经济的贡献，而忽视保障性住房的建设供给，是导致高房价下低收入阶层无房可住的重要原因之一。因此，要充分认识住房的社会属性，确保提供足够数量的保障性住房满足低收入家庭的住房需求。

首先，从住房的社会属性视角来看，保障性住房属于准公共物品，通过提供保障性住房实现低收入家庭的“住有所居”的权利是政府的责任。根据萨缪尔森公共物品分类理论，保障性住房因具有非排他性和不充分的非竞争性而属于准公共物品。从消费的竞争性角度出发，政府提供的保障性住房是十分有限的，在数量既定的前提下，随着需要被保障家庭数量的增加，超过某一限值时，就存在一定程度的竞争。各地在进行保障性住房分配时多采取摇号的方式，就是因为需要保障的低收入家庭数量大于能够提供的保障性住房数量，因而保障性住房就具有了一定程度上的消费竞争性。从排他性的角度出发，各地方政府均制定了诸如家庭收入水平、家庭人口数量等相关准入条件，只要符合条件就要将其列入保障性住房的保障范围之内，因而保障性住房具有非排他属性。

其次，建立多元供给制度，鼓励民间资本参与保障性住房供给。对准公共物品的提供问题一直是理论界研究的焦点。从亚当·斯密的“看不见的手”，到凯恩斯学派主张的“大政府小企业”的政府干预理论，再到萨缪尔森倡导的“小政府大市场”概念，发展至今已逐步形成具有技术效率、配置效率、制度效益和动态效率高的“有效政府”理念，要求政府同时解决好“市场失灵”“政府失灵”问题。保障性住房作为一种准公共物品，政府可以采取更有效的供给模式，鼓励民间资本参与保障性住房的供给，充分利用市场配置资源与企业经营技术优势，如可以采取特许经营、政府购买、政府补助等多种模式，最大限度地提高保障性住房的供给效率（邓大伟等，2009；辜胜阻等，2013）。

2. 住房商品属性决定了市场机制在房地产市场中对资源配置起决定作用

住房是在土地上建设的为人们提供居住功能的劳动产品，因此它同时具有价值和使用价值。1998 年是我国住房改革的分水岭，实物福利分房取消，住房的商品属性凸显，居民的住房消费需求被充分释放，极大地推动了我国的房地产行业的迅猛发展。房地产业增加值占 GDP 的比重随着住房市场化进程的推进逐步提高，可分为三个阶段。住房由国家统一建设和分配的计划经济时期（1978—1986），房地产业增加值的比重仅在 3% 以下；住房由国家计划供给向市场化运作的过渡阶段（1987—1997），房地产业增加值的比重在 3% ～ 4.1% 之间；1998 年以后，是住房市场化快速发展阶段，房地产业增加值的比重由 1998 年 4.1% 逐步提高到 2017 年的 6.5%。房地产行业快速发展的同时，还带动了众多关联产业，房地产及相关行业对 GDP 的贡献率在 2013 年达到 29.4%（许宪春，2015）。我国城镇人均住房面积由 1998 年的 18.7 平方米，提高到 2018 年的 39 平方米。2015 年新增住房竣工面积超过 10 亿平方米。房地产增加值由 1975 年的 79.9 亿元增加到 2015 年的 41 307.6 亿元，按可比价格计算，年均增长率超过 10%，超过同期 GDP 年均增长率。

但是，我国住房商品化改革在推动房地产业迅猛发展的同时，由于忽视了住房的社会属性，片面强调住房的商品属性，导致我国住房市场结构性供求矛盾突出，包括城乡间、区域间、各城市间、不同收入人群间分配不均衡，虽然 2018

年人均住房面积已超过 39 平方米，但仍然存在着大量住房困难家庭。因此，我国住房市场发展在坚持市场在资源配置中起决定作用的同时，还必须统筹考虑住房的社会属性。

3. 住房的财产属性决定了征收房产税是调节财富二次分配的重要手段

由于耐久性且价值量大，住房具有财产属性，是个人、家庭、企业的重要财产。从购买力角度来看，我国收入差距的扩大化反映在房地产市场上，表现在大量的低收入家庭无房可住，高收入阶层拥有多套房产，是房地产市场的“马太效应”。住房是家庭的主要财产，基于住房的财产属性，渐进式征收房产税一方面有助于完善财税体制，另一方面有助于调控房价过快上涨，约束投资性购房和遏制投机性炒房。征收房产税是实现收入二次分配的一种有效手段，有助于调节社会财富不均，防止在住房资产占有上出现严重的两极分化。从国际经验上来看，不仅在房屋建设、交易环节征税，而且在房屋的保有环节征税，是很多发达国家成功的经验。根据我国家庭拥有住房的情况，房产税的设计要与我国的国情相符，根据住房档次实现低端免税、中端低税、高端高税的累进式税制，与我国居民的收入结构相匹配，达到财富调节和抑制过度投资、投机性需求，确保住房居住功能的实现。

还需要明确的是，“居者有其屋”的目标并不意味着让所有人拥有住房的所有权，即拥有住房财产。住房所有权与使用权是可以分离的，这是它与一般商品显著的不同。家庭可以有两种方式获得居住权利，一是购买住房，二是租赁住房。对于城镇低收入家庭、刚毕业从事工作的大学生、农民工等提供租金适宜的租赁性住房是合适的住房供给方式。但是，我国住房体制改革长期推行的是“居者有其产”，因此在住房行业发展、居民选择等领域均偏重住房销售，使得我国城市住房自有率达到 80% 以上，个别城市达到 90%。与西方主要的发达国家比较，加拿大、美国的房屋私有率均未超过 70%，分别为 67% 与 69%，而欧洲一些国家的住房私有率则更低，仅保持在 40% 左右。与我国较高的住房私有率相对应的是我国住房市场发育不协调，严重畸形，住房供给与需求出现结构性失衡。一方面住房出售市场发展迅猛，三四线城市大量商品房闲置，另一方面住房租赁市场发育严重不足，致使低收入阶层既没有购买能力，又无处租赁到合适的住房。

4. 住房因具有投资品属性可以诱发和加剧金融危机

投资品是指购买后，在既不需要追加新的使用价值，更不需要附加新价值的条件下，即可相机出售获利（也可能亏损）的商品。根据是否具有使用价值将投资品分成没有使用价值的纯投资品和有使用价值的复合投资品。随着我国住房体制改革的深化，在经济快速发展的背景下，在土地供给缺乏弹性、生产要素价格上升等多重因素作用下，使住房具有自我增值的特点，住房的投资品属性逐渐凸显。住房集商品属性与投资品属性集于一身，是具有居住功能的复合投资品。因此，住房的价格，一方面因具有商品属性而由产品市场的供给与需求曲线形成单一的均衡价格，另一方面，根据“投资品无均衡价格定律”，因具有投资品属性而住房价格没有均衡价格或者存在多个暂时的均衡价格，且其价格受到住房所能带来的预期收益和资产升值的潜力来决定。住房的消费品属性与投资品属性是相互联系、相互制约的，共同决定住房的价格。

首先，住房投资品属性是建立在住房使用价值实现的收入流的基础上。住房的使用权和所有权两权分离使住房所有权人可以通过有条件地转让住房的使用权获得收入。让住房的所有权进入金融市场参与虚拟价值运动，转让住房的使用权实现其使用价值。但是，如果没有住房使用价值的支撑，或者住房使用价值的增值运动受阻，在金融市场依托所有权获得的价值就会失去基础。依托使用权获得的收入流是决定住房价格的关键变量。经济发展状况、人口规模与结构、政策等各种条件都会影响收入流预期，而且因为存在“蝗虫效应”，会造成“涨过头、跌过头”，甚至是大幅波动。

其次，住房作为投资品的价格是相对独立于住房实体而运动的。根据投资品的供给与需求曲线，“逢低买入、逢高减仓”或者“买涨不买跌”都是投资品买卖的重要依据，在不同的阶段起作用，引致住房的市场价格可以脱离住房的实体价值。但这个虚拟化的价值运动并不会直接引起国民财富的总量发生变化，而是使国民财富的分配发生变化。因此住房的虚拟化价值与住房实体价值的适度背离是资源实现市场化配置的一种有效方式。但是，过分强调了住房的投资品属性，使住房的虚拟化价值过度膨胀，导致住房价格远远高于真实价值，呈现金融产品的特征，脱离真实价值的约束，就会产生房地产泡沫，对整个经济产生负面影响。过度放大住房的投资品属性，将带来巨大的金融风险。如泰国在20世纪80年代，日本在 20 世纪 90 年代，都曾因房地产泡沫引发经济危机，严重影响经济的可持续增长。因此，必须正确认识住房的投资品属性，合理引导预期，防控房地产泡沫引发系统性金融风险。

9.2 住房属性失衡带来的危害

许多实证研究结果表明，实体经济基本面因素如 GDP 的增长率、可支配收入、人口规模等在解释房地产价格时能力有限，还必须考虑公众预期、金融市场的运行规律（况伟大等，2011；许宪春等，2015）。因此在分析住房价格、制定房地产相关调控政策时要充分认识住房的多重属性，片面强调某一属性必然导致制度与政策的扭曲失效。住房的投资品属性过度化是近年来住房市场价格快速上涨的主要原因。目前，我国一线及热点城市的投资、投机性购房比例远远超过应控制在 15% 以内的国际警戒线，达到 30% ～ 40%。如此高的投资投机性需求必然挤压刚性需求和改善性需求，导致住房投资与消费的严重失衡，进而引发民生不能保障、资源浪费、房地产泡沫、金融危机等一系列问题。

1. 缺乏产业支撑的房地产业过度发展造成资源大量浪费

当前，我国局部地区房地产业在高房价、高回报率的驱动下过度发展，“一业独大”特征明显。部分城市的盲目无序扩张，大量土地用于造城运动，但由于缺乏实体产业支撑无法吸纳就业等原因，同时由于生活配套设施不足，房屋入住率低，空置率高，不能有效地吸引居民消费，变为“空城”“鬼城”。摊大饼式的城市扩张导致城市建设空有规模而无效率，大拆大建的发展方式使原本稀缺的资源更为稀缺，造成资源浪费和环境破坏。缺乏产业支撑的过度房地产化不利于社会经济的可持续发展。

2. 对实体经济的“抽血效应”导致经济增长不可持续

房价的快速上升导致房地产投资属性过度化，吸纳了大量的资本投入并进一步助推了房价的继续攀升，如此恶性循环最终将导致房价严重脱离实体价值。房地产对资本的大量吸纳，不仅使实体产业利润空间急剧下降，降低了企业发展实体经济的动力和老百姓的创业激情，而且由于大量挤占土地、资金等生产要素，使得实体经济因“失血”而导致发展基础极不牢固。虚拟经济只调节国民收入的分配，并不增加国民收入，因此缺乏实体经济支撑的经济是不可持续增长的经济。

3. 对城镇人口的其他消费产生挤出效应

随着我国住房市场的繁荣发展，房价的不断攀升，居民住房财富持续增加。但是，众多学者的研究表明，因为住房贷款的压力以及再次改善性购房、子女未来购房等多重因素的影响，中国居民家庭住房财富的上涨反而挤压了其他消费。住房价格的快速上涨，使家庭不得不进行大量的储蓄以应对未来的购房需要，这必然减少其他方面的消费，不利于拉动内需。房价的过快上涨使居民的住房财富持续增长，但是挤出效应的存在，特别是对年轻的和不太富裕的家庭，使居民的其他消费持续降低。在目前国际贸易市场出口萎缩、国内经济结构调整的形势下，对城镇人口的其他消费产生挤出效应会减弱中国经济增长动力。

4. 累积金融风险

房地产业是资金密集型行业，上市融资、债券融资、信托融资、基金融资等方式是房地产企业的主要资金来源，高负债率是其主要特点。根据金融加速器原理，在经济上行阶段，房价上涨，以房屋为抵押物的借款人的抵押物升值，银行更愿意把钱贷给房地产开发企业和购房者，进而促进房地产的繁荣，进一步推高房价；但由于预期房价还将不断上涨会引发银行等金融机构出现严重的道德风险，产生大量的不良房贷，而当经济下行，房价出现下跌，借款人的违约行为大幅上升，就会产生连锁反应，引发系统性金融风险。住房投资品属性过度化将累积金融风险，美国的次贷危机给了我们很重要的警示作用。

5. 阻碍农民工市民化过程

根据国家统计局抽样调查结果，我国 2018 年农民工总量为 28836 万人，进城农民工 13506 万人。农民工人均月收入仅为 3721 元，我国城市地价、房价高涨与农民工工资收入水平低、涨幅小形成鲜明对比。2018 年我国住宅商品房平均销售价格 8544 元 / 平方米，对大部分的农民工来说，无力购房，且房屋租赁市场又不发达是农民工市民化过程中的一个最重要的阻碍。高房价带来的购房难、租房贵等问题使许多农民工无法安居乐业，无法融入城市生活，很难实现市民化的转变，这极不利于我国新型城镇化的健康发展。

9.3　兼顾多重属性叠加的住房供给侧改革路径

当前住房市场供求结构性失衡要求我们从供给侧进行改革，必须从住房是集多种属性于一身这一客观事实出发。首先，从土地供给侧改革着力；其次，要调整住房供给结构；最后，要引导合理预期，弥补监管短板，建立基础性制度和长效机制来保证住房市场的健康有效运行。

9.3.1　城市建设用地供给侧改革

1. 深化财税体制改革，打断地方政府与土地出让金、高房价之间的链条

要想改变地方政府对土地财政的依赖，避免城市建设用地的过度扩张（林永民等，2017），必须通过深化财税体制改革，使地方政府的事权、支出责任与财权相一致。首先，厘清中央与地方的事权与财权的责任界限，统一地方政府的财权与事权。打破政府政绩、土地出让金、房地产开发商三者之间的链条。其次，研究和逐步推广房产税、合理确定增值税在中央与地方的分配比例，确保地方政府有稳定可靠的税源。根据改革的经验，征收房产税一方面应采用渐进式的方式，从新房征起，老房卖了才征，降低房产税初期实行的阻力；另一方面制定合理的起征点，达到低端免征、中端少征、高端多征的财富调节目的。同时要创造条件开征房屋空置税。目前我国一些城市出现了“空城”“鬼城”，入住率非常低，住房空置率10%的警戒线水平早已被突破，这一方面造成资源享有的不公平，另一方面造成土地资源、住房资源的浪费。适时开征房屋空置税，增加持有多套住房家庭的持有成本，可以有效调节投资、投机购房需求，推动闲置房屋的流转，提高住房利用率，促进房地产市场良性发展。

2. 加快推进农村集体经营性建设用地入市的制度建设

根据我国目前的土地制度，政府是土地一级市场唯一的土地征用者和供给

者，地方政府对城市建设用地市场的垄断是地价上涨助推房价上涨的一个重要原因。通过征收方式将集体所有转为国家所有过程中，农村集体土地因用途改变获得的增值收益没能主要用于解决“三农”问题，而主要归于地方政府，造成了分配上的严重不合理。在符合规划和用途管制前提下，加快推进农村集体经营性建设用地入市制度的建设，在出让、租赁、入股方面享有与国有土地同等机会和同等权利。农村集体经营性建设用地与国有土地同等入市、同权同价，不仅会打破地方政府对土地增值收益的垄断，使“三农”受惠，而且城市建设用地土地供给严重不足的矛盾将得到有效的缓解。建立城乡统一的建设用地市场，在土地供给侧对稳定地价、房价起到基础性作用，也是我国加快新型城镇化建设的必然要求。

3. 创新土地出让模式抑制高地价、高房价

土地出让模式的创新是指在现有的土地出让制度框架内对土地出让各个环节的操作方式、方法、内容等进行研究分析，提出优化调整建议。根据我国一线及热点城市供不应求，房价过快上涨，多数二、三线城市库存积压，房地产结构性失调的现状，因城施策，分类指导，创新土地出让模式是解决这一矛盾的有效途径。库存压力较大的城市暂缓土地供应或减少土地供应规模，对住房需求旺盛的一线及热点城市，在增大土地供给的基础上要不断创新土地供给新模式。2016 年，苏州、上海、天津等多个城市采取土地出让的“熔断机制”，当地价超过最高限定价后，地块将流拍，从源头上控制住地价；北京试点采取“控地价、限房价”的交易方式，即宗地限定商品住房销售价格，并设定土地合理上限价格，在达到上限后，以企业竞报保障房配建比例或自持商品住房用于租赁的比例大小来决定。不断创新土地出让模式是抑制高地价、高房价的有效手段。

9.3.2 完善我国住房供给结构体系，逐步实现住房消费梯次结构

《中国统计年鉴》数据显示，2015 年全国居民按收入五等分组的人均可支配收入，低收入户的年均可支配收入仅为 5221.2 元，低收入户、中等偏下户、中等收入户、中等偏上户、高收入户年均可支配收入的比值为 1:2.28:3.70:5.64:10.45，收入两极分化差距显著；全国居民按东、中、西及东北地区分组的人均可支配收

入比值为1.67:1.09:1:1.25，呈现东高、东北次、中再次、西低的格局。针对不同收入群体，提供保障性、低端、中端、高端的住房供给结构体系是经济社会和谐稳定的必然要求。同时根据区域的经济发展水平实行差别化的精准政策，避免一刀切的大一统的政策，可实现区域间的协调发展。

1. 适度降低住房私有率比例，大力发展住房租赁市场

目前城镇常住人口中年轻的白领监领、收入水平较低的低职位从业者、刚刚毕业的大学生、大量农民工以及城镇原有的低收入家庭存在着大规模的租房需求，不断规范并完善多层次的城镇住房租赁市场，满足居民多元化的住房需要。建立专业化的机构和规模化的住房出租产业，着力解决租赁市场供给数量不足，房型、面积、配套功能与需求不匹配的问题。大力发展住房租赁市场，是降低我国住房私有化比例，优化我国住房供给结构，实现“居者有其屋”目标的有效路径。住房租赁市场的成熟和有效运行，第一，有效地解决“住有所居”的问题，并且没有因为背上沉重的住房贷款负担而挤出居民其他消费；第二，通过降低居住成本，没有了住房的担忧，劳动力要素将更加趋向于合理流动，推动创新与创业的蓬勃发展；第三，租赁市场的成熟与发展，必然带动相关多个服务业的发展，如信息中介、物业管理等，创造更多的就业。

2. 推动住房市场过滤机制，挖潜存量房，完善住房二级市场

从国际经验来看，一级新建（增量）住房市场、二级存量房市场和租赁市场的合理占比是构成成熟发达住房市场的条件，而且一般情况下二级市场比一级市场的交易规模大。目前发达国家中每年住房交易总量中有八成以上是在二级市场上成交的。然而我国住房市场过度依赖一级新建住房市场，存量与增量之间存在着严重失衡。我国各主要城市存量住房交易量占住房保有量的比例不足1%，远低于成熟市场国家10%～15%的比例。我国存量房市场不发达，致使大量需求涌向一级新建住房市场，加大了增量市场的压力。此外，存量房市场规模过小，不能对增量房市场的价格起到有效的平抑作用。我国是世界上建筑量最大的国家，2005—2015年，我国住宅竣工面积平均每年达到8.8亿平方米，建筑的平均寿命只有25～30年，远远低于一般建筑设计使用年限50年、重要建筑和高层建筑设计使用年限100年的标准。防止大拆大建，着力推动住房市场过滤机制挖潜存

量房，通过“卖旧换新”的梯度消费，不仅可以减轻一级新建住房市场的需求压力，同时还可对增量市场的价格起到平衡与制约的作用，又充分利用了住房资源。应制定相关激励政策，激活存量房二级市场的潜力，补给市场上的低价住宅，依靠市场解决不同收入群体的住房问题，逐步实现住房消费梯次结构。

9.4 本章小结

本章分析了住房的财产属性、商品属性、社会属性、投资品属性。由于住房集多种属性于一体，过分强调住房的投资品属性将引发民生不能保障、资源浪费、房地产泡沫、金融危机等一系列问题。为抑制高房价带来的危害，主要从多主体供给建设用地、完善我国住房供给体系等方面着力。

第 10 章 新生代农民工城市住房解困路径研究

新时代背景下，农民工群体呈现出五大特征：一、农民工的流动呈现出家庭化和长期化的趋势；二、农民工“亦工亦农”的历史成为过去；三、农民工城市定居意愿显著提高；四、承包地和宅基地退出意愿较低；五、农民工的主要诉求是提高工资收入、住房保障水平，以及医疗、教育等社会公共服务水平。据《http://www.gov.cn/xinwen/2019-04/30/content_5387773. htm 中央人民政府官网可查》显示，随着城乡融合发展的进一步推进，1980 年及以后出生的新生代农民占比 51.5%，已经超过老生代农民工 3 个百分点。新生代农民工主观上具有强烈的融城意愿，但收入水平低与住房支付能力差成为新生代农民工融入城市的屏障。因此，解决新生代农民工城市定居问题刻不容缓。如何有效地解决新生代农民工在务工城市住有所居的问题，不仅是保持社会稳定、建设和谐城市的必然要求，也是城乡融合的关键举措。

10.1 新型城镇化质量测度

自 19 世纪 80 年代以来，随着城市化发展进程的加快，城镇化发展问题已经成为一个全球关注的热点问题。我国在 20 世纪 90 年代首次提出建设城镇化的构想，在“十一五”规划中首次将城镇化发展战略作为国家重大战略之一，在党的十八大报告中则提出建设美丽中国，突出生态文明的重要地位，以生态文明引导我国新型城镇化建设。李克强总理在 2014 年政府工作报告中，进一步提出了“以人为核心”的新型城镇化发展战略。农民工既是进行城镇化建设的主力军，同时，在城镇化过程中，大量举家迁移的农民工家庭能否在城市定居、深度融入城市，也是影响我国城镇化质量的关键因素。

10.1.1 新型城镇化的内涵

传统城镇化，指的是农村人口向城镇转移，非农村人口数量、城镇数量和规模不断扩大的过程。传统城镇化强调数量的积累，而忽视了生态、城市基础设施的承载力、社会公共服务供给能力等问题。解决传统城镇化遗留的问题就需要转换发展思路，进行城镇化转型。新型城镇化则强调将城乡的融合发展，人口、资源、经济、社会、环境等因素协调起来，保持经济社会的可持续发展。新型城镇化的“新”主要体现在以人为本、四化同步、优化布局、生态文明、文化传承等方面（陈建伟，2014；赵爽，2015；吴红霞等，2016；林永民等，2017）。

党的十八大首次明确提出新型城镇化，针对新型城镇化的研究逐渐丰富。从指标选取来看，主要选取的指标包括经济发展水平、产业结构、人口城镇化水平、基本公共服务均等化水平、城市文化软实力、资源环境、生态宜居性、科技创新等指标（吕丹等，2014；徐林等，2014；吴红霞等，2019）。从选用的评价方法来看，所选取的评价方法主要有熵值法、改进熵值法、多指标综合评价模型、灰色关联度等方法（赵永平等，2014；赵爽等，2015；吴红霞等，2016）。

10.1.2 灰色关联度分析法

当前对于新型城镇化发展水平评价的方法有多种，但是还没有一个统一的评价方法，国内学者多采用主成分分析法对新型城镇化发展水平进行测度。参考已有的数学方法以及相关的研究成果，本书采用灰色关联度分析法进行综合评价。灰色关联度分析法主要是为了弥补采用数理统计方法进行分析所导致的一些缺陷，其基本思想是根据序列曲线几何形状的相似程度来判断其联系的紧密性。曲线越接近，相对应的序列关联度越大，反之就会越小。灰色关联度分析法的步骤如下：

（1）确定分析序列。建立参考序列 X_0（k）和比较序列 Xi（k）（i=1，2，3，…，n），k 为系列长度。参考序列：$X_0(k)=\{X_0(1),X_0(2),...,X_0(k)\}$；比较序列：$X_i(k)=\{X_i(1),X_i(2),...,X_i(k)\}$。

（2）对指标进行无纲量化处理。求各序列的初值，即$X_i(k)=\dfrac{X_i(k)}{\max(X_i(k)}$。

（3）计算差序列。即$\Delta_i(k)=|X0'(k)-Xi'(k)|,(i=1,2,3,...,m)$。

（4）计算两级的最大差和最小差。即$\Delta_i(\max) = \max_i \max_k \left|X0'(k) - Xi'(k)\right|$，$\Delta_i(\min) = \min_i \min_k \left|X0'(k) - Xi'(k)\right|$。

（5）计算关联系数，即根据公式$p_i(k) = \dfrac{\min_i \min_k \left|C_k^* - C_k^i\right| + \rho \max_i \max_k \left|C_k^* - C_k^i\right|}{\left|C_k^* - C_k^i\right| + \rho \max_i \max_k \left|C_k^* - C_k^i\right|}$，计算关联度矩阵中的各元素，其中$\rho = 0.5$。

（6）计算关联度，即公式$\gamma_i = \dfrac{1}{N}\sum_{k=1}^{N}\xi(k)$，i=0，1，2，…，m。

（7）依据关联度排序。关联度越大，说明比较数列与参考数列变化的态势也越一致。

10.1.3　指标体系

以人为本的新型城镇化的发展质量的测度是学者们重要研究的问题。在构建新型城镇化水平测度的指标体系时，要以城乡融合发展、实现可持续发展为目标，要从经济发展水平、社会和谐程度、文化传承与创新、生态文明、城乡一体化等几个方面对新型城镇化发展质量进行全面评价。本书参考了我国关于城市和社会发展相关的评价指标标准构建了新型城镇化评价指标标准值，例如《全面建设小康社会统计监测标准》《宜居城市标准》《中国人居环境评价标准》等一些评价指标的标准，同时借鉴前期学者们构建的评价指标体系，结合河北省新型城镇化发展的实际情况，构建了表 10-1 的河北省新型城镇化发展水平的指标体系。该指标体系包括经济发展水平、社会和谐程度、文化传承与创新、生态文明、城乡一体化等 5 个一级指标，人均 GDP、第三产业人数比重、城镇居民人均住房面积等 21 个二级指标（赵爽等，2015；吴红霞等，2019）。

表 10-1　河北省新型城镇化发展水平评价的指标体系

总目标	一级指标	二级指标
河北省新型城镇化发展水平评价的指标体系（A）	经济发展指标（B1）	人均 GDP（C1）
		人均地方财政收入（C2）
		第三产业产值比重（C3）
		城镇居民人均可支配收入（C4）
	人口指标（B2）	农业人口就业数量（C5）
		第三产业从业人数比重（C6）

续 表

总目标	一级指标	二级指标
河北省新型城镇化发展水平评价的指标体系（A）	基础设施指标（B3）	城镇居民人均道路面积（C7）
		城镇居民人均住房面积（C8）
		城镇人均用燃气量（C9）
	生态环境（B4）	污水处理率（C10）
		固体废弃物综合利用率（C11）
		工业 SO_2 排放量（C12）
		建成区绿化覆盖面积（C13）
	城乡统筹（B5）	城乡居民人均收入比（C14）
		城乡居民恩格尔系数比（C15）

10.1.4 主要结论

本书主要实证检验 2009—2017 年河北省新型城镇化发展水平。指标体系中的指标，其数据主要来源于 2010—2018 年《中国城市统计年鉴》《河北省统计年鉴》《河北省国民经济和社会发展公报》《河北省环境统计年报》。本书运用灰色关联度计算方法，计算出的关联度及关联度排序如表 10–2 所示。

表 10–2 河北省新型城镇化发展各指标的关联度

评价指标	关联度	关联度排序
人均 GDP（C1）	0.80	7
人均地方财政收入（C2）	0.67	12
第三产业产值比重（C3）	0.88	5
城镇居民人均可支配收入（C4）	0.77	9
农业人口就业数量（C5）	0.77	9
第三产业从业人数比重（C6）	0.89	4
城镇居民人均道路面积（C7）	0.90	3
城镇居民人均住房面积（C8）	0.92	2
城镇人均用燃气量（C9）	0.52	12
污水处理率（C10）	0.75	10
固体废弃物综合利用率（C11）	0.78	8
工业 SO_2 排放量（C12）	0.71	11
建成区绿化覆盖面积（C13）	0.94	1
城乡居民人均收入比（C14）	0.87	6
城乡居民恩格尔系数比（C15）	0.48	13

表 10–2 灰色关联度分析结果表明，“建成区绿化覆盖面积”对新型城镇化发展水平的影响最重要，紧随其后的是“城镇居民人均住房面积”，其余“城镇居民人均道路面积”“第三产业从业人数比重”“城乡居民人均收入比”等指标与河北省城镇化水平关联性较大。

10.2　新型城镇化背景下解决新生代农民工住房困境的重要意义

改革开放 40 多年来，我国城乡发展间的关系逐步从城乡对立的二元结构走向深度融合。这期间，农民工群体为我国的经济建设、城市化进程贡献了巨大的力量。从代际视角看，“新生代农民工”被界定为出生于 1980 年以后，虽然具有农业户籍，但是不在户籍所在地，从事非农工作。根据全国总工会新生代农民工调查显示，收入水平低与住房支付能力差是阻碍新生代农民工融入城市的最大障碍。从 2010 年的中央一号文件至 2019 年的两会，从中央层面持续对新生代农民工的流动、工作、城市融入问题出台相关政策，进一步促进和保障新生代农民工的就业、安居和城市融入。

1. 解决新生代农民工住房问题是推进我国新型城镇化进程的必然要求

土地城镇化速度快于人口城镇化的速度是我国城镇化进程中必须解决的关键问题。因此，如何实现流动人口，特别是新生代农民工有质量地深度融入城市，是实现新型城镇化的核心。根据国家统计局发布的数据，全国农民工总量持续增长，2017 年新生代农民工数量占农民工数量已超过 60%，而且这一比例还在不断上涨。因此，新生代农民工已经成为新型城镇化进程中产业工人的中坚力量和城镇人口扩张的主力军。新生代农民工融入城市的过程包括前后衔接的两个阶段：一是劳动力从农业部门转移到非农部门；二是农民工在城市定居，完全融入城市，实现市民化（丁静，2014）。

与其父辈相比，新生代农民工进城工作的动机存在明显不同。老一代农民工乡土情结深厚，在城市挣钱，在乡土花钱。而新生代农民工受教育程度比较高，基本上没有从事过农业劳动，缺乏对农村、农业的认同感，趋向于城市生活消费习惯，存在事实上的脱嵌于乡土生活（段成荣等，2017）。新生代农民工很难再嵌回到农村社会，实际上完成了新生代农民工融入城市过程的第一个阶段。但是，因其收入普遍较低，很难在住宅商品房市场获得住房，且各地保障性住房对新生代农民工纳入还存着各种条件限制，住房的缺失导致新生代农民工不能完全融入城市，市民化过程在第二阶段受阻。在城市中居无定所，致使新生代农民工陷入两难困境：一方面不能“嵌回农村社会”；另一方面又难以融入城市。因此，有效解决新生代农民工住房问题是推进我国新型城镇化进程的必然要求。

2. 新生代农民工群体住有所居是实现社会和谐和城市可持续发展的关键

与身在城市、心在农村的老一代农民工相比，新生代农民工在客观上缺乏农业劳动技能，在主观上乡土情结减弱（黄斌欢，2014），更向往城市的生活与消费，对城市的认同甚至已超过对农村的认同（段成荣等，2018）。但从整体来看，微薄的经济收入水平以及弱势的社会地位与权益，使新生代农民工群体处于城市社会的底层。受高房价及被排斥在保障性住房体系之外的双重影响，新生代农民工在城市中的居住格局表现为以“村落聚居型”和“单位聚居型”为主。居住的同质化使他们的社会交往也日益趋于同质化。因此，新生代农民工的住房供给机制的缺失，进一步推动“贫困亚文化圈”的形成，处于不能“嵌回农村社会”，也不能融入城市的困境，不能安居乐业，极大地阻碍了他们向上流动的渠道，从而会给建设可持续发展的和谐城市带来巨大的挑战（金萍，2012）。有效解决新生代农民工住房问题，有利于城乡的深度融合，促进人的城镇化；有利于遏制城市底层“贫民窟”的形成，防止出现社会问题，实现社会和谐，推进城市可持续发展。

现有的农民工住房政策，特别是有关新生代农民工住房问题的政策缺乏系统性和连续性，且精准性和针对性也不强。鉴于此，本书在分析新生代农民工住房供给存在的问题基础上，根据新生代农民工的融入意愿和收入水平，大力倡导梯级住房消费理念，加快“租售同权”制度的落实，推进租赁性住房产业的规模化和专业化，实现公共租赁性住房的广覆盖。

10.3 新生代农民工住房面临的困境

目前，我国新生代农民工住房面临两难困境，如图 10-1 所示。一方面，高房价使收入水平较低的新生代农民工无法通过商品房市场解决居住问题；另一方面，虽然中央层面已有相关文件将具备条件的新生代农民工纳入住房保障体系，但各地落实情况并不尽如人意，还存在新生代农民工事实上被排斥在城市住房保障体系之外的现象（赵宁，2016）。

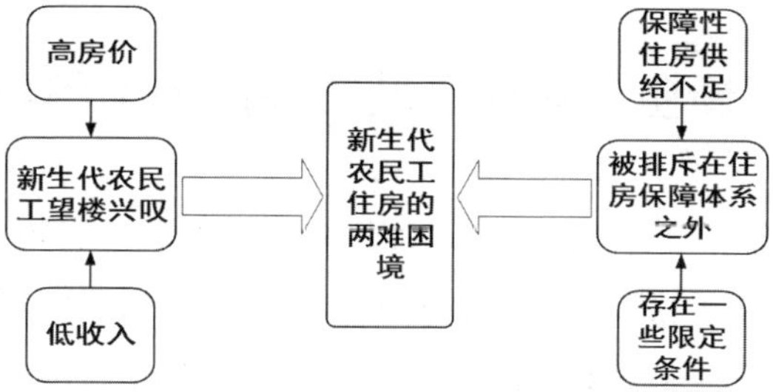

图 10-1　新生代农民工住房的两难困境

1. 高房价与低收入之间的矛盾，使新生代农民工望楼兴叹

新生代农民工虽有强烈的融城意愿，但高房价与低收入之间引发的住房支付性问题成为主要矛盾，商品房市场没能提供与新生代农民工收入相匹配的有效供给（倪建伟等，2016）。虽历经一系列限购、限贷、限售等政策的治理，但收效甚微。在城镇住房供给结构上，由于房地产行业的高利润，住宅商品房供给迅猛发展，而保障性住房供给相对不足。全国总工会新生代农民工问题课题的调查数据表明，只有 6.9% 的新生代农民工愿意承受 4000 元 /m^2 以上的房价，19% 愿意承受 3000 ～ 4000 元 /m^2，绝大多数的新生代农民工只能承受 3000 元 /m^2 以下的房价（王星，2013）。因此，住宅商品房市场所提供的大量供给，相对于新生代农民工的低收入来说，不能形成有效需求，供给与需求错配（孟庆瑜等，2014）。新生代农民工只能租住在单位宿舍、城中村、低质量的老住宅楼内。

2. 新生代农民工被排斥在住房保障体系之外

自 1994 年分税制改革以来，中央与地方财权、事权不统一，土地财政使地方政府在保障性住房建设上缺乏动力，保障性住房供给严重不足。同时，由于多年的城乡二元结构，事实上还存在着新生代农民工群体被排斥在保障房体系之外的现象。2006 年至今，国务院、住建部与发展改革委等部门虽陆续出台相关政策文件，提出解决农民工住房问题的相关指导意见。但由于政策的碎片化、连续性不足等，导致执行效果甚微。住建部等七部委在 2010 年联合颁发了《关于加快发展公共租赁性住房的指导意见》，将农民工纳入公租房的覆盖范围，但还存在着一些限定性条件。因此，该政策在具体的实施过程中还受到诸多因素的制约，难以发挥效力。

10.4 破解新生代农民工城市住房困境的路径分析

从2016年国务院出台文件，要求加快培育和发展住房租赁市场，到2018年中央经济工作会议再一次明确要大力发展专业化、规模化的租赁住房产业，我国住房政策已从短期需求侧调控为主转向短期与长期相结合的政策取向，通过“租售并举”等措施构建房地产长效机制。因此，在“租售并举”的住房政策指引下，根据新生代农民工的城市融入意愿与收入水平，引导新生代农民工树立住房消费新理念，大力培育住房租赁市场，是降低高房价阻碍新生代农民工市民化的有效路径。破解新生代农民工住房困境的有效路径要同时从消费理念、权利、市场、制度四个方面齐发力。具体路径如图10–2所示。

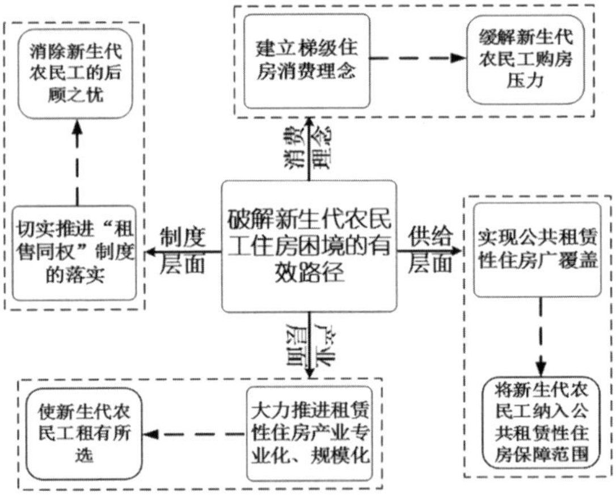

图10–2　破解新生代农民工住房困境的有效路径

从消费理念上，建立梯级消费的理性住房消费理念，缓解新生代农民工的购房压力；从制度层面，切实推进“租售同权”制度的落实，消除新生代农民工的后顾之忧；从产业层面，大力推进租赁性住房产业达到专业化和规模化程度，使新生代农民工租有所选；从供给层面，做到公共租赁性住房广覆盖，将无力购房的新生代农民工纳入公共租赁性住房保障范围之内（林永民等，2018）。

1. 建立梯级住房消费理念，缓解新生代农民工购房压力

新生代农民工在消费观念、生活方式等方面都与城市青年人相近，追求高质量的生活，留城意愿强烈。但受收入水平限制，大多不具备购房能力。在“有房才有家”的传统观念作用下，一部分新生代农民工宁愿透支消费也要在城市“买个家”。为破解高房价与低收入之间的矛盾，必须打破几千年来中国居民家庭形成“重购轻租”的习惯，在租售并举的住房政策引导下，培养新生代农民工理性住房消费理念，促进房地产市场的协调发展。

“买房置地，有房才有家”的中国传统文化是我国住房自有率高于世界上其他国家的一个很重要的原因。根据国家统计局“六普”数据，我国城市家庭在2010年的住房自有率已达到69.8%。《中国居住小康指数》发布的数据显示，根据对我国40个城市的调查数据计算发现中国城市住房自有率为78.6%。而世界其他国家住房自有率的平均水平仅有63%。相比之下，中国人对住房自有存在明显偏好。

对比国外的住房市场情况可以发现，经济发展水平高的国家，由于劳动力流动比较频繁，住房自有率往往偏低；而经济发展水平低的国家，劳动力流动性较差，住房自有率往往偏高（黄燕芬等，2017）。适度的住房自有率可以增加居民财富、促进消费增长，但过高的住房自有率，在房价持续上涨的情况下，加大了对居民其他消费的挤出效应，对经济的长期可持续发展产生不利影响（祝梓翔等，2016）。

因此，应通过多种途径加强对新生代农民工理性住房消费观的培养，引导其树立与我国经济发展水平、劳动力流动现状相适应的住房消费理念，即根据其收入水平，形成“租小房—租大房—购小房—购大房—购好房”的梯级消费路径。

2. 切实推进“租售同权”制度的落实，消除新生代农民工的后顾之忧

新生代农民工对城市生活极其向往，具有举家迁移之势。而城市公共服务上的排斥性，使其产生悲观情绪和自卑心理。因此，在制度层面切实推进“租售同权”制度的落实，是新生代农民工消除后顾之忧，安心选择租赁性住房的一个重要法律保证。

首先，要深入推进“租售同权”制度的实施。由于太多的福利与住房产权捆

绑在一起，例如孩子入学、医疗保险等，导致新生代农民工宁愿背上沉重的贷款也要买房，而不是采取理性行为选择租房。因此，只有将孩子入学、社会保障与住房产权松绑，才能使新生代农民工的目光从购房转移到租房。

其次，要制定相关法律法规保护出租人与承租人的相关权益。在租赁性住房市场供不应求的局面下，承租人和出租人在住房租赁市场上存在着事实上的不平等，承租人处于弱势地位。一方面，当对房租不满意时，出租人可以拒绝出租，但承租人大多急于寻租，所以其等待和选择的时间比出租人要短得多；另一方面，承租人的谈判能力弱于出租人，一般由出租人提供格式条款合同，承租人讨价还价的空间有限。因此，通过建立完善相关法律法规，规范租房市场秩序，保护租房合约，稳定双方的合理预期，保护双方利益，可以有效地消除新生代农民工的后顾之忧，增加其归属感。

3. 大力推进租赁性住房产业专业化和规模化，使新生代农民工租有所选

大城市和特大城市是新生代农民工的主要流入和集聚地，住宅商品房价格持续高涨，远超其负担能力。同时，由于多年来，我国“只售不租”的房改政策导致租赁房市场发展严重滞后，特别是在大城市和特大城市，很多农民工只能租住在“城中村”、城市的边缘地带，租房品质差且公共服务水平低。根据国家统计局的数据，截至 2017 年，我国外出打工的新生代农民工总数已超过 1.72 亿万人次，如此巨大的流动人口规模将产生庞大的租房需求。但是，由于租赁住房发展严重滞后，住房市场中产权房与租赁房的占比不协调，租赁住房的供给十分有限。因此，要综合运用税收、金融、土地、规划等政策的支持，从产业层面大力推进租赁性住房产业向专业化和规模化迈进，满足新生代农民工多层次、多样化的住房消费需求。

首先，通过多渠道、多主体的供给，确保提供适合新生代农民工各类需求的租赁性住房。一方面，要充分激发市场活力，引导民营企业、私人业主、房地产开发商、非营利组织等有序进入租赁房产业，建设和培育农民工公寓；另一方面，要增加由国资国企筹建和参与的房源，补充市场需求的同时，制衡租赁性住房市场租金的价格。

其次，提供新生代农民工可负担的租金水平。根据国外租赁性住房的发展经验，租赁性住房涉及利益主体多元，政府对租赁性住房市场要进行有效的监管，

不能缺位。对于收入水平有限，但能支付起租赁房市场租金的新生代农民工，或者虽有购买能力但没有购买意愿的新生代农民工，应鼓励其在租赁房市场获得居所。

4. 实现公共租赁性住房广覆盖，将新生代农民工纳入公共租赁性住房保障范围

新生代农民工虽然在收入水平上较其父辈有明显提高，但在房价的高压之下，大多仍无力购房，针对这一购房困难群体，将其纳入公共租赁性住房保障是政府为低收入家庭、住房困难家庭等提供的保障。逐步实现公共租赁性住房对新生代农民工的广覆盖，为新生代农民工提供经济、安心的住所，使之安居乐业，提高城镇化质量。

新生代农民工不再是“苦行僧”，更加注重生活品质。因此应从合理选址、制定适宜租金标准、简化申请流程、房源信息化管理等方面发力，提供与当地经济社会发展相匹配的有效租赁性住房供给，精准施策，防止“一刀切”，提高公共租赁住房供需匹配度。首先，公共租赁性住房选址要合理，公共服务配套设施齐全，防止工作地与居住地距离太远而产生空间错配效应，导致供需不匹配；其次，合理制定公共租赁性住房租金标准，在其承受的范围内，使之能够体面地生活与劳动，促进其在社会阶层中向上流动；再次，简化申请流程，缩短申请等待时间，使新生代农民工在合理时间区段内获得租住权；最后，各地要建立公共租赁性住房信息管理平台，加大宣传力度，通过信息化手段及时地将房源信息及相关政策送达新生代农民工群体。

10.5 本章小结

多年来，我国城乡二元结构决定了我国新生代农民工住房困境的破解路径需要从消费观念、制度层面、产业层面和供给层面共同着手，在“量”和“质”上共寻突破口。首先树立科学合理的住房消费理念：“租小房—租大房—购小房—购大房—购好房”，引导新生代农民工进行梯级住房消费；其次要重视制度层面的推进，深入贯彻和落实“租售同权”的住房保障制度，确保其在享受城市公共服务方面与城镇居民的无异性；再次制定激励机制吸纳民间资本，推动租赁住房产业向专业化、规模化迈进，促进住房市场供需结构均衡；最后要使公共租赁性住房广覆盖，将新生代农民切实纳入保障范围。多力合一，才能从根源上破解新生代农民工的住房困境，实现高质量的人的城镇化。

第 11 章 基于全生命周期的 PPP + REITs 融资模式

为实现全体人民住有所居，使房屋回归居住属性。习近平总书记在党的十九大报告中明确指出“房住不炒”的新定位。在新时代背景下，公租房作为重要的保障性住房，其供需匹配和成功运营是保障中低收入群体住有所居的重要举措，也是推进我国“租售并举”住房制度改革的重要着力点。然而，建设资金缺口大、过度依赖政府财政、市场化融资体制机制不健全等问题极大地制约了公租房的有效供给。因此，在公租房建设中进行融资模式的研究，合理引导社会资本参与公租房建设，符合国家“在棚改、民生等重要经济领域实现金融创新”的政策导向，不仅具有重要的理论价值，而且对建设房地产市场长效机制，稳步推进房地产市场高质量发展具有重要的现实意义。

项目区分理论为公租房建设中，政府与社会资本合作提供了理论基础。同时，起源于美国的房地产信托投资基金（简称 REITs），通过近 60 年的发展，已成为公认的具有代表性的创新产品。本书基于全生命周期的视角，对公租房 PPP+REITs 融资模式进行研究，提出在建设期通过政府与社会资本合作的 PPP 模式进行融资，待公租房项目建成运营后，以项目公司的股权或股权收益开展 REITs 融资，为公租房 PPP 项目社会资本的成功退出提供途径，从而实现“1+1>2”的融资效果。在公租房建设中借助 PPP 与 REITs 进行融资，契合“房子是用来住的，不是用来炒的”定位，便于住房租赁企业融资，同时引入了社会监督，提高公租房运营管理的透明度，是建立新型住房保障体系的重要探索。

11.1 公租房融资模式的国内外文献综述

1. 公租房传统融资模式相关研究

基于准公共物品的视角，公租房等保障性住房传统融资模式主要有三种：财政资金、土地出让金、银行等机构的贷款。此外，还包括项目融资、地方政府债券、公积金增值收益、小区配套设施收益等。

其一，中央政府和地方政府的财政资金。20 世纪 60 年代前，美国保障中低收入阶层的廉租房建设资金由联邦政府财政承担。20 世纪 60 年代以后，开始鼓励私人部门参与保障住房建设。美国 2005—2009 年保障性住房支出占联邦财政支出的 14% ～ 15%。在我国，因公租房等保障性住房的准公共产品属性，国家财政拨款成为主要资金来源。由于保障性住房的售价或租金由政府制定且低于市场价格，很难吸引社会资本投资建设。1994 年分税制改革后，地方政府逐渐成为保障性住房建设的融资主体，但在缺乏激励机制和约束机制下，地方政府对保障性住房建设缺乏动力。因此，过度依赖政府投资会导致公租房供给规模及运营管理效率低下，不能满足民众的需求。

其二，土地出让金。保障性住房建设的另一重要资金来源是土地出让金。按照住建部与财政部的相关规定，至少提取扣除相关费用后的土地出让金的 10% 用于保障房建设。但是，由于多年来事权与财权的不统一导致地方政府过于依赖土地财政，保障性住房用地的增加会减少土地出让金，在导致地方财政减少的同时，会造成保障性住房建设资金缺口增大。

其三，银行等机构的贷款。各地保障房融资数据表明，商业银行贷款和政策性银行贷款是保障房融资的重要来源。然而，银行贷款虽能缓解资金约束，但同时也会带来利率风险、流动性风险，从而不利于保障房建设的可持续发展，且商业性银行参与公租房项目的积极性较低。2009 年我国开始试行将闲置的公积金用于保障性住房建设，但由于公积金未能达到广覆盖，其对支持保障性住房建设贡献有限。

2. 公租房融资模式创新相关研究

由于公租房的准公共物品属性导致私人投资严重不足，欧美等发达国家从最初集中讨论政府应承担保障房供给责任，目前的研究重点已转移到政府应采取何种措施引导私人资本参与保障房建设，实现投资主体多元化。在我国，由于传统融资模式过度依赖政府，在财政吃紧的情况下，保障房建设资金往往被挤占，导致公租房建设资金链条断裂。因此，在公租房等保障性住房建设中，吸引社会资本投资的公私合营模式和资产证券化融资方式成为国内学者的研究热点。

其一，公私合营融资模式（简称 PPP 模式）。由于政府财政资金不足，需要与私人资本合作投资基础设施等公共物品项目建设，通过风险共担、利益共享实现各自利益最大化。对可能存在的风险进行评价是 PPP 项目实施的必要前提，应在项目早期建立有效的风险分配策略，均衡的风险分配是 PPP 项目成功的关键，降低收入风险对于确保公私合作 PPP 运输项目的成功具有重要意义。美国交通部门的 PPP 项目设计与建造费用中私人投资占比在四分之一以上，为美国交通基础设施的建设做出了很大贡献，但是加纳地区项目实践表明，PPP 模式应用在公共住房项目的成功案例较少。而且，由于涉及众多的利益相关者，导致 PPP 项目的合同谈判成本很高。随着保障性住房资金缺口的增大，国内学者们开始提出将 PPP 融资模式应用到我国保障性住房建设之中，并对其可行性、风险分配和风险识别、定价机制以及运作流程做了深入的研究。研究发现，PPP 项目在运作过程中也出现了两个主要问题：一是 PPP 项目成为政府变相融资的渠道，加大了地方政府隐性债务；二是合作机制不健全以及收益低于预期导致社会资本退出。

其二，房地产信托投资基金。在 20 世纪 60 年代，美国廉租房由于投资收益不高、风险较大，导致其发展缓慢。1986 年，美国推出“联邦支持低收入家庭住房的低收入住房税收优惠证计划”，收到良好的经济和社会效益。主要原因在于以下三点：一是项目必须有一定比例的单元分配给低收入家庭才能获得税收优惠，至少 20% 的单元提供给当地中等收入水平 50% 及以下的家庭，或者至少 40% 的单元提供给当地中等收入水平 60% 及以下的家庭；二是这部分住房的租金不得高于租户家庭收入的 30%，使得租金与租户可支付能力相匹配；三是出租年限至少为 30 年，保证了租约的稳定性。在亚洲，香港公屋建设的资金来源途径主要有三种：一是政府资助；二是售租公屋及其附属商业楼宇；三是以部分有商业用途的、可采取市场化规律运作方式的非福利资产，将其收入基金化，成立领展 REITs。比起一般股票，REITs 证券化不动产回报与房地产市场的关系更密切，持有 REITs 的投资回报与持有上市房地产公司股票之间的收益存在长期协整关系，有效的治理和监管结构能够促进 REITs 的良性运营。由于传统融资模式过度依赖政府，缺乏市场化机制，国内学者们对 REITs 应用于保障房建设的可行性进行了研究，提出政府应从完善法律法规，规范市场秩序等方面创造良好的融资环境。后续的研究就 REITs 运作模式、运行机制、面临的风险及应对策略展开研究。多数研究认为，REITs 可以有效化解公租房财务和运营风险，是解决地方政府目前债务比例偏高的有效融资途径。但由于公租房的准公共品属性，应采取政府主导的房地产信托投资基金的融资模式，才能调动社会资本的投资积极性。

其三，保险资金。2006 年至今，原保监会（现在的银保监会）陆续发文为保险资金投资保障房提供了法律依据。保险基金陆续参与上海等城市的保障房建设，但目前相关的政策与配套措施并不健全，保险资金投资保障性住房还要防范政策风险、投资风险和管理风险。2018 年 4 月 1 日起实施的《保险资金运用管理办法》第十五条明确，保险资金可以投资金融机构以可特定化的基础资产所产生的现金流为偿付支持，通过结构化等方式进行信用增级，在此基础上发行的资产证券化产品。

3. 研究动态评述

国内外学者对传统融资模式存在的缺陷和不足，以及融资模式创新进行了基础性和应用性研究，并且取得了较为丰硕的成果。但是，由于公租房投资大、回收期长、收益低等特点，单一的融资方式或者几种融资方式的简单组合，难以调动社会资本投资公租房的积极性，因此，现有研究有待进一步深化和拓展：（1）基于全生命周期的研究视角不足。公租房等保障房创新融资模式的研究多以定性为主，单一融资方式或几种融资方式的简单叠加，缺乏从全生命周期视角针对公租房项目建设期和运营期不同融资方式的有序组合研究。（2）具体应用研究欠缺。已有研究定性、基础性研究居多，而具体应用性研究缺乏相关数据支撑。（3）政策建议缺乏可操作性。公租房融资创新模式的政策建议还停留在指引方向上，缺乏在实践中的可操作性。本书对现有的 PPP、REITs 等引入社会资本的融资模式进行有序组合，尝试对公租房建设融资模式进行创新研究。

11.2 基于全生命周期的 PPP+REITs 融资模式的分析与设计

依据项目区分理论，公租房因具有准公共产品属性，政府应积极探索与社会资本合作的模式，并为社会资本的退出提供有效途径，以激发社会资本再投资的热情。为解决公租房等保障性住房建设的融资困境，2015 年 4 月，六部委联合印发财综〔2015〕15 号文明确提出，鼓励地方运用 PPP 模式推进公租房投资建设和运营管理。2016 年 12 月，发改投资〔2016〕2698 号文进一步要求，各省级发展改革部门应大力推动传统基础设施领域 PPP 项目资产证券化工作。在国家顶层政策的推动下，对已建设完成进入运营期的公租房收益权进行资产证券化，采用 PPP 融资模式与 REITs 融资模式相结合，不仅可以盘活 PPP 项目资产，为 PPP 项目社会资本的退出提供可行路径，激发社会资本再投资公租房的热情，不仅对公租房建设发挥着重要作用，而且为中小投资者提供了房地产投资的渠道。

1. PPP 项目与 REITs 模式融合的基础

公租房 PPP 项目的核心在于后期的持续运营，其主要收益来源于租金、配套物业、资产升值，现金回流速度慢。因此，融资制约和融资模式乏力是制约公租房供给的主要瓶颈，无论是建设期还是运营期，公租房项目都需要稳定的、长周期、低成本、大规模的资金支持。公租房项目在建设期采用 PPP 融资模式，在运营期采用 REITs 融资模式，是因为二者之间有较好的融合基础。

公租房 PPP 项目进入运营期后，能够满足 REITs 对基础资产、收益安排、风险等级的要求。作为一种资产证券化产品，REITs 要求投资于有稳定收益的房地产、收入的大部分用来分红，同时要求运营风险较低。公租房 PPP 项目进入运营期后，其主要收益来源于稳定的租金收入，这与 REITs 的要求基本吻合。其一，公租房 PPP 项目建成后以项目资产的股权及收益权作为基础资产，发行资产证券化产品，具有收益稳定性，是非常适宜开展 REITs 的标的资产。其二，公租房 PPP 项目公司将可分配利润的大部分用于分红，从而满足 REITs 对高分红的收益要求。其三，公租房项目进入运营期后，其风险主要来源于运营风险，这与 REITs 对低风险的要求相匹配。其四，利好的政策环境及可借鉴的成熟经验，将助力公租房 PPP 项目与 REITs 模式融合。从政策层面看，公租房 PPP 项目受到国家“房住不炒”“租售并举”等政策的鼓励，从实践经验上看，20 世纪 60 年代起源于美国的 REITs，经过近 60 年在多个国家的成功运营，为我国推广应用 REITs 提供了成熟的经验。

REITs 拓宽了公租房 PPP 项目的融资渠道，为社会资本的良性循环提供有效路径。首先，使 PPP 项目公司摆脱了银行贷款等传统融资方式的依赖，同时，为项目公司的运营引入了社会监督，提高了运营管理的透明度，从而推动公司高效运营。其次，为社会资本的股权投资退出搭建常态化的稳健途径。使公租房 PPP 项目借助 REITs 模式，从名股实债转向真正的权益融资，为社会资本的股权投资退出搭建常态化稳健机制。最后，释放 PPP 项目存量资产，促进社会资本再投资公租房 PPP 项目，实现投资的良性循环。

公租房 PPP 项目采用 REITs 融资模式是政策鼓励方向，是规范公租房 PPP 项目运营与防范风险的重要保障。中央层面非常关注地方政府隐形债务，多次发文要充分利用市场机制，引导中小投资者投资基础设施建设，通过长期持有获得稳定收益，而不是博取差价的短期投机行为。2008 年 12 月出台的“金融国九条”首次提出将 REITs 作为企业融资渠道以来，相关政策利好不断，创新类 REITs 产品持续落地，资产证券化获得重大实证突破。上市 REITs 产品信息披露制度正逐渐完善，有利于投资者和社会公众加强对公租房 PPP 项目建设、运营过程中的监督，从而为公租房 PPP 项目的规范发展和风险防范提供了保障。

2. 交易结构设计

基于全生命周期视角的公租房建设 PPP+REITs 融资模式的交易结构，是对项目的投资回报机制，各主体之间权责和风险分配、监管机制安排的综合反映。具体融资模式可以分为两个阶段：建设期采用 PPP 融资模式，运营期采用 REITs 融资模式，融资交易结构如图 11-1 所示。

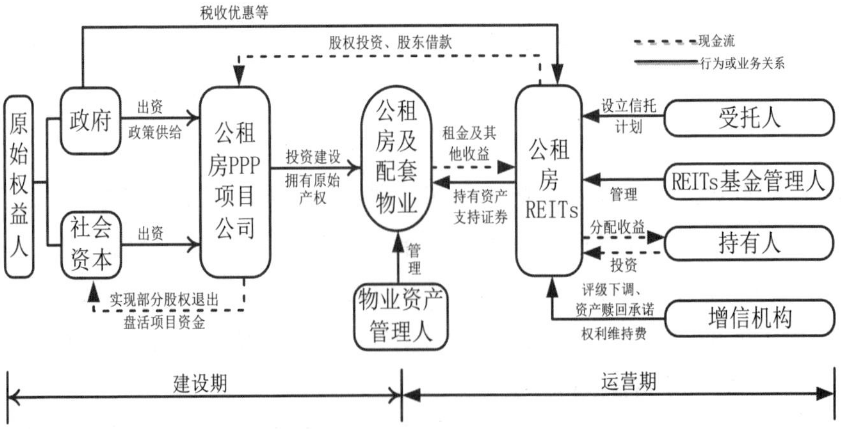

图 11-1 公租房建设 PPP+REITs 融资模式的交易结构

3. 建设期采用 PPP 融资模式

首先，根据“政府带头，社会参与”的原则要求，政府根据发展规划对拟建公租房 PPP 项目的必要性、可行性进行分析，设立公租房项目，同时合理确定政府与社会资本的出资比例；其次，通过公开招标、邀请招标等方式引入社会资本的竞争，择优选择具有 PPP 模式项目建设与运营经验、信誉良好的社会资本作为合作伙伴，共同出资成立公租房 PPP 项目公司；最后，政府利用有形的手为 PPP 项目提供财税、土地、信贷等政策支持，社会资本则发挥其在建设、管理等方面的丰富经验，由 PPP 项目公司对公租房及配套物业进行投资建设并持有原始产权及产权收益。当公租房建设完成进入运营期后，REITs 为公租房 PPP 项目社会资本退出提供途径。

4. 运营期采用 REITs 融资模式

由于公租房的准公共产品的属性，采取项目的特许经营权与股权相分离。公租房 PPP 项目合同会对股权及股权收益转让存在限制，因此，公租房项目在进行资产证券化之前应征得政府的同意，由政府出具同意函。同时，为防止社会资本退出导致道德风险，在公租房 PPP+REITs 的证券化交易结构中，需要将特许经营权与项目公司的股权相分离。

PPP 项目资产形成后进入运营阶段，项目公司股东作为融资人，以项目公司股权或股权收益权作为基础资产进行 REITs 融资，盘活存量资产。REITs 可采用混合型方式设立，合理配置权益型 REITs 和抵押型 REITs 的份额。受托人根据信托协议，设立信托计划，保管投资人资金并监督基金管理人。REITs 基金管理人向 PPP 项目公司购买资产包，盘活项目资金，实现 PPP 项目公司社会资本的部分股权退出。公租房 REITs 基金采取封闭式运行方式，在存续期不得赎回，封闭期很好地契合了 REITs 持有基础资产期限较长的要求。增信机构按期收取权利维持费，为 REITs 基金回购提供流动性支持，为评级下调出具承诺。公租房 REITs 采用封闭式的公募基金运作方式。物业资产管理人按照政府相关政策要求对公租房及其配套物业进行日常管理。

5. PPP+REITs 融资模式打通资金与资产之间的通道

全生命周期视角下公租房 PPP+REITs 融资模式的设计，将已建成的公租房资产证券化，盘活存量资产，为后续公租房建设投资提供了资金，形成了良性的资金投入循环，解决了公租房资金短板问题。作为连接资金与资产的载体，公租房 PPP+REITs 的融资模式在打通租赁市场融资渠道的同时实现不动产的流动性，一方面，缓解了政府的财政压力，增大公租房的供给规模，提高了运营效率，助力构建租购并举的住房体系；另一方面，为中小投资者通过资本市场参与房地产投资提供了渠道，解决了社会资本投资公租房 PPP 项目投入高、回收慢的难题。

11.3 风险—收益对等机制设计

合理的利益保障是调动社会资本积极性和提高参与度的重要前提，是政府和社会资本成功合作的必要条件。政府对公租房项目的投资属于公益性投资，更注重项目产生的社会效益，希望通过公租房项目来破解中低收入群体的居住困境。而社会资本对项目的投资属于经营性投资，更注重项目投资产生的经济效益，希望通过公租房项目得到满意的投资回报率。因此，PPP+REITs 融资模式下公租房项目能够成功运作的关键是项目参与方利益共享、风险分担机制的设计。公租房 PPP+REITs 融资模式涉及的利益主体众多，因此进行风险—收益对等机制设计，实现政府与社会资本的利益共享、风险共担，做到政府、投资方、民众等多方共赢。

1. 政府与社会资本投资基础比例

合理测算公租房在运营期的收入，进而确定公益性投资与经营性投资比例是 PPP 项目成功的关键。公租房是国家提供政策支持、限定建设标准和租金水平，为低收入群体提供的保障性住房。政府投资与社会资本投资基础比例的设计是 PPP 项目顺利融资的关键环节，也是社会资本投资收益率的决定性因素。根据项目相关者理论和风险最近原则，应从公租房定性、定量与实物载体三个层面来确定收益性与公益性投资比例。

首先是定性问题，公租房项目属于准公共产品，通过收取租金获得收益，因此公租房建设投资可分为不能带来收益的公益性投资 A 和可带来收益的经营性投资 B 两部分。从责任划分角度，政府应当承担公益性投资 A，达到保障住有所居的民生保障目标。而社会资本与政府合作，投入经营性投资 B 部分，获得一定期限的特许经营权，通过租金等收入回收投资并享有收益。其次是定量问题，即如何确定 A 部分和 B 部分的基础比例关系。通过对世界各个城市公租房成本等相关数据统计分析，构建公租房现金流量模型，在设定经营期限、合理回报率和年租金的前提下，可计算出经营性投资 B。公租房建设总投资中扣除经营性投资 B 后，即为公益性投资 A 部分。最后是公益性投资 A、经营性投资 B 与实物载体之间的对应关系。在公租房建设总投资中与项目建设有关的征地拆迁、土地使用费等应由政府承担，对应公益性投资 A 部分。而与项目建设有关的设计费、建安工程费以及与项目未来运营有关的费用由社会资本承担，可极大地提高公租房建设与运营的效率。

2. 租金定价及动态调整机制

公租房的租金定价必须对政府、社会资本、REITs 持有人以及低收入群体进行综合考虑并加以均衡。公租房的租金制定既要考虑地方经济发展水平和可支付能力、银行利率的变化以及通货膨胀的影响，还要兼顾房屋的区位差异。同时，政府为保障民生目标对公租房租金进行必要的干预与监管，所以其价格不能完全依靠市场机制形成。因此，以 PPP+REITs 融资模式进行公租房的建设与运营，应合理设计租金定价及动态调整机制，实现多方共赢。

风险共担、利益共享是公租房 PPP+REITs 融资模式能够成功运营的关键。公租房租金实行政府定价管理，会产生实际平均租金不能完全反映公租房本身运营成本和合理收益的财务特征。因此，公租房采用实际平均租金作为确定投资方运营收入的依据，应同时建立测算租金的动态调整机制。根据国内外统计资料测算公租房租金，以测算租金为基础，约定相应的租金差额补偿和收益分享机制，构建租金收益共享、风险分担机制，如图 11-2 所示。如果实际租金收入水平 R^* 高于测算租金收入水平 R_0，应将其差额按投资基础比例由政府与项目公司及 REITs 持有人进行分享。如果实际租金收入水平低于测算租金水平，其差额部分由政府进行补偿。

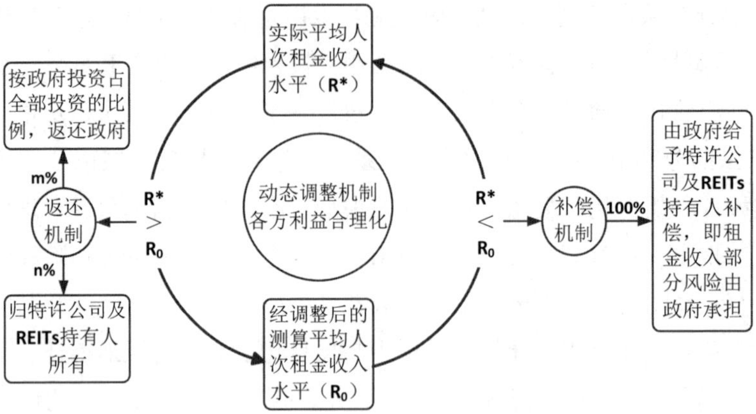

图 11-2　公租房租金定价及动态调整机制

注：图中 m%=A/（A+B），n%=B/（A+B）。

11.4　政策建议

1. 完善公募 REITs 相关业务细则

REITs 的市场化程度高，要求有完善的法律体系做保障。目前虽然有《信托法》《证券投资基金法》等相关法律，但是缺乏可操作性的相关业务细则，我国尚未建立起关于 REITs 融资的系统法律架构，并不能为 REITs 融资提供明确的法律保障。系统法律构架的缺失，使 REITs 融资模式存在一定的法律风险，是 REITs 融资模式快速健康发展的最大障碍。同时，我国基于准公共产品的 PPP 项目的产权、股权转让相关流程和规定仍然存在一定的法律障碍。因此，在 REITs 发展保持积极前进态势的背景下，要尽快研究出台相关业务细则，推动公募型 PPP+REITs 融资模式的落地。此外，要充分发挥证监会的专长优势，形成对证券市场的常态化监督，形成更加合理有效的对策方法、机制体制。

2. 尽快落实税收优惠政策

税收优惠是很多发达国家和地区成功推行 REITs 的关键。目前，我国对类 REITs 产品的相关税收优惠政策仍属空白。目前，公租房建设 PPP+REITs 融资模式要解决公司所得税双重征税的问题。REITs 投资者因税收过重导致其收益低于直接购房后出租带来的收益，根据理性经济人理论，中小投资者将失去投资REITs的热情。因此，税收优惠政策的制定是我国能否推行REITs的重要税收制度保障。作为准公共产品的公租房，因其具有较高的公益性，政府承担着较大的支出责任，给予准公共产品运营的税收优惠是培育公租房项目稳定现金流的重要支撑。

3. 加强REITs二级交易市场的建设

目前，我国的REITs二级交易市场尚不健全。一方面，销售开放度较低，使个人投资者缺乏购买渠道；另一方面，过高的转让门槛设置，极大地阻碍了产品的流动性。二级市场是REITs进行交易的基础，进一步完善二级市场，是提高REITs销售的开放性、增加产品的流动性，吸引更多的中小投资者的重要保障。只有建立完善的REITs二级交易市场，才能充分发挥市场的竞争性，实现优胜劣汰，吸引更多的中小投资者。

11.5　本章小结

不搞土地财政，不走房地产主导的城市发展老路，推进“租售并举”的住房供给体系是党中央、国务院为住房制度改革定下的基本方向。从历史地位作用来看，对公租房建设PPP+REITs融资模式的研究设计，是贯彻落实党的十九大“房住不炒”思想的重要抓手。REITs融资模式能够为公租房建设提供低成本的资金支持，助力公租房建设与运营的专业化与规模化，以REITs融资模式突破资金瓶颈，将成为公租房建设与高效运营的重要支撑。本章在总结国外保障性住房融资模式实践基础上，重点分析了公租房PPP项目与REITs模式融合的契合度，基于全生命周期视角对公租房建设的PPP+REITs融资模式进行研究，对交易结构、政府与社会资本投资基础比例的设定、租金定价与动态调整机制进行了设计。同时，为公租房PPP+REITs的融资模式的落地实施提出了政策建议。

第 12 章　基于超循环理论构建公租房融资路径

在“房住不炒”政策背景下,公租房是实现中低收入群体住有所居的托底保障。然而，公租房存在建设资金可持续性差、多元融资机制不完善等问题，影响公租房供给效率。因此，分析公租房融资模式困境，探索其融资路径，拓宽公租房融资主体，符合国家金融创新的政策导向。同时，利于房地产业高质量发展。目前关于公租房建设与运营融资模式的实践探索，主要从公租房建设管理问题、公租房融资风险、公租房租金定价等方面寻找突破。然而，公租房建设与运营资金缺口问题依然没有有效解决。因此，从新的视角对公租房建设与运营融资模式进行探讨势必在行。

纵观我国保障性住房融资模式的发展历程，经过 20 余年的探索，融资模式大致经历了“政府主导—公私合作（政府与社会资本合作）—多元参与”的过程。在政府主导阶段，因公租房、廉租房等保障性住房具有准公共产品属性，此阶段建设主要依靠中央政府和地方政府的财政资金。但我国是人口大国，对保障性住房需求大，供需结构不平衡，大量的需求使得政府财政压力过大，政府与社会资本合作的 PPP 融资方式是可行之策（陈伟等，2018）。进入“公私合作”的第二阶段，政府通过公开招标或邀请招标的方式引入实力雄厚、信誉良好的社会资本进行 PPP 合作，参与公租房、廉租房等保障房的建设。但限于保障性住房的售价或租金受居民支付能力影响，由政府制定的价格通常低于市场价格，社会资本参与投资建设的意愿大打折扣。加之其建设运营期长，资金回收缓慢，缺乏一定的退出途径，部分社会资本望而却步（徐勇戈等，2019）。因原有 PPP 融资计划已经不足以支撑整个项目继续建设运营，多元参与的“PPP+REITs”“PPP+ABS”等组合再融资相关研究成为新的热点（张彦伟，2019）。

目前关于多元融资的相关研究，以“PPP+REITs”“PPP+ABS”为主，综合对比前期相关研究，资产证券化的 ABS 融资模式，与房地产信托投资基金 REITs

融资模式，前者债券多发行在国际市场上，吸引实力较强的投资者，而后者信托基金多可发行于国内市场，吸引中小投资者利用闲散资金进行投资，既为中小投资者提供了参与房地产投资的渠道，又使其闲散资金得以高效利用（郭莉娜，2017）。同时，通过参与融资，可提升对公租房建设的关注度和参与度。REITs经过60余年发展，已成为公认的金融创新代表产品。但目前，我国对公租房多元参与的REITs融资模式相关政策支撑不足，缺乏连续性、清晰性的相关政策导向，中小投资者对融资参与意向不足。相关保护政策的欠缺，使得信托公司无法更好地应对市场及环境的变化，化解REITs融资模式下的风险与收益匹配问题（管百海，2017）。同时，有关公租房REITs参与后期租赁运营的细则有待完善（陈昭翔等，2018）。而公租房后期物业管理普遍存在专业性缺乏等问题，使资金回收期延长，影响资金回收，使众多中小投资者望而却步（李克武等，2019）。

因此，基于超循环理论视角，提出公租房建设期PPP、运营期REITs的融资模式，在宏观上通过构建公租房建设与运营的超循环政策环境平台，使公租房的建设与运营在超循环的引导下，向着更有序的状态转变。公租房的建设与运营进入良性的超循环过程，有利于房地产市场长效机制的建设（林永民等，2019）。

12.1　超循环理论对公租房融资模式的理论阐释

超循环理论对研究系统演化规律、系统自组织方式以及对复杂系统的处理都有深刻的影响。而公租房融资模式受到多种因素的影响，融资行为随之不断变化，且融资模式的演变存在一定的逻辑与规律，是非平衡状态下的自组织问题。二者在本质上具有一定的相似性。

1. 超循环理论

超循环理论于20世纪70年代被生物物理化学家曼弗里德·艾根创建，是生命起源的自组织理论，主要用于研究非平衡系统的自组织问题，具有一定的普适性（Eigen M，1977）。艾根认为，生命起源的自组织过程是一个分子从非生命向生命转化的自组织过程，而转变过程中，因和果的每次转换都会构成一次超循环。相关研究表明：在整个超循环中，因果进行转换的过程，既包含自我复制，又包含相互催化，个体反应是整体反应的催化剂，整体反应依赖于个体的催化（杜建军, 2007）。个体的低级反应为整体的超循环反应蓄能，达到一定程度时实现质变，完成演化过程。从低级的反应循环到进阶的催化循环，循环个体与整体、循环原因与结果相互组合、相互催生，阐释了由简单向复杂演变、由个体向共生演变的过程。目前，超循环理论的应用，已经由最初的生命进化演变规律相关研究，向社会、文化、经济等多领域发展。

2. 超循环理论对公租房融资模式的阐释

公租房融资行为受内外因素影响显著，是典型的非平衡状态。融资主体参与公租房的融资行为，受融资政策、融资条件、租金水平、入住率等因素的影响，而融资模式也随着融资行为的改变而不断变化，且融资模式的演变存在一定的逻辑与规律，是非平衡状态下的自组织问题，与超循环理论关于生命进化的演变有许多相通之处。从本质上来说，全生命周期各阶段各主体利益的相关性，使融资行为发生变化。在变化过程中因果关系也出现转化，前一过程的结果催生下一过程产生，变成下一过程的原因，前一阶段融资模式的因果关系相互催生、相互转换，构成了新的融资模式产生。因此，公租房融资模式的演化可以看作是一个超循环系统。在“房住不炒”定位背景下，以及房地产金融产品创新的探索下，将超循环理论抽象到公租房融资模式研究中，为分析公租房融资模式的演变机理、破解公租房融资困境开辟一条新的研究思路。

12.2 公租房 PPP+REITs 融资模式的超循环机理

1. 第一阶段：反应循环——单一政府融资模式

反应循环为超循环的第一层次：在反应过程中，反应物 A 存在，产物 B 通过催化剂 E 的作用生成，这样一个循环称为“反应循环”。我国的公租房、廉租房等保障性住房具有准公共产品属性。廉租房时期，政府为主导的廉租房建设项目是一个反应循环，其动态性与国情相关，是由于政府财政能力、社会经济水平、社会需求、廉租房建设标准等变化形成。廉租房的建设因受到社会需求的影响及政府资金的制约，必须时刻关注外界条件的变化，并在项目建设上对这些信息有所反馈，从而保持其自身始终是一个开放的系统。由于外部环境的变化导致居民对住房的需求增加，催生新一轮廉租房建设项目，形成反应循环，如图 12–1 所示。

图 12–1　反应循环

因公租房、廉租房等保障性住房的售价或租金由政府制定且低于市场价格，其利润有限，亏损率相对较高，部分企业对公租房投资建设的参与意愿不足，变相加大了对政府资金的依赖，进一步加大了政府财政压力（路君平，2011）。在催化剂 E，即我国住房价格持续上涨和中低收入群体住房需求加大的影响下，投资主体的单一加上项目开发周期长，造成房屋建设工程整体进程缓慢，且过度依赖政府投资会导致公租房供给规模及运营效率低下，无法满足低收入群体住房需求。此种融资模式，反复出现产物 B，即以资金不足为代表的建设瓶颈反复循环出现。

2. 第二阶段：自催化循环——PPP 融资模式

自催化反应是催化循环的最简单形式，这意味着产物 G 是由反应物 F 在 G 作为催化剂的条件下循环产生的。一旦物质 G 出现在系统中，反应将持续进行，从而形成连续的自催化循环。催化循环是一个循环网络系统，由能够产生类似效果的催化剂或反应循环组成。在房价持续上涨和低收入群体住房需求不断增加的情况下，探索政府与社会资本的合作进行保障性住房的建设与运营，政府和企业都是保障性住房融资体系的子系统。由于催化循环中的催化剂本身是循环中的产物，因此循环可以在没有外力驱动的情况下自主运行和耦合，同时形成信息自我保存或自我复制的系统，具有高的运行效率和强的耦合能力。因此，比反应循环更先进。在反应循环中自我复制是生命系统的特征，并被催化循环所拥有，如图 12–2 所示。

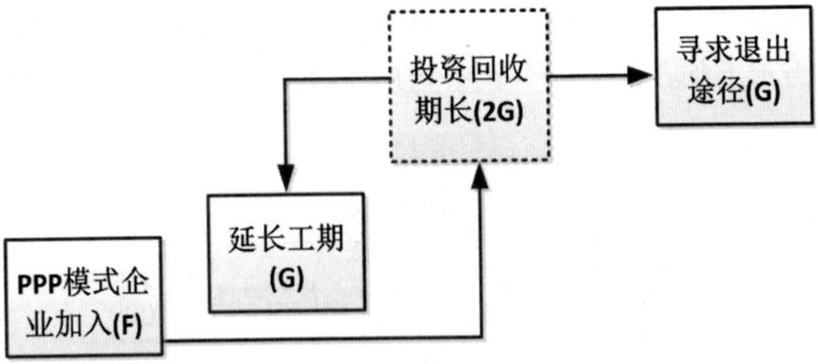

图 12–2 自催化反应

受公租房投资规模大、回收期长等因素影响，需要大量的长期资本来匹配。因此，PPP 模式下的风险识别与分配、PPP 模式下的租金定价机制以及运作流程成为研究的重点。然而实践表明，现实中各种因素交杂，公私合作的 PPP 项目在运作过程中的问题慢慢显露。由于社会资本一般追求短期利益，不愿意进行长期投资，一部分社会资本进入后，不堪投资压力，渴望得到退出途径；另一部分社会资本将投资压力分散回项目本身，延长工期，导致资金回收与工期之间的自催化循环反应。此外，受现行政策和风险约束机制的影响，保险基金、社保基金和养老基金等长期基金进入的积极性不高，长期基金的供给远远低于资金需求。此种融资模式虽较第一阶段有明显进步，但仍存在局限性，需要进一步探索。

3. 第三阶段：自我催化超循环——组合融资模式

基于以上两个阶段的研究与实践经验表明，公租房的建设单纯依靠政府或 PPP 模式仍存在诸多问题。单一的融资方式或者几种融资方式的简单组合，难以调动社会资本投资公租房的积极性。因此，现有研究有待进一步深化和拓展，投资主体有待进一步拓宽。关于多主体合作模式的研究，是目前学术界的关注点。从超循环理论视角来看，政府、企业、中小投资者融资模式的组合，可以看作是一个超循环生命系统，每个主体元素在系统内既具有独立性又具有关联性。而系统外存在与之密切相关的房屋需求、资金需求、投资回收期、投资利用率等因素。PPP+REITs 融资模式是促进政府资金、企业资金、中小投资者资金之间的合理利用、实现项目全生命周期运作的最优选择，如图 12–3 所示。

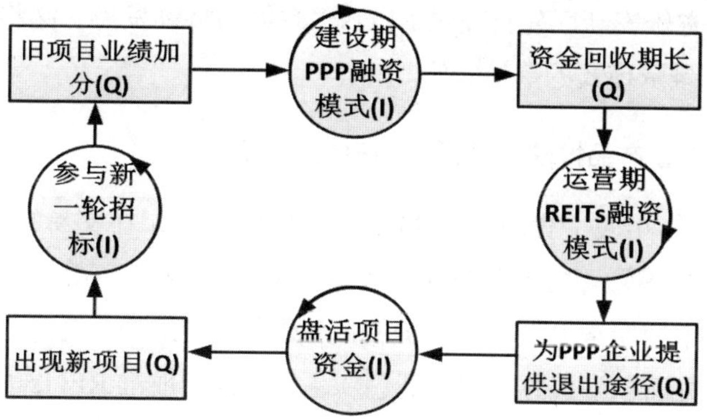

图 12-3　自我催化超循环

在建设期 PPP、运营期 REITs 的融资组合模式下，项目进入运营阶段，政府为其提供政策支持与帮助，使中小投资者通过 REITs 实现对房地产市场的投资活动。REITs 资金的进入，不仅盘活 PPP 企业的项目资金，还为投资企业提供了资本退出途径。投资企业将盘活资金运用于下一轮的招标，实现资金的再利用、因果的相互转换，实现各阶段的催化和自我催化超循环，是现行组合融资模式中的最优选择。

12.3　公租房 PPP+REITs 的超循环演化的政策推动与实践基础

1. 顶层设计明确支持公租房 REITs 融资模式

自 2008 年年底，金融“国九条”出台亮相，明确提出要开展 REITs 试点，后续相关政策陆续下达，为 REITs 试点的顺利实施提供支撑。随后，国务院在 2010 年发布《关于加快发展公共租赁住房的指导意见》中，明确提出支持探索公租房 REITs 融资渠道，并出台一系列 REITs 融资优惠政策，辅助 REITs 运行。时隔 8 年，中国证监会再发声强调，为支持住房产业发展，拓宽融资渠道，与住建部联合印发《关于推进住房租赁资产证券化相关工作的通知》，提出支持大中型城市优先发行权益类资产证券化产品，鼓励在试点城市先行先试 REITs 融资方式。2019 年，全国人大代表、中国人民银行石家庄中心支行行长陈建华向人大会议提交了《关于尽快明确雄安新区金融功能定位及相关政策的建议》和《关于完善房地产投资信托基金有关配套支持政策的建议》，支持 REITs 融资方式落地，并建议在河北省雄安新区先行先试 REITs。政策的持续发力，必将不断推动公租房 PPP+REITs 融资模式的落地实施。

2. 类 REITs 产品推陈出新助力 REITs 发展

截至 2018 年年底，我国已有 43 只类 REITs 发行，在交易结构、会计处理、证券交易、税务筹划等方面积累了大量的经验。2014 年，中信启航专项资产管理计划开启了中国版准 REITs，类 REITs 产品在交易结构、会计处理、税务筹划和资产评估等方面越发成熟，且不断创新。自中信启航准 REITs 开始，证券交易所的资产证券化逐步成为了国内类 REITs 产品的重要运作载体。保利租赁住房在 2017 年实施类 REITs 产品推出的创新方案，引入“一次审批、分期发行”的方式，验证了 REITs 进入住房市场的可行性，打通了 REITs 产品的多方渠道，为 REITs 进入住房市场奠定了基础。2018 年 5 月 9 日，由深圳市人才安居集团作为原始权益人，深创投不动产基金作为总协调人的“深创投安居集团人才租赁住房资产支持专项计划”获得深圳证券交易所批准，是国内首单人才租赁住房类 REITs 产品。人才安居集团通过开展投融资业务创新，搭建以人才租赁住房作为底层资产的资产证券化平台，开创了全国公租房类 REITs 的先河。同期，碧桂园租赁住房 REITs 一号类第一期在深圳交易所成功挂牌，且成为国内首单达到 100 亿级规模的 REITs 产品。REITs 产品的推陈出新，既在实操层面为 REITs 落地夯实基础，又通过它们的创新示范效应，推动 REITs 市场发展，对于公租房开展资产证券化和 REITs 模式具有重要示范作用。

12.4 推进公租房 PPP+REITs 融资模式的对策建议

基于超循环视角，分析公租房融资模式的演进机理，得出最优再融资模式——建设期 PPP 运营期 REITs 的组合融资模式，在 REITs 相关融资政策的支持下，及类 REITs 产品不断推陈出新的市场环境下，公租房在运营期进行 REITs 融资势在必行。但限于现有政策对 REITs 参与公租房融资的导向不足、公租房 REITs 融资官方机构缺失以及公租房后续物业管理对 REITs 融资者的权益影响大等融资困境，本书提出以下对策建议：

1. 夯实公租房 REITs 的政策基础

首先，尽快推出公募 REITs 管理办法。我国居民储蓄存款持续增长，民间资本充裕。公募 REITs 一方面可解决公租房建设融资难的问题，另一方面可以有效防范和控制系统性金融风险。同时，可拓宽中小投资者的投资渠道。因此，要因地制宜尽快出台公开发行房地产投资信托基金的管理措施。其次，尽快出台公租房 REITs 税收优惠相关法律条款、落地实施政策。以立法规定 REITs 融资方式运营的公租房，政府给予土地、税收等方面优惠。同时，需要建立税收抵免额度确定和分配制度，税收抵免项目的监督等运行规范和制度，助推公租房建设运营期 REITs 市场的健康快速发展。再次，政府要为公租房 REITs 所需的融资活动提供财政贴息和担保。最后，要建立公租房 REITs 风险防控体系，完善信息披露制度，加强社会监管，使公租房 REITs 在阳光下健康发展。严管监督机构，确保其独立性、公正性和权威性。推动房地产投资信托相关企业完善治理结构和内部控制体系，确保稳定运行。

2. 打造公租房 REITs 产业集群

鼓励成立公租房 REITs 官方机构和高级别协调小组，共同促进房地产投资信托基金的发展。一方面，大力从贷款、税收、补贴和土地等各方面形成强力支持；另一方面，对可融资项目进行筛选，为优质项目建立扶持梯队，储备一批拟上市的公租房 REITs，打造公租房 REITs 产业集群。首先，打破壁垒，充分发挥市场机制的作用。以开放的心态引进国内外一流企业，开展公租房建设和运营管理，推动房地产投资信托基金上市。其次，优化集群网络结构。注意非正式组织如协会、论坛、研究中心等的建立、运行和维护，促进集群的健康快速升级。同时，积极推动公共租赁住房集群嵌入国家网络和世界网络，吸收跨越式增长的能量。最后，应重视房地产投资信托基金的专业和复合培训。联合高校尽快建立一支熟悉基金证券业务和房地产市场的专业管理人才队伍，推动服务型人才的建设。

3. 构建公租房优质物业池

公租房等保障性住房建设过程中，为了赶进度，经常跳过前期策划阶段，事前的研究优化不足，为项目后期运营管理带来了诸多隐患。构建优质的公租房物业池，是公租房运营期 REITs 成功实施的关键。REITs 的本质是长期持有而非炒买炒卖，拟纳入 REITs 资产池的公租房项目应当有稳定、可预测的现金流。由于公租房等保障房项目的特殊性，对工期、质量和成本有着严格的要求。因此，应基于全生命周期项目总控理论，在项目总体策划阶段，充分考虑项目的建设与居住后的运营与管理，以全生命周期价值最优为目标，实现有限总价下的全生命周期低碳住宅。

12.5 本章小结

本章基于超循环理论分析公租房融资模式的演进机理，构建公租房融资路径采用“建设期 PPP 运营期 REITs 的组合融资模式”。并提出要从夯实公租房 REITs 的政策基础、打造公租房 REITs 产业集群、构建公租房优质物业池等方面着力。

致　谢

2015年9月，我在中国人民大学公共管理学院攻读房地产经济学博士学位，师从吕萍教授。吕老师知识渊博、治学严谨，在房地产价格与市场、房地产政策等领域有很深的造诣。在写作过程中，吕老师与我促膝交流。永记恩师的培养，永记同窗学友的鼓励。感谢中国人民大学公共管理学院的丰雷教授、黄燕芬教授、严金明教授、曲卫东教授、张占录教授、叶剑平教授、施昱年副教授、余华义副教授等各位师长给予的重要帮助。感谢同窗钟荣桂博士、陈守合博士、李怡达博士、赵永升博士、江丽博士、梁迪博士等在写作和修改过程中给我提出的宝贵建议，感谢刘宝香、刘寅、藏波、朱庄瑞、陈卫华、张超、于淼、常青、赵祯、杨柏文、于璐源、曹一川、徐鑫琳等师姐、师兄、师弟、师妹，在数据处理及模型构建等方面给予的支持。感谢帮助我的老师和同学们，虽不能一一列举你们的名字，但你们的帮助，我永远铭记在心。感谢华北理工大学各位领导和同事给予的各种帮助，特别要感谢赵艳霞教授、崔健教授给我的悉心指导。感谢亲爱的父母、公婆，是你们的一路默默支持，让我在学习的道路上一路前行。特别感谢我的爱人及我可爱的女儿给予的无尽关怀与支持！

参考文献

[1] Agosin M R, Machado R. Foreign investment in developing countries：does it crowd in domestic investment? [J]. Oxford Development Studies, 2005, 33 (2)：149—162.

[2] Almeida H, Campello M. Financial Constraints, Asset Tangibility, and Corporate Investment[J]. Review of Financial Studies, 2007, 20 (5)：1429—1460.

[3] Alex Bowen. Housing and the macroeconomy in the United Kingdom[J]. Housing Policy Debate, 1994, 5 (3)：241—251.

[4] Aoki K, Proudman J, Vlieghe G. House prices, consumption, and monetary policy：a financial accelerator approach[J]. Journal of Financial Intermediation, 2004, 13 (4)：414—435.

[5] Arcand J L, Berkes E, Panizza U. Too much finance?[J]. Journal of Economic Growth, 2015, 20 (2)：105—148.

[6] Archer W R, Gatzlaff D H, Ling D C. Measuring the Importance of Location in House Price Appreciation[J]. Journal of Urban Economics, 1996, 40 (3)：334—353.

[7] Arthur Kroeber. China's Consumption Paradox：Causes and Consequences[J]. Eurasian Geography & Economics, 2011, 52 (3)：330—346.

[8] Bajic V. The Effects of a New Subway Line on Housing Prices in Metropolitan Toronto[J]. Urban Studies, 1983, 20 (2)：147—158.

[9] Barrell R, Costantini M, Meco I. Housing wealth, financial wealth, and consumption：New evidence for Italy and the UK[J]. International Review of Financial Analysis, 2015, 42 (1)：316—323.

[10] Benjamin J D, Chinloy P, Jud G D. Real Estate Versus Financial Wealth in Consumption[J]. Journal of Real Estate Finance & Economics, 2004, 29 (3)：341—354.

[11] Beck T, Buyukkarabacak B, Rioja F K, et al. Who Gets the Credit? And Does it Matter-Household vs. Firm Lending across Countries[J]. B.e.journal of Macroeconomics, 2014, 12 (1) : 1—41 (41).

[12] Becker G S, Mulligan C B. The Endogenous Determination of Time Preference[J]. Quarterly Journal of Economics, 1997, 112 (3) : 729—758.

[13] Berger M C, Blomquist G C, Peter K S. Compensating differentials in emerging labor and housing markets : Estimates of quality of life in Russian cities[J]. Journal of Urban Economics, 2008, 63 (1) : 25—55.

[14] Black S E. Do Better Schools Matter? Parental Valuation of Elementary Education[J]. Quarterly Journal of Economics, 1999, 114 (2) : 577—599.

[15] Bowes D R, Ihlanfeldt K R. Identifying the Impacts of Rail Transit Stations on Residential Property Values [J]. Journal of Urban Economics, 2001, 50 (1) : 1—25.

[16] Brasington D M. Which Measures of School Quality Does the Housing Market Value?[J]. Journal of Real Estate Research, 2000, 18 (3) : 395—414.

[17] Buiter W H. Housing Wealth Isn't Wealth[J]. Ssrn Electronic Journal, 2008, 4 (22): 1—29.

[18] Campbell J Y, Cocco J F. How do house prices affect consumption? Evidence from micro data[J]. Journal of Monetary Economics, 2007, 54 (3) : 591—621.

[19] Case K E, Shiller R J. Forecasting Prices and Excess Returns in the Housing Market[J]. Real Estate Economics, 1990, 18 (3) : 253—273.

[20] Case, Karl E, Quigley, John M, Shiller, Robert J. Comparing Wealth Effects : The Stock Market Versus the Housing Market[J]. Advances in Macroeconomics, 2006, 5 (1) : 1235—1235.

[21] Cecchetti S G, Kharroubi E. Why Does Financial Sector Growth Crowd Out Real Economic Growth?[J]. Social Science Electronic Publishing, 2013.

[22] Chaney T, Sraer D, Thesmar D. The Collateral Channel : How Real Estate Shocks Affect Corporate Investment[J]. American Economic Review, 2012, 102 (6) : 2381—2409.

[23] Chamon M D, Prasad E S. Why Are Saving Rates of Urban Households in China Rising?[J]. American Economic Journal Macroeconomics, 2010, 2 (1) : 93—130.

[24] Chen N K, Leung C K Y. Asset Price Spillover, Collateral and Crises：with an Application to Property Market Policy[J]. Journal of Real Estate Finance & Economics, 2008, 37 (4)：351—385.

[25] Cheshire P, Sheppard S. The welfare economics of land use planning [J]. Journal of Urban Economics, 2002, 52 (2)：242—269.

[26] Chenery H B, Robinson S, Syrquin M, et al. Industrialization and growth：a comparative study[M]. London：Oxford university press,1986.

[27] Davis E P, Zhu H. Bank lending and commercial property cycles：Some cross-country evidence[J]. Journal of International Money & Finance, 2011, 30 (1)：1—21.

[28] Dohmen T J. Housing, mobility and unemployment[J]. Regional Science & Urban Economics, 2005, 35 (3)：305—325.

[29] Duffy-Deno K T, Eberts R W. Public infrastructure and regional economic development：A simultaneous equations approach[J]. Journal of Urban Economics, 1991, 30 (3)：329—343.

[30] Dumais G, Ellison G, Glaeser E L. Geographic Concentration as a Dynamic Process[J]. Review of Economics & Statistics, 2002, 84 (2)：193—204.

[31] Fisher I. The Theory of Interest[M]. New York：Macmillan, 1930.

[32] Fujita M, Krugman P R, Venables A J. The Spatial Economy：cities, Regions and International Trade. MIT Press[J]. Southern Economic Journal, 1999, 213 (1)：283—285.

[33] Engelhardt G V. House prices and home owner saving behavior[J]. Regional Science & Urban Economics, 1996, 26 (3—4)：313—336.

[34] Farmer K, Schelnast M. Economic Growth With Bubbles[J]. American Economic Review, 2012, 102 (6)：3033—3058.

[35] Gan J. Collateral, debt capacity, and corporate investment：Evidence from a natural experiment [J]. Journal of Financial Economics, 2007, 85 (3)：709—734.

[36] Glaeser E L, Gyourko J, Saks R E. Urban growth and housing supply[J]. Journal of Economic Geography, 2005, 6 (1)：71—89.

[37] Glaeser E L, Gyourko J, Saiz A. Housing supply and housing bubbles[J]. Journal of Urban Economics, 2008, 64 (2)：198—217.

[38] Glaeser E L, Gottlieb J D. The Wealth of Cities：Agglomeration Economies and

Spatial Equilibrium in the United States[J]. Journal of Economic Literature, 2009, 47 (4) : 983—1028.

[39] Goodman A C. An econometric model of housing price, permanent income, tenure choice, and housing demand[J]. Journal of Urban Economics, 1988, 23 (3) : 327—353.

[40] Grimes A, Aitken A. Housing Supply, Land Costs and Price Adjustment[J]. Real Estate Economics, 2010, 38 (2) : 325—353.

[41] Grossman, Yanagawa, Noriyuki. Asset Bubbles and Endogenous Growth[J]. Journal of Monetary Economics, 1993, 31 (1) : 3—19.

[42] Hanson G H, Spilimbergo A. Illegal Immigration, Border Enforcement, and Relative Wages : Evidence from Apprehensions at the U.S.-Mexico Border[J]. American Economic Review, 1999, 89 (5) : 1337—1357.

[43] Hanson G H. Market potential, increasing returns and geographic concentration[J]. Journal of International Economics, 2005, 67 (1) : 1—24.

[44] Helpman E. "The Size of Regions", in Topics in Public Economics : Theoretical and Applied Analysis (ed. D. Pines,E. Sadka and Y. Zilha)[M]. New York : Cambridge Universtity Press, 1998.

[45] Hirata H, Kose M A, Otrok C, et al. Global House Price Fluctuations : Synchronization and Determinants[J]. Nber International Seminar on Macroeconomics, 2012, 9 (1) : 119—166.

[46] Henneberry J. Transport investment and house prices[J]. Journal of Property Valuation & Investment, 1998, 16 (2) : 144—158.

[47] Holland A S. The baby boom and the housing market : Another look at the evidence[J]. Regional Science & Urban Economics, 1991, 21 (4) : 565—571.

[48] Ibrahim M H, Law S H. House prices and bank credits in Malaysia : An aggregate and disaggregate analysis[J]. Habitat International, 2014, 42 (42) : 111—120.

[49] Iacoviello M. House prices ,borrowing contraints, and monetrary policy in the business cycle[J]. American Economic Review, 2005, 95 (3) : 739—764.

[50] Jorgenson D W. Capital Theory and Investment Behavior[J]. American Economic Review, 1963, 53 (2) : 247—259.

[51] Jerzmanowski M, Nabar M. The welfare consequences of irrational exuberance :

Stock market booms, research investment, and productivity[J]. Journal of Macroeconomics, 2008, 30 (1)：111—133.

[52] Karsten L. Family Gentrifiers：Challenging the City as a Place Simultaneously to Build a Career and to Raise Children[J]. Urban Studies, 2003, 40 (12)：2573—2584.

[53] Katinka Hort. The Determinants of Urban House Price Fluctuations in Sweden 1968-1994[J]. Journal of Housing Economics, 1998, 7 (2)：93—120.

[54] Kim B H, Min H G. Household lending, interest rates and housing price bubbles in Korea：Regime switching model and Kalman filter approach[J]. Economic Modelling, 2011, 28 (3)：1415—1423.

[55] King I, Ferguson D. Dynamic inefficiency, endogenous growth, and Ponzi games [J]. Journal of Monetary Economics, 1993, 32 (1)：79—104.

[56] Koszegi B. On the Feasibility of Market Solutions to Self-Control Problems[J]. Swedish Economic Policy Review, 2005,12 (2)：71—94.

[57] Koutsopoulos K C. The Impact of Mass Transit on Residential-Property Values[J]. Annals of the Association of American Geographers, 1977, 67 (4)：564—576.

[58] Krugman P R. Increasing return and economic geography[J].Journal of Political economy,1991,99 (3)：483—499.

[59] Krugman P. The Increasing Returns Revolution in Trade and Geography[J]. American Economic Review, 2009, 99 (3)：561—571.

[60] Laibson D. Golden Eggs and Hyperbolic Discounting[J]. Quarterly Journal of Economics, 1997, 112 (2)：443—477.

[61] Lan F, Zhang Y. Spatial Autoregressive Model of Commodity Housing Price and Empirical Research[J]. Systems Engineering Procedia, 2011, 1 (1)：206—212.

[62] Leontief W W. The structure of American economy, 1919-1939：an empirical application of equilibrium analysis[M]. Boston：Oxford University Press, 1951.

[63] Li W, Yao R. The Life-Cycle Effects of House Price Changes[J]. Journal of Money Credit & Banking, 2007, 39 (6)：1375—1409.

[64] Mankiw N G, Weil D N. The Baby Boom, The Baby Bust, and the Housing Market[J]. Regional Science & Urban Economics, 1989, 19 (2)：235.

[65] Määttänen N, Terviö M. Income distribution and housing prices：An assignment model approach [J]. Journal of Economic Theory, 2011, 151 (7945)：381—410.

[66] Mendicino C, Punzi M T. House prices, capital inflows and macroprudential policy [J]. Journal of Banking & Finance, 2014, 49 (12)：337—355.

[67] Miao J, Wang P. Bubbles and Total Factor Productivity[J]. American Economic Review, 2012, 102 (3)：82—87.

[68] Miao J, Wang P. Sectoral bubbles, misallocation, and endogenous growth [J]. Journal of Mathematical Economics, 2014, 53 (8)：153—163.

[69] Monk S, Whitehead C M E. Restructuring housing systems：from social to affordable housing?[J]. Housing Studies, 2000, 33 (4)：754—755.

[70] Muellbauer J, Murphy A. Booms and Busts in the UK Housing Market[J]. Economic Journal, 1997, 107 (445)：1701—1727.

[71] Mccarthy J, Peach R W. Monetary Policy Transmission to Residential Investment[J]. Economic Policy Review, 2003, 8 (5)：139—158.

[72] Muth R F. The Stock Demand Elasticities of Non-Farm Housing：Comment[J]. Review of Economics & Statistics, 1965, 47 (4)：447—449.

[73] Munoz-Raskin R. Walking accessibility to bus rapid transit：Does it affect property values? The case of Bogotá, Colombia[J]. Transport Policy, 2010, 17 (2): 72—84.

[74] Mcdonald B, Dauvergne P. Livable Cities? Urban Struggles for Livelihood and Sustainability[J]. Global Environmental Politics, 2002, 81 (4)：1501—1502.

[75] Nelson T R, Potter T, Wilde H H. Real estate assets on corporate balance sheets[J]. Journal of Corporate Real Estate, 2000, 2 (1)：29—40.

[76] Ngai L R, Pissarides C A. Structural Change in a Multisector Model of Growth[J]. American Economic Review, 2007, 97 (1)：429—443.

[77] Oates W E. The Effects of Property Taxes and Local Public Spending on Property Values：An Empirical Study of Tax Capitalization and the Tiebout Hypothesis[J]. Journal of Political Economy, 1969, 77 (6)：957—971.

[78] Ommeren J V, Rietveld P, Nijkamp P. Job Moving, Residential Moving, and Commuting：A Search Perspective[J]. Journal of Urban Economics, 1999, 46 (2)：230—253.

[79] Olivier J. Growth-Enhancing Bubbles[J]. International Economic Review, 2000, 41 (1) : 133—151.

[80] Peng R, Wheaton W C. Effects of restrictive land supply on housing in Hong Kong : an econometric analysis[J]. Journal of Housing Research ,1994, 5 (2) : 263—291.

[81] Poterba J M. Tax Subsidies to Owner-Occupied Housing : An Asset-Market Approach[J]. Quarterly Journal of Economics, 1984, 99 (4) : 729—752.

[82] Poterba J M. Stock Market Wealth and Consumption[J]. Journal of Economic Perspectives, 2000, 14 (2) : 99—118.

[83] Peltonen T A, Sousa R M, Vansteenkiste I S. Wealth effects in emerging market economies[J]. International Review of Economics & Finance, 2012, 24 (5) : 155—166.

[84] Pratap S, Urrutia C. Financial Frictions and Total Factor Productivity : Accounting for the Real Effects of Financial Crises[J]. Review of Economic Dynamics, 2012, 15 (3) : 336—358.

[85] Rabe B, Taylor M P. Differences in Opportunities? Wage, Employment and House - Price Effects on Migration[J]. Oxford Bulletin of Economics & Statistics, 2012, 74 (6) : 831—855.

[86] Roback J. Wages, Rents, and the Quality of Life[J]. Journal of Political Economy, 1982, 90 (6) : 1257—1278.

[87] Roos C F. Book Review : The Theory of Interest as Determined by Impatience to Spend Income and Opportunity to Invest it[J]. Bull amer math soc, 1930, 36 (11) : 783—785.

[88] Saiz A. Immigration and housing rents in American cities[J]. Journal of Urban Economics, 2007, 61 (2) : 345—371.

[89] Simonsohn U, Loewenstein G. The Effect of Previously Encountered Prices on Current Housing Demand[J]. Economic Journal, 2006, 116 (508) : 175—199.

[90] Szudejko M. Financial Markets and Investment Externalities[J]. American Journal of Public Health, 2013, 22 (15) : 2158—73.

[91] Takáts E. Aging and house prices[J]. Journal of Housing Economics, 2012, 21 (2): 131—141.

[92] Thu T T, Perera R. Consequences of the two-price system for land in the land and

housing market in Ho Chi Minh City, Vietnam[J]. Habitat International, 2011, 35 (1)：30—39.

[93] Tiebout C M. A Pure Theory of Local Expenditures[J]. Journal of Political Economy, 1956, 64 (5)：416—424.

[94] Tsai I C. The asymmetric impacts of monetary policy on housing prices：A viewpoint of housing price rigidity[J]. Economic Modelling, 2013, 31 (1)：405—413.

[95] Vyacheslav Mikhed, Petr Zemčík. Do house prices reflect fundamentals? Aggregate and panel data evidence[J]. Journal of Housing Economics, 2009, 18 (2)：140—149.

[96] Wen H, Goodman A C. Relationship between urban land price and housing price：Evidence from 21 provincial capitals in China[J]. Habitat International, 2013, 40 (7)：9—17.

[97] Zhao B. Rational housing bubble[J]. Economic Theory, 2015, 60 (1)：141—201.

[98] 安虎森. 新经济地理学原理 [M]. 北京：经济科学出版社，2009.

[99] 安虎森，颜银根，朴银哲. 城市高房价和户籍制度：促进或抑制城乡收入差距扩大？——中国劳动力流动和收入差距扩大悖论的一个解释 [J]. 世界经济文汇，2011（04）：41—54.

[100] 安辉，王瑞东. 我国房地产价格影响因素的实证分析——兼论当前房地产调控政策 [J]. 财经科学，2013（03）：115—124.

[101] 储德银，建克成. 财政政策与产业结构调整——基于总量与结构效应双重视角的实证分析 [J]. 经济学家，2014（02）：80—91.

[102] 陈钊，陆铭. 从分割到融合：城乡经济增长与社会和谐的政治经济学 [J]. 经济研究，2008（01）：21—32.

[103] 陈斌开，徐帆，谭力. 人口结构转变与中国住房需求：1999—2025——基于人口普查数据的微观实证研究 [J]. 金融研究，2012（01）：129—140.

[104] 陈斌开，金箫，欧阳涤非. 住房价格、资源错配与中国工业企业生产率 [J]. 世界经济，2015（04）：77—98.

[105] 陈刚，张解放. 区际产业转移的效应分析及相应政策建议 [J]. 华东经济管理，2001（2）：24—26.

[106] 陈刚，刘珊珊. 产业转移理论研究：现状与展望 [J]. 当代财经，2006（10）：

91—96.

[107] 陈红儿. 区际产业转移的内涵、机制、效应 [J]. 内蒙古社会科学（汉文版），2002，23（1）：16—18.

[108] 陈立中，陈淑云. 住房何时是可支付的：识别方法和政策选择——兼对房价收入比指标的评析 [J]. 中国软科学，2014（10）：154—164.

[109] 陈健，陈杰，高波. 信贷约束、房价与居民消费率——基于面板门槛模型的研究 [J]. 金融研究，2012（04）：45—57.

[110] 陈建军，崔春梅. 商务成本与产业结构变动的动态关系研究——基于我国三大地区间的经验证明 [J]. 上海经济研究，2010（10）：49—57+65.

[111] 陈峰，姚潇颖，李鲲鹏. 中国中高收入家庭的住房财富效应及其结构性差异 [J]. 世界经济，2013（09）：139—160.

[112] 崔光灿. 房地产价格与宏观经济互动关系实证研究——基于我国 31 个省份面板数据分析 [J]. 经济理论与经济管理，2009（01）：57—62.

[113] 邓博文. 工业企业房地产投资对企业创新的影响——基于中国上市公司数据的实证研究 [J]. 经济与管理研究，2014（10）：113—120.

[114] 邓健，张玉新. 房价波动对居民消费的影响机制 [J]. 管理世界，2011（04）：171—172.

[115] 邓国营，甘犁，吴耀国. 房地产市场是否存在“反应过度”？ [J]. 管理世界，2010（06）：41—49+55.

[116] 邓大伟，诸大建. 保障性住房提供的强制性指标配建模式探讨——基于住房的属性 [J]，城市发展研究，2009，16（1）：5—8.

[117] 丁晨，屠梅曾. 论房价在货币政策传导机制中的作用——基于 VECM 分析 [J]. 数量经济技术经济研究，2007（11）：106—114+132.

[118] 董藩，洪名勇. 优化消费结构推动产业结构战略性调整 [J]. 团结，2003（3）：34—36.

[119] 杜莉，沈建光，潘春阳. 房价上升对城镇居民平均消费倾向的影响——基于上海市入户调查数据的实证研究 [J]. 金融研究，2013（03）：44—57.

[120] 杜本峰，张寓. 中国人口综合因素与住宅销售价格指数的灰色关联度分析 [J]. 人口学刊，2011（06）：11—17.

[121] 段忠东. 房地产价格与通货膨胀、产出的关系——理论分析与基于中国数

据的实证检验 [J]. 数量经济技术经济研究，2007（12）：127—139.
[122] 段忠东，朱孟楠. 扩大内需政策下的房价冲击与居民消费增长——厦门的实证研究 [J]. 中央财经大学学报，2011（05）：86—91.
[123] 范剑勇，王立军，沈林洁. 产业集聚与农村劳动力的跨区域流动 [J]. 管理世界，2004（04）：22—29+155.
[124] 范剑勇，邵挺. 房价水平、差异化产品区位分布与城市体系 [J]. 经济研究，2011，46（02）：87—99.
[125] 顾海峰. 技术创新视角下产业结构高级化的金融支持机理研究 [J]. 软科学，2010，24（01）：17—20.
[126] 黄忠华，吴次芳，杜雪君. 中国房价、利率与宏观经济互动实证研究 [J]. 中国土地科学，2008（07）：38—44.
[127] 侯志阳，戴双兴. 城乡居民二元消费结构与产业结构升级 [J]. 企业经济，2001（08）：10—11.
[128] 冯长春，李维瑄，赵蕃蕃. 轨道交通对其沿线商品住宅价格的影响分析——以北京地铁 5 号线为例 [J]. 地理学报，2011，66（08）：1055—1062.
[129] 傅东平，杨景院. 房价上涨与工业产出：促进还是抑制 [J]. 经济体制改革，2017（5）：181—187.
[130] 付留鹏. 中国信贷市场金融加速器效应研究 [D]. 广州：华南理工大学，2012.
[131] 傅家荣. 消费需求结构是产业结构演进的根本动因——对消费需求结构与产业结构关系问题的思考 [J]. 消费经济，1997（02）：22—26.
[132] 樊士德，姜德波. 劳动力流动、产业转移与区域协调发展——基于文献研究的视角 [J]. 产业经济研究，2014（04）：103—110.
[133] 方福前. 中国居民消费需求不足原因研究——基于中国城乡分省数据 [J]. 中国社会科学，2009（02）：68—82+205—206.
[134] 方福前，俞剑. 居民消费理论的演进与经验事实 [J]. 经济学动态，2014（3）：11—34.
[135] 方福前，孙文凯. 政府支出结构、居民消费与社会总消费——基于中国 2007—2012 年省级面板数据分析 [J]. 经济学家，2014（10）：35—44.
[136] 高波，陈健，邹琳华. 区域房价差异、劳动力流动与产业升级 [J]. 经济研究，

2012，47（01）：66—79.
[137] 高波，许春招，李勇刚. 房价波动、户籍歧视与城市失业 [J]. 产业经济研究，2014（03）：81—90.
[138] 高春亮，周晓艳. 34 个城市的住宅财富效应：基于 panel data 的实证研究 [J]. 南开经济研究，2007（01）：36—44.
[139] 高远东，张卫国，阳琴. 中国产业结构高级化的影响因素研究 [J]. 经济地理，2015，35（6）：96—101.
[140] 干春晖，郑若谷，余典范. 中国产业结构变迁对经济增长和波动的影响 [J]. 经济研究，2011，46（05）：4—16+31.
[141] 关涛. 房地产经济周期的微观解释：行为经济学方法与实证研究 [D]. 上海：复旦大学，2005.
[142] 郭晔，赖章福. 货币政策与财政政策的区域产业结构调整效应比较 [J]. 经济学家，2010（5）：67—74.
[143] 宫汝凯，黄宗远. 什么推动了中国城镇房价上涨？来自制度变量的证据 [J]. 南方经济，2012（09）：3—16.
[144] 郭庆旺，贾俊雪. 政府公共资本投资的长期经济增长效应 [J]. 经济研究，2006（7）：29—40.
[145] 辜胜阻，李洪斌，吴学丽. 完善租房市场构建多层次住房体系 [J]. 理论学刊，2013（1）：59—63.
[146] 黄静，屠梅曾. 房地产财富与消费：来自于家庭微观调查数据的证据 [J]. 管理世界，2009（07）：35—45.
[147] 贾洪文，颜咏华，白媛媛. 人口迁移、金融集聚对房地产价格影响的实证研究——基于省级面板数据模型的分析 [J]. 东北财经大学学报，2012（05）：78—83.
[148] 姜凤珍. 房价水平、劳动力迁移与区域产业分工协调研究 [D]. 南京：南京大学，2013.
[149] 金通，倪焱. 房地产泡沫化对消费与投资的挤出效应 [J]. 浙江经济，2003（21）：45—46.
[150] 孔艳芳. 房价、消费能力与人口城镇化缺口研究 [J]. 中国人口科学，2015（05）：33—44+126—127.

[151] 况伟大. 空间竞争、房价收入比与房价 [J]. 财贸经济，2004（07）：79—86+96.
[152] 况伟大. 房地产业关联效应研究 [J]. 中国城市经济，2006（5）：40—42.
[153] 况伟大. 预期、投机与中国城市房价波动 [J]. 经济研究，2010，45（09）：67—78.
[154] 况伟大. 房地产相关产业与中国经济增长 [J]. 经济学动态，2010（02）：69—73.
[155] 况伟大，李涛. 土地出让方式、地价与房价 [J]. 金融研究，2012（08）：56—69.
[156] 李斌. 城市住房价值结构化：人口迁移的一种筛选机制 [J]. 中国人口科学，2008（4）：53—60.
[157] 李春风. 房价波动对我国城镇居民消费的影响研究 [D]. 长沙：湖南大学，2013.
[158] 李鹏，汪玥琦. 区域房价和公共品差异对产业区位选择的影响研究 [J]. 西安电子科技大学学报（社会科学版），2013（01）：1—11.
[159] 李仲飞，张浩. 成本推动、需求拉动——什么推动了中国房价上涨？ [J]. 中国管理科学，2015，23（05）：143—150.
[160] 李勇刚，周经. 土地财政、住房价格与农村剩余劳动力转移 [J]. 经济与管理研究，2016，37（8）：78—86.
[161] 李桢业，金银花. 长三角政府公共资本和民营资本生产率及其经济增长效应的比较研究 [J]. 中国工业经济，2006（3）：5—12.
[162] 李健，邓瑛. 推动房价上涨的货币因素研究——基于美国、日本、中国泡沫积聚时期的实证比较分析 [J]. 金融研究，2011（06）：18—32.
[163] 李超，倪鹏飞，万海远. 中国住房需求持续高涨之谜：基于人口结构视角 [J]. 经济研究，2015，50（05）：118—133.
[164] 李玉杰，王庆石. 我国房地产业对国民经济其他产业带动作用研究 [J]. 山东财政学院学报，2011，2011（1）：87—91.
[165] 李成武. 中国房地产财富效应地区差异分析 [J]. 财经问题研究，2010，26（2）：39—45.
[166] 李丽萍，郭宝华. 关于宜居城市的理论探讨 [J]. 城市发展研究，2006，13

（2）：76—80.

[167] 李艳丽. FDI 对国内投资的挤入挤出效应——基于地区差异及资金来源结构视角的分析 [J]. 经济学动态，2010（10）：20—23.

[168] 林毅夫. 新常态下中国经济的转型和升级:新结构经济学的视角 [J]. 新金融，2015（06）：4—8.

[169] 林永民，赵金江，陈琳 . 破解公租房融资困境的路径选择——基于超循环理论的分析 [J]. 价格理论与实践，2019（11）：105—108.

[170] 林永民，赵金江，陈琳 . 传统文化、认知偏差对居民住房消费的影响 [J]. 华北理工大学学报（社会科学版），2019，19（06）：50—56.

[171] 林永民，赵金江，陈琳，等 . 基于全生命周期视角公租房融资模式研究 [J]. 工程经济，2019，29（10）：68—73.

[172] 林永民，史孟君，陈琳 . 基于 PPP 模式的公共租赁性住房融资机制设计 [J]. 华北理工大学学报（社会科学版），2019，19（04）：42—47.

[173] 林永民，赵金江，陈琳 . 房价、城市宜居性对劳动力影响的研究——基于新经济地理学视角 [J]. 价值工程，2019，38（17）：285—289.

[174] 林永民，史孟君，陈琳 . 房价持续上涨对产业结构升级的影响研究——基于资源错配视角 [J]. 价值工程，2019，38（09）：33—36.

[175] 林永民，赵金江，史孟君 . 新生代农民工城市住房解困路径研究 [J]. 价格理论与实践，2018（06）：50—53.

[176] 林永民，吕萍 . 房价差异影响产业结构高级化的机理研究——基于核心——边缘模型的分析框架 [J]. 现代管理科学，2017（12）：24—26.

[177] 林永民，吕萍 . 基于住房属性视角下的住房供给侧改革路径研究 [J]. 现代管理科学，2017（08）：97—99.

[178] 林永民，吕萍 . 资源型重工业城市转型升级的路径选择——基于要素价格改革视域分析 [J]. 价格理论与实践，2017（01）：141—144.

[179] 林永民，吕萍 . 城镇住宅投资对城市建设用地扩张影响的区域异质性——基于省际面板数据 [J]. 现代管理科学，2017（01）：27—29.

[180] 梁云芳，高铁梅. 中国房地产价格波动区域差异的实证分析 [J]. 经济研究，2007（08）：133—142.

[181] 梁青槐，孔令洋，邓文斌. 城市轨道交通对沿线住宅价值影响定量计算实

例研究 [J]. 土木工程学报，2007，40（4）：283—283.
[182] 刘松松. 房价对产业结构的影响及国家调控房地产市场政策的分析研究 [D]. 济南：山东大学，2012.
[183] 刘水杏. 房地产业与相关产业关联度的国际比较 [J]. 财贸经济,2004(04)：81—87.
[184] 刘秀光. "驱赶效应"对产业结构调整的影响——基于房价持续上涨的视角 [J]. 甘肃理论学刊，2011（5）：121—124.
[185] 刘志伟. 城市房价、劳动力流动与第三产业发展——基于全国性面板数据的实证分析 [J]. 经济问题，2013（8）：44—47.
[186] 刘行,建蕾,梁娟. 房价波动、抵押资产价值与企业风险承担 [J]. 金融研究，2016（3）：107—123.
[187] 刘民权，孙波. 商业地价形成机制、房地产泡沫及其治理 [J]. 金融研究，2009（10）：22—37.
[188] 刘世锦. 结构转换缺口：中国经济面临的问题与选择 [J]. 管理世界，1998（6）：10—19.
[189] 刘方棫. 消费经济增长的最终动力 [J]. 新财经，2006（3）：37—38.
[190] 刘新争. 比较优势、劳动力流动与产业转移 [J]. 经济学家，2012（02）：45—50
[191] 陆蓉，何婧，崔晓蕾. 资本市场错误定价与产业结构调整 [J]. 经济研究，2017，52（11）：104—118.
[192] 陆铭. 建设用地使用权跨区域再配置：中国经济增长的新动力 [J]. 世界经济，2011（1）：107—125.
[193] 陆铭，欧海军，陈斌开. 理性还是泡沫：对城市化、移民和房价的经验研究 [J]. 世界经济，2014，37（01）：30—54.
[194] 鲁君四. 中国房地产业发展对经济增长的影响研究 [D]. 长春：吉林大学，2017.
[195] 罗时空，周亚虹. 房价影响企业投资吗：理论与实证 [J]. 财经研究，2013，39（8）：133—144.
[196] 罗浩. 中国劳动力无限供给与产业区域黏性 [J]. 中国工业经济,2003(04)：53—58.

[197] 骆永民．城市化对房价的影响：线性还是非线性？——基于四种面板数据回归模型的实证分析 [J]．财经研究，2011，37（04）：135—144．

[198] 吕丹，叶萌，杨琼．新型城镇化质量评价指标体系综述与重构 [J]．财经问题研究，2014，9：72—78．

[199] 林春阳．房价收入比实证分析 [D]．北京：北京大学，2006．

[200] 聂冲，温海珍，樊晓锋．城市轨道交通对房地产增值的时空效应 [J]．地理研究，2010，29（5）：801—810．

[201] 孟庆斌，荣晨．宏观经济因素对房地产价格的长短期影响 [J]．统计研究，2014，31（6）：25—32．

[202] 齐讴歌，周新生，王满仓．房价水平、交通成本与产业区位分布关系再考量 [J]．当代经济科学，2012，34（01）：100—108+128．

[203] 荣昭，王文春．房价上涨和企业进入房地产——基于我国非房地产上市公司数据的研究 [J]．金融研究，2014（04）：158—173．

[204] 潘宇瑶．自主创新对产业结构高级化的驱动作用研究 [D]．长春：吉林大学，2016．

[205] 平新乔，陈敏彦．融资、地价与楼盘价格趋势 [J]．世界经济，2004（07）：3—10+80．

[206] 邵挺，范剑勇．房价水平与制造业的区位分布——基于长三角的实证研究 [J]．中国工业经济，2010（10）：24—32．

[207] 邵新建，巫和懋，江萍，等．中国城市房价的“坚硬泡沫”——基于垄断性土地市场的研究 [J]．金融研究，2012（12）：67—81．

[208] 沈悦，刘洪玉．住宅价格与经济基本面：1995—2002 年中国 14 城市的实证研究 [J]．经济研究，2004（06）：78—86．

[209] 沈悦，刘洪玉．中国房地产开发投资与 GDP 的互动关系 [J]．清华大学学报（自然科学版），2004（09）：1205—1208．

[210] 宋勃．房地产市场财富效应的理论分析和中国经验的实证检验：1998—2006[J]．经济科学，2007（05）：41—53．

[211] 宋泓明．中国产业结构高级化分析 [D]．北京：中国社会科学院研究生院，2001．

[212] 宋瑞礼．产业结构变迁与经济增长：基于消费结构升级的视角 [D]．北京：

中国社会科学院研究生院，2010.
[213] 宋凌云，王贤彬. 政府补贴与产业结构变动 [J]. 中国工业经济，2013（4）: 94—106.
[214] 宋小宁，杨治国. 农地征用、财政分权与制造业发展 [J]. 经济社会体制比较，2008（6）: 102—106.
[215] 宋福铁. 国债对于私人投资挤出效应的实证研究 [J]. 财经研究，2004（08）: 52—56+144.
[216] 孙焱林，张攀红. 人口迁移、地方公共支出与房价相互间的影响 [J]. 城市问题，2015（5）: 90—96.
[217] 孙继伟. 论投资品对经济危机的诱发与加剧作用 [J]. 审计与经济研究，2009，24（3）: 92—96.
[218] 孙岩. 城市轨道交通对沿线房地产价格的影响研究 [D]. 长春：吉林建筑大学，2017.
[219] 苏亚莉，张玉. 我国房地产价格影响因素的实证研究——基于 2003—2008 年数据 [J]. 江西社会科学，2011（12）: 54—57.
[220] 苏华，赵梦园，万劭琨. 劳动力流动、产业转移与区域经济协调发展 [J]. 发展研究，2013（06）: 35—38.
[221] 唐志红. 经济全球化下一国产业结构优化 [D]. 成都：四川大学，2005.
[222] 谭峻，赵妍. 房价收入比的实证研究——基于北京和全国整体数据的分析 [J]. 中国土地科学，2012，26（9）: 66—70.
[223] 汤婧，于立新. 我国对外直接投资与产业结构调整的关联分析 [J]. 国际贸易问题，2012（11）: 42—49.
[224] 田银生，陶伟. 城市环境的“宜人性”创造 [J]. 清华大学学报（自然科学版），2000（S1）: 19—23.
[225] 屠佳华，张洁. 什么推动了房价的上涨：来自上海房地产市场的证据 [J]. 世界经济，2005（05）: 28—37.
[226] 田学斌，闫真. 消费结构与产业结构的关系：理论框架与实证分析 [J]. 消费经济，2010（03）: 20—24.
[227] 温海珍，吕雪梦，张凌. 房价与地价的内生性及其互动影响——基于联立方程模型的实证分析 [J]. 财贸经济，2010（02）: 124—129.

[228] 王文春，荣昭．房价上涨对工业企业创新的抑制影响研究 [J]．经济学（季刊），2014，13（02）：465—490．

[229] 王子龙，许箫迪，徐浩然．房地产市场财富效应理论与实证研究 [J]．财贸经济，2008（12）：116—122+141．

[230] 王重润，崔寅生．房地产投资挤出效应及其对经济增长的影响 [J]．现代财经（天津财经大学学报），2012，32（09）：41—50．

[231] 王小广．把房地产当支柱产业是错误的 [J]．新财经，2006（6）：46—47．

[232] 汪利娜．房地产泡沫的生成机理与防范措施 [J]．财经科学，2003（1）：92—97．

[233] 王国军，刘水杏．房地产业对相关产业的带动效应研究 [J]．经济研究，2004（08）：38—47．

[234] 魏润卿．现阶段我国房地产业支柱产业地位的考究 [J]．学术探索，2008（2）：56—61．

[235] 文乐，彭代彦，覃一冬．土地供给、房价与中国人口半城镇化 [J]．中国人口·资源与环境，2017，27（04）：23—31．

[236] 武康平，胡谍．房地产市场与货币政策传导机制 [J]．中国软科学，2010（11）：32—43．

[237] 吴安．中国产业及劳动力逆向流动分析——以重庆与北京、广东的比较为例 [J]．中国工业经济，2004（12）：12—19．

[238] 吴红霞，蔡文柳．基于灰色关联模型的新型城镇化发展质量评价研究 [J]．农业经济，2019（05）：78—80．

[239] 吴红霞，赵爽，金益多．基于 Critic 的生态文明视角下新型城镇化水平测度——以河北省为例 [J]．企业经济，2016，35（02）：143—147．

[240] 席艳玲，吉生保，王小艳．要素相对价格对产业结构调整的倒逼效应分析——基于省际动态面板数据的系统 GMM 估计 [J]．财贸研究，2013，24（05）：18—24．

[241] 徐建炜，徐奇渊，何帆．房价上涨背后的人口结构因素：国际经验与中国证据 [J]．世界经济，2012（01）：24—42．

[242] 徐林，曹红华．从测度到引导：新型城镇化的“星系”模型及其评价体系 [J]．公共管理学报，2014，11（1）：65—74．

[243] 徐忠，张雪春，邹传伟．房价、通货膨胀与货币政策——基于中国数据的研究 [J]．金融研究，2012（06）：1—12．
[244] 许桂华，彭俊华，戴伟．房价波动、挤出效应与金融支持实体经济效率——基于省际空间面板的分析 [J]．财经科学，2017（08）：23—37．
[245] 许家军．我国房地产业的关联特性及经济效应研究 [D]．南京：南京大学，2012．
[246] 许宪春，贾海，李皎，等．房地产经济对中国国民经济增长的作用研究 [J]．中国社会科学，2015（01）：84—101．
[247] 谢保嵩，雷进贤，李鑫．房地产泡沫、工业投资挤出和偏向型财政政策 [J]．西南金融，2018（01）：1—5．
[248] 薛建谱，王卫华．基于均衡模型的我国商品房价格影响因素分析 [J]．统计与决策，2013（22）：118—121．
[249] 颜色，朱国钟．“房奴效应”还是“财富效应”？——房价上涨对国民消费影响的一个理论分析 [J]．管理世界，2013（03）：34—47．
[250] 严金海．中国的房价与地价：理论、实证和政策分析 [J]．数量经济技术经济研究，2006，23（01）：17—26．
[251] 严金海，丰雷．中国住房价格变化对居民消费的影响研究 [J]．厦门大学学报（哲学社会科学版），2012（02）：71—78．
[252] 闫永涛，冯长春，宋增文．房地产业对国民经济带动作用新释——基于投入产出模型的分析 [J]．建筑经济，2007（06）：37—39．
[253] 杨晓猛．转型国家市场化进程测度的地区差异分析——基于产业结构调整指标的设计与评价 [J]．世界经济研究，2006（01）：72—78．
[254] 杨永华．论房价和房价收入比 [J]．经济学家，2006，2（02）：64—69．
[255] 杨元梅，谭术魁．珠三角一小时城市圈房地产价格影响因素对房价及其波动的影响程度研究 [J]．中国土地科学，2011（06）：54—59．
[256] 叶德珠，连玉君，黄有光，等．消费文化、认知偏差与消费行为偏差 [J]．经济研究，2012（02）：80—92．
[257] 尹世杰，蔡德容．消费经济学原理 [M]．北京：经济科学出版社，2000．
[258] 袁东，何秋谷，赵波．实际有效汇率、“热钱”流动与房屋价格——理论与实证 [J]．金融研究，2015（09）：17—33．

[259] 余静文，王媛，谭静. 房价高增长与企业“低技术锁定”——基于中国工业企业数据库的微观证据 [J]. 上海财经大学学报，2015（05）：44—56.
[260] 余静文，谭静，蔡晓慧. 高房价对行业全要素生产率的影响——来自中国工业企业数据库的微观证据 [J]. 经济评论，2017（06）：22—37+121.
[261] 余华义，王科涵，黄燕芬. 中国住房分类财富效应及其区位异质性——基于35个大城市数据的实证研究 [J]. 中国软科学，2017（02）：88—101.
[262] 余华义. 经济基本面还是房地产政策在影响中国的房价 [J]. 财贸经济，2010（03）：116—122.
[263] 余华义，陈东. 中国地价、利率与房价的关联性研究 [J]. 经济评论，2009（04）：41—49.
[264] 于泽，章潇萌，刘凤良. 中国产业结构升级内生动力：需求还是供给 [J]. 经济理论与经济管理，2014（03）：25—35.
[265] 张传勇. 劳动力流动、房价上涨与城市经济收敛——长三角的实证分析 [J]. 产业经济研究，2016（03）：82—90.
[266] 张建超. 房价、收入差距与产业升级 [D]. 天津：天津财经大学，2013.
[267] 张立建. 利润最大化区位理论与广州高房价的根源 [J]. 统计研究，2008，25（09）：16—23.
[268] 张佩. 中国的资源错配与全要素生产率 [D]. 北京：清华大学，2014.
[269] 张文忠. 宜居城市建设的核心框架 [J]. 地理研究，2016，35（02）：205—213.
[270] 张文忠. 中国宜居城市研究报告 [M]. 北京：社会科学文献出版社，2006.
[271] 张文忠. 宜居城市的内涵及评价指标体系探讨 [J]. 城市规划学刊，2007（03）：30—34.
[272] 张古，安虎森. 区域产业结构调整和演化机理分析 [J]. 西南民族大学学报（人文社科版），2016，37（05）：114—120.
[273] 张涛，龚六堂，卜永祥. 资产回报、住房按揭贷款与房地产均衡价格 [J]. 金融研究，2006（02）：1—11.
[274] 张莉，何晶，马润泓. 房价如何影响劳动力流动？ [J]. 经济研究，2017，52（08）：155—170.

[275] 张延. 中国财政政策的“挤出效应”——基于1952—2008年中国年度数据的实证分析 [J]. 金融研究，2010（01）：58—66.

[276] 赵爽. 城镇化建设与精准扶贫的双向互动 [J]. 人民论坛，2018（16）：94—95.

[277] 赵爽，吴红霞. 基于灰色关联度的河北省新型城镇化发展水平评价 [J]. 企业经济，2015（05）：153—156.

[278] 赵永平，徐盈之. 新型城镇化发展水平综合测度与驱动机制研究——基于我国省际2000—2011年的经验分析 [J]. 中国地质大学学报（社会科学版），2014，14（1）：116—124.

[279] 郑娟尔，吴次芳. 地价与房价的因果关系——全国和城市层面的计量研究 [J]. 中国土地科学，2006，20（06）：31—37.

[280] 郑永年. 房地产是如何绑架中国经济的 [J]. 新产经，2016（01）：58-60.

[281] 郑思齐，曹洋，刘洪玉. 城市价值在住房价格中的显性化及其政策含义——对中国35个城市住宅价格的实证研究 [J]. 城市发展研究，2008（01）：133—136.

[282] 郑思齐，符育明，任荣荣. 居民对城市生活质量的偏好：从住房成本变动和收敛角度的研究 [J]. 世界经济文汇，2011（02）：35—51.

[283] 赵玉林. 产业经济学：原理及案例 [M]. 北京：中国人民大学出版社，2014.

[284] 邹至庄，牛霖琳. 中国城镇居民住房的需求与供给 [J]. 金融研究，2010（01）：1—11.

[285] 周京奎. 房地产泡沫生成与演化——基于金融支持过度假说的一种解释 [J]. 财贸经济，2006（05）：3—10.

[286] 周霞. 城市群工业地价与产业结构高级化的互动机理研究 [D]. 北京：首都经济贸易大学，2013.

[287] 祝梓翔，邓翔，杜海韬. 房价波动、住房自有率和房地产挤出效应 [J]. 经济评论，2016（05）：52—67.

[288] 踪家峰，周亮. 大城市支付了更高的工资吗？ [J]. 经济学（季刊），2015，14（04）：1467—1496.

[289] 踪家峰，李宁. 为什么奔向北上广？——城市宜居性、住房价格与工资水平的视角分析 [J]. 吉林大学社会科学学报，2015，55（05）：12—23.

[290] 周建华，周倩．高房价背景下农民工留城定居意愿及其政策含义 [J]．经济体制改革，2014（01）：77—81．

[291] 朱健，陈湘满，袁旭宏．我国农民工市民化的影响因素分析 [J]．经济地理，2017，37（01）：66—73．